憲　法

第四版

樋口陽一

勁草書房

Dem seligen Herrn Professor
Terushirō Sera gewidmet

はしがき

この本は、日本国憲法とその運用を、近代憲法史・憲法思想史の流れの中に位置づけてとらえることを通して、憲法学についての私なりの見とおし図を提示しようとして、書かれている。

日本国憲法が施行されてから、ことしで四十五年になる。民法や民事訴訟法のほぼ百年の歴史とくらべても、短いとばかりはいえないはずであるが、対象となる法典についての一定のコンセンサスが、その運用主体（公権力）と考察主体（実定法学）とのあいだでまだ成立していない、という特徴は、他の法分野とくらべてみるとき際立ったものとなっている。そうした事態のもとで、戦後の憲法学は、一方で、公権力によっておこなわれる憲法の解釈運用に批判的に応接することに追われ、他方では、それとは別に、近代憲法の系譜の本流にある西欧型憲法の学説、実例の紹介・研究に大きな精力をそそいできた。その反面、個人の尊厳を核心とする西欧型憲法原理の内部での、複数の体系的理解のうちでの価値選択（国家「からの自由」と「への自由」と「による自由」、個人の人権と集団の権利、少数者の権利と多数者の利益、など）という関心を、日本国憲法をめぐる諸問題に結びつけるということは、必ずしも十分にとりあげられてこなかった。それぞれに長所を持つ既刊の憲法の概説書の中で、この本が多少とも存在理由を持つことができるとしたら、それは、あえてそのような試みに——成否は読者の批判にゆだねなければならないが——チャレンジしようとしたところにある。

大学で日本国憲法を対象とした講義をはじめてから十年のあいだ、手を加えてきたノートが、この本の記述のもとになっている。内外の先行業績から得た学恩に感謝しなければならないことはもちろんであるが、書物の性質上、引用註をつけることはしなかった。論争的な論点についても、関連する所説を引用して検討するという方法をとらなかった以上、ごく淡白に論点整理をして自説をのべるにとどまったが、各節の末尾につけた「問題状況」の記述で、不十分ながらその欠を補っておいた。それにしても、私自身の考え方をのべる際にも自分の著書・論文を引用していないが、特に、私の別著『比較憲法』（全訂第三版、青林書院、一九九二年）の叙述を下敷きとしてこの本を読んで下されば、著者の考え方をよりよく理解して頂けるとおもう。

目次と索引については、多少とも工夫した。通し番号の項目に題名をつけ、「目次」が一覧性を持った索引の役をも果たすよう期待するとともに、「事項索引」のリファーを頁でなく項目とすることによって、数字が沢山ならびすぎないようにした。「事項索引」をつくるにあたっては、憲法の条文に出てくる言葉、法令名、裁判例の事件名などについてはあえて割愛し、この本の記述のために用いられている概念を、項目として出した。

本書は、故・世良晃志郎先生に捧げられる。この本の成り立ち自身が、世良先生と傍目にもうらやましいほどの友情でむすばれていた久保井理津男さんが、私の東北大学在職中のはやい時期から、この本という形をとるであろうような書物の出版をすすめて下さり、しかも、「本は催促して出来るようなものではありません」という、見識ある督励をして下さってきたおかげであった。しかし、もとより、それだけではない。先生を想いつつ草した文章（『法律時報』一九八九年七月号所収）の、最後の数行をここでふたたび記すことを、おゆるし願いたい。

……最後に、先生は、私にとっての先生であった。勝手にそういう言い方をして、先生ご本人にとっても、また、本来の門弟の方々にも非礼を冒すことをおそれながらも、そう書かずにおられないのは、足かけ十年にわたって、世良ゼミに参加することを許され、ウェーバーを中心とする古典の読み方から訓練して頂いたからだけではない。母校教授会の一員として恵まれた研究環境のなかで、自由で知的緊張にみちた生活を送る機会を与えて頂き、その後もつねに研究への激励を惜しまれなかったご恩だけからでもない。そういうことを含めて、しかし、そういうことどもに分けて書くことのできない思い、先生との出会いがなければ、今こうして書き、考えている私がなかったことだけは確実だ、という思いがあるからである。

一九九二年一月

著　者

第四版はしがき

この本の初版は、一九九二年、創文社から出版された。第三版（二〇〇七年）では折込みの増補頁で、判例を始め憲法状況の推移に応じた最小限の対応を重ねながらも、第四版を、という同社の奨誘にこたえることを遷延していた。その間に、思いもよらず、この国の出版文化にかけがえのない貢献を続けてきた創文社が、残念なことに社業を閉じることとなった。このたび同社の完全な理解のもとに第四版の出版を、私の最初の著書『近代立憲主義と現代国家』（一九七三年）を出した勁草書房に託すことができた。

初版出版の前後、憲法をめぐる内外の状況はどうだったろうか。

人権宣言二〇〇年に当たって学際的な国際学会が開かれた一九八九年のパリは、祝祭的な高揚に包まれていた。私自身、近代憲法史の展開を「四つの八九年」（本文53頁）という物差しで位置づける大会報告をするためそこにいて、「東」と「西」の間の障壁をつき崩す大きな流れの中に身を置く思いだった。

一九八九年の希望は、しかし、ひたすら「ひとり勝ち」を強行する「西」への「東」の反発、加えて「北」に対する旧植民地＝「南」の報復によって反転する。新「西」となった旧「東」で、デモクラシー＝デモス＝人民の選んだ権力が、憲法によって課されるはずの約束ごと（権力の制限）をふり払い、その勢いは流れ出て「西」の本丸にも迫ってくる。

日本とその周辺は、どうだろうか。一九八九年の夏、七月一四日のパリ、コンコルド広場の祝祭と、六月四日の天安門広場の惨劇の対照は、象徴的だった。しかしそれでも、平和共存は掲げられていた。日本の高度成長は終わりの始まりに当面していたが、成長の果実は、ゆるやかな憲法コンセンサスを可能にする社会の安定をもたらしていた。しかし、世紀転換期の前後からのアジア「経済大国」交替劇は、憲法価値ぬきの経済優先主義への誘惑をひろげ、性急な改憲要求と結びついている。

そのようないま、あらためて立憲主義を強調し、章・節によっては大幅な加除の筆を入れたが、とりわけその点を含め、次世代読者の関心を多少とも誘発できれば、と願っている。もとより、思想としての近代憲法について理解を座標軸として示した上で、著者が重要と考える論点に即して法解釈の対立（あるいは並立）の意義を考える、という初版以来の書き方は変わっていない。

著者にとり最後の専任の職場となった早稲田大学法学部での同僚・中島徹教授からは、第三版で既に索引の調整を含む貴重な助力を得てきたが、今回の出版はそれ以上に同教授に多くを負っている。著書内在的な観点をかりに前提してもらった上での批判的点検をお願いし、関連諸資料の収集に及ぶ協力をも得たからである。感染症の拡大に伴う研究教育環境の異常事態の中でなお示された友情には、感謝の言葉もない。勁草書房の鈴木クニエさんは第四版出生の機縁を作ってくださった上に、文字通りの sage femme として、校正の過程でなお加除・書き換えを尽くそうとした著者につき合う労を厭われなかった。有難うという言葉とともに、わが分身を世に送る。

二〇二〇年一二月

著　者

目次

第三部　権力の分立

憲法

第四版

序章　憲法と憲法学

一　「序章」の構成　この本の名前が示しているとおり、ここで扱われるのは「憲法」であり、また、その際に、「憲法」についての内外の先人たちの思考のあと――「憲法学」――が参照される。それでは、「憲法」「憲法学」として、著者はどのようなものを考えているのか。――本論に入る前に、その点についての最小限度の説明をしようというのが、この「序章」の目的である。

もともと、ここでいう「憲法」という言葉は、英語・フランス語のConstitution（ドイツ語でいえばVerfassung）に対応する訳語である。幕末から明治初期にかけて、はじめは「国憲」という訳語が優勢で、元老院に対して憲法起案を命じた勅命（一八七六〈明治九〉年）でも、「朕爰ニ……国憲ヲ定メントス」とあったが、一八八〇年代から「憲法」という言葉の方が定着し、一八八九〈明治二二〉年に制定された法典の標題は、「大日本帝国憲法」となったのであった。

Constitution, Verfassungというヨーロッパ語圏での言葉は、基本的な統治制度の総体、または、基本的な統治制度の構造と作用について定めた法規範の総体（「実質的意味の憲法」）を指していた。近代になって、そのうちでなんらか一定の形式上の標識を備えた法規範（「形式的意味の憲法」）、そして、特定の実質内容を備えた法規範（「近代的または立憲的意味の憲法」）を特に指す言葉づかいがされるようになった。これら三つの用語法は、たいていの憲法概説書の冒頭で言及されているが、一見するところ無味乾燥に見えるこれらの用語説明の背景から、実は含蓄に充ちた憲法史・憲法思想史上の意味を、読みとらなければならない（↓第一節）。これらのうち、どの意味での「憲法」を対象としてどう扱うかは、それぞれの憲法学によって選びとられるべき性質のものであり、そうであるだけに、それぞれの憲法学は、自分の選択が何を意味するかについて、十分に自覚的であることが必要となるはずである（↓第二節）。

近代的・立憲的意味の憲法の内容を立ち入って論ずることは、ほかならぬ日本国憲法に即した本論の部分の主題となるが、それに先立って、近代的意味の憲法の論理構造の骨格を、見とおしておくこととする（↓第三節）。

第一節　「憲法」という言葉を手がかりに

Ⅰ　実質的意味の憲法——その相対性

二　何が「基本的」「根本的」か　基本的な統治制度の構造と作用を定めた法規範を実質的意味の憲法というならば、それは、およそどんな社会についても、問題となりうる。今日われわれが一般に「国家」と呼ぶような形で公共社会が編成されているようなあり方を念頭に置いて、「国家の根本体制または根本秩序についての規律」という言い方をすることも多い。もう少しくわしく言えば、「国家の最高諸機関に関する規範」と「国民と国家権力の関係に関する規範」ということになるが、そのうちの前者すなわち「組織規範」を「狭義の憲法」、後者すなわち「いわゆる基本権または自由権の目録」を「広義の憲法」という言い方もある（ハンス・ケルゼン）。

「実質的意味の憲法」をそのように理解するとして、何が「基本的」あるいは「根本的」な意味を持つものとして「実質的意味の憲法」に該当するか性急に判断してはならない。それは、論理的に決まってしまうものではなく、歴史的事情に応じて相対的な性格のものだからである。

実質的意味の憲法ではないのに憲法典（つぎに問題とする「形式的意味の憲法」にあたる）のな

かに組みこまれているものの例として、一九七三年改正前のスイス連邦憲法二五条の二の、「出血前に麻痺させることなく動物を殺すことは、一切の屠殺方法および一切の種類の家畜について例外なくこれを禁止する」という規定があった。この規定を、もっぱらに、実質的意味の憲法としての性質をもたぬ単純な動物愛護規定として解釈しようとする立場は、十分に成立可能であろう。しかし、この規定が人民発案に基づいて一八九三年に採択され憲法典にくみ入れられた経過に即して見るならば、この規定によって禁じられることとなるのは何よりもユダヤ教徒の慣行だったのであり、だからこそ、憲法五〇条の保障する礼拝・典礼の自由との牴触いかんが議論されていたのであった。ある宗教的慣行を——名ざしではないにしても——禁止することとなる意味を持つ規定は、かりに動物愛護という主目的を達成するための付随的制約という説明上の定式化のもとで出された場合でも、実質的意味の憲法と無関係だといってしまうことはできないはずである。今日の日本社会でならば実質的意味の憲法としての性格をまったく持たないといってよい条項が、他の時期の他の社会でもそうだとはかぎらない。

II　形式的意味の憲法——その実質性

三　成文憲法・成典憲法・硬性憲法　なんらかの形式上の標識を備えているかどうかを基準として、「形式的意味の憲法」の存否が議論される。その際、基準となる標識のとり方は、実は、人によって違いがある。少なくとも、①「憲法」という標題をつけられた成文の法規範形式があるかどうか（不成文憲法に対して成文憲法）、②まとまった法典という形式をとったものがあるかどうか（不成典憲法に対して成典憲法）、③普通の法律よりも厳格な改正手続に従う一群の法規範が存在しているかどうか、従って、最高法規として高められた形式的効力を持つ法規範が存在しているかどうか（軟性憲法に対する硬性憲法、従って、最高法規としての憲法の存否）、という三つの次元が問題となる。

立憲主義（つぎにとりあげる「近代的・立憲的意味の憲法」を見よ）の母国とされるイギリスが、形式的意味の憲法を持たない例として知られている。たしかにイギリスは、②③の意味での形式的憲法を持たないできたし、①についても、「憲法」と銘うった成文法はない。但し、①についていえば、実質的意味の憲法にあたるもので成文化された重要な法規範が、例えば、マグナ・カルタや権利章典（Bill of Rights）や国会法（Parliament Act）や王位継承法（Settlement Act）という形式でつくられてきたから、そのような意味での成文憲法は決してなかったわけではない。②③についていえば、一七世紀ピューリタン革命の経過の中で、成文、成典の硬性憲法をつくる構想があり（一六五三年の政体書 Instrument of Government や、一六四七―四九年に平等派によって提起された三つの人民協定 People's Agreement）、自国では展開しなかったそのような方向が、アメリカ革命、フランス革命の諸憲法によってひきつがれることになるのである。

四　「形式」による権力制限　市民革命期の思想が形式的意味の憲法を重視したことには、深い実質的な意味合いがあった。アメリカ合衆国憲法（一七八八年）が成文、成典の硬性憲法の制定史のモデルともいうべきものとなったことについては、一方で旧本国イギリスに対する断絶を強調するものとして、他方で各 States の合意に基づく構成物としての United States の性格を明らかにするものとして、形式的標識が重視される背景があったのである。それにすぐ続いて成文・成典の硬性憲法（一七九一年）をつくったフランスでは、一四世紀以来、王位継承と課税権に関する不文の王国基本法が lois du royaume, lois fondamentales, lois constitutionnelles と呼ばれてその他の王法（lois du roi）と区別され、国王によっても改変できないと考えられており、③の限りでの形式的意味の憲法はすでに早くから意識されていた。それに対し、一八世紀になって、「フィロゾーフ」（啓蒙思想家）たちがそれぞれの立場から「フランス王国には憲法がない」ということを問題にするときには、①ないし②の標識が意識されていた。「フィロゾーフ」たちは同時に、自由の保障という憲法内容上の主張をしているのであり（近代的、立憲的意味の憲法の問題）、そのような内容上の主張と結びついていたのであったが、成文、成典化という形式的標識の重視はそれ自体としても、それによって権力を制限するという、きわめて実質的な目的を追求するものだったのである。

五　人間意思の所産としての憲法　それればかりではない。憲法の成文化ということは、統治の根本的なあり方を、人間意思を越えた「事物の必然」として受け入れる見地から、人間意思の所産としての憲法を創るという考え方に転換することを意味し、その点で、大きな歴史的意義を持つものであった。フランス革命前夜に、旧体制の特権層の側では、右にあげた意味での王国基本法をひき合いに出して、「憲法はすでにあるではないか」としたのに対し、シイエスは『第三身分とは何か（一七八九）』（稲本洋之助・伊藤洋一・川出良枝・松本英実訳、岩波文庫）で、フランスは憲法をまだ持っておらずこれからつくらなければならない、と主張し、憲法制定権力（pouvoir constituant）を持つ国民によって憲法を定立すべきことを説いた。彼にあっては、憲法制定権力は国民だけが持つことができるのであり、従って、つくられるものは必然的に民定憲法なのであるが、君主の憲法制定権力を前提として欽定憲法がつくられる場合をも含めて、およそ憲法制定権力という考え方自体が、成文憲法原理と密接に対応していた。それ以前には、憲法はおよそ、つくられるものではなくて、すでに在るものだったのである。

今日の問題としていえば、とりわけ憲法の最高法規性を裁判的方法によって確保しようとする違憲審査制が設けられているところでは、成文かつ成典の硬性憲法という形式上の標識から見た「憲法」の範囲をどう確定するかということは、権力への裁判的コントロールの基準としての憲法の作用をどれだけ強く——あるいは弱く——するかという、実質的意味に充ちているのである（→後出第二節、とりわけⅢ）。

どちらにしても、われわれは、形式の持つ実質的意味に、敏感でなければならない。

六　権利保障と権力分立　一七八九年の「人および市民の諸権利の宣言」(いわゆるフランス人権宣言）一六条は、「権利の保障が確保されず、権力の分立が定められていない社会は、憲法 constitution を持たない」と規定する。この用語法では、権利保障と権力分立という特定の原理の上に立脚したものだけが、「憲法」の名に値することとなる。これが、「立憲的意味の憲法」と呼ばれるものにほかならない。

権利保障と権力分立——それを通して権力の制限を試みること——の系譜を遡るならば、それは、身分的自由と身分制議会という形で、中世ヨーロッパ社会に存在していた（典型的には、一二一五年のマグナ・カルタ）。しかし、身分から解放された諸個人が持つ、人一般の権利としての人権と、身分利益の代表でなく国民代表としての議会が成立するためには、近代市民革命を待たなければならなかったから、そのような内容を持つ「立憲的意味の憲法」は、「近代的意味の憲法」とも呼ばれる。

「立憲的意味の憲法」が中世立憲主義と断絶した「近代」性を強調されつつ登場するのが、一八世紀フランス革命期であり、身分的自由に対しては人一般の権利が、身分制三部会に対しては一院制の国民議会が、それぞれ対置された。他方で、むしろ中世立憲主義の役割を形の上では援用しながら、しかし他国に先がけて近代立憲主義発展史をあゆむのが、一七世紀革命以降のイギリスであり、「聖俗の貴族および庶民」の「古来の権利・自由」（一六八九年権利章典）を確認する形式での権利保障と、「貴族」と「庶民」を代表する両院制の形式のままで議会制民主主義を発達させてゆくこととなる（中世立憲主義と近代立憲主義の関係についてはなお序章第三節とりわけ16）。一八世紀アメリカ革命から生み出された合衆国憲法をあわせ、これら三つの指導的範型の影響力のもとで、立憲的・近代的意味の憲法は、一九世紀には、多くの国々に広まってゆき、あるいは少なくとも、それらの国々の政治過程で、さまざまの作用を及ぼしてゆくようになる。

権利保障と権力分立を不可欠の要素とする、近代的・立憲的意味の憲法は、遡れば、個人の尊厳という窮極的な価値を基礎に置いている。そしてそれは、日本国憲法前文がいうように、「人類普遍の原理」として擁護されるに値するであろう。但し、時間的にも――過去に遡ってみれば――、空間的にも――現に地球上を見わたしてみれば――、「人類普遍」のものとしてゆきわたっているかというと、決してそうではない。個人の尊厳を前提とした権利保障と権力分立の制度化は、実は、西洋近代という、空間的にも時間的にも限定された特定の歴史社会の産物であった。しかも、一八世紀から二〇世紀初頭にかけて近代立憲主義を展開させてきた欧米列強（特にイギリスとフランス）は、どちらも、巨大な植民帝国であり、「植民地は、国際法上は国内で（だから他国の干渉を許さない）、国法上は外国だ（だから、国内の立憲的統治は及ばない）」と言われたとおり、そこでは、「権利の保障が確保されず、権力の分立が定められていない」状況であったのである。立憲的・近代的意味の憲法原理の価値は、「人類普遍」というに値するが、実はそのような影の部分をもかかえていたのであった。

七　立憲主義と外見的立憲主義

「立憲的意味の憲法」にとって不可欠な構成要素は、権利保障と権力分立であり、国民主権は必ずしもそのように位置づけられていない。そのような定式化には、「主権」の観念が登場する以前の権力の多元的並存状況を前提とした、中世立憲主義の伝統が投影している。しかし、近代立憲主義にとって、人権の成立のためには、国民主権＝集権的国家の登場によって個人が身分制共同体から解放されることが必要だったのである。

ところで、「立憲的意味の憲法」が一九世紀に諸国に広まってゆく過程で、権利保障と権力分立をある程度まで受け入れながらも、君主主権原理によってそれらが多少とも強く制約されたままであるような例が現われる（欽定憲法としてつくられた一八四八・一八五〇年プロイセン憲法、一八七一年ドイツ帝国憲法、一八八九年大日本帝国憲法）。そのような場合を指すものとして、「外見的立憲主義」（Scheinkonstitutionalismus）という言葉が使われることがある。但し、用語法の問題として、《Konstitutionalismus》という言葉は、逆の文脈で、《Parlamentarismus》（議会中心主義）に対置される意味あいで――従って、右の言葉づかいでいう「外見的立憲主義」にあたるものとして――使われることに、注意が必要である。すなわち、もっぱら「専制」を否定するものという限りで「立憲」をとらえ、議会中心主義、具体的には政府の対議会責任制（議院内閣制）を「議院専制」に傾くものとして、それをむしろ立憲主義からの逸脱と見る立場からの用語法である。

一九七〇年代以降になると、英語・フランス語圏で、「立憲主義」（さらには「法治国家」）というシンボルが積極的な意味で使われるようになり、さらに、旧「東」側諸国でも、このシンボルの復権がいちじるしくなっていた。旧ドイツ語圏での一九世紀的意味での「立憲主義」が、議会を抑制し君主の権力を温存する効果を持ったのに対し、そこでは、議会の抑制は、人権という実質価値の実現を標榜し、多くの場合、裁判所の地位と役割の強化（特に違憲審査制）を伴うのが、特徴である。

〔問題状況〕

立憲的・近代的意味の憲法に対する批判は、まさしくその影におおわれた部分から、提起され続けてきた。人一般の権利としての人権を掲げる近代立憲主義が、実は、ブルジョワジーによる労働者の収奪、男性による女性支配、先進国による植民地支配の実態をおおいかくすイデオロギーにほかならぬことが、それぞれ、社会主義、フェミニズム、反植民地主義＝第三世界論の側から、告発されてきた。近代立憲主義は、そのような批判によって譲歩を余儀なくされながら、また、そのような批判に対応する自己変革をすることを通じて、内容をゆたかにしてきたのである。そのような近代憲法原理は、「人類普遍の原理」と自己定義するとき、批判に対して開かれたものでなければならない。今日、人権の普遍性の主張に対し、とりわけ第三世界論の側から文化相対主義の名のもとに提出される反発に対して、近代立憲主義は、自分自身の「人類普遍」性を擁護することができるし、またそうすべきであるが、それは、単純な西欧中心主義を越えた、批判的普遍主義でなければならない。

近代憲法批判は、近代国民国家そのものへの批判という形をもとる。それに対し、長谷部恭男『比較不能な価値の迷路――リベラル・デモクラシーの憲法理論』（東京大学出版会、増補新装版二〇一八）は、社会編成形式として国家が持つ意味自体を再吟味しながら、国家の「正当な活動範囲」の画定という憲法学の古典的課題に新しい切口を開く。

立憲主義シンボルの近時の復権について、愛敬浩二『立憲主義の復権と憲法理論』（日本評論社、二〇一二）は、比較現代理論の視点を背景にしながら、特に日本の諸説の交錯を検討する。

第二節　憲法学の対象としての憲法

Ｉ　「法の解釈技術」と「法の科学」——学説二分論の意義と射程

八　戦前——「法の科学」者としての宮沢・清宮　日本国憲法のもとで学界を主導する立場に立ったのは、宮沢俊義（コンメンタール『日本国憲法』日本評論社、初版一九五五、『憲法Ⅱ』有斐閣、一九五九）と清宮四郎（『憲法要論』法文社、初版一九五二、『憲法Ｉ』有斐閣、初版一九五七）である。二人が研究歴を始めた頃、その師・美濃部達吉による帝国憲法の立憲主義・自由主義解釈の影響は、一九一〇年前後の天皇機関説論争を経て、学界、政界から宮中にまで及んでいた（後出**24**）。

そのような師への献呈論集に、宮沢と清宮は、美濃部を含む直近の先行学説を批判的に乗りこえようとする意欲作を寄せた（『公法学の諸問題——美濃部教授還暦記念』有斐閣、一九三四）。清宮「違法の後法」は、「後の法が前の法を破る（lex posterior derogat priori）」という命題が自明扱いされてきたことを問い直し、宮沢「国民代表の概念」は、貴族院を含む帝国議会を国民代表機関として説明するその時点での通説（美濃部達吉・佐々木惣一）を批判の対象とした。

伝統的に法学を「善と衡平の術」（ars boni et aequi）と呼ぶ成句がある。英語で法理学、フランス語で判例、ドイツ語で法学一般を指す jurisprudence, Jurisprudenz という言葉が共通の源としているラテン語の juris prudentia は、意訳して「法の賢慮」と言うことができよう。美濃部憲法学はまさしく、帝国憲法の立憲的解釈を推しすすめる「法の賢慮」の学として、大正デモクラシーを準備し、支えたのだった。

宮沢論文は、そのような「法の解釈の技術」=「現実の法に対する行動的な働きかけの手段」を提供する法学に対し、「現実の法――それが良いにせよ悪いにせよ――を正確に認識」しようとする「法の科学」を対置する。そうするのは、「人間の主観的な希望、欲求」が「現実と一致しないイデオロギー」を生んでいるからであり、その「仮面」を剝ぐことが、「眞理にのみ仕える科学の当然の任務」とするからだった。解釈学説と科学=理論学説の二分論の提唱である。

九　学説の「公定」

美濃部の後を襲って東京帝国大学の憲法講義を担当した宮沢は一九三四年開講にあたって、みずからの「法の科学」の観点に立った構想を語る。ところが、その時点まで確固とした正統学説として扱われてきたからこそ後続学説が学問上の批判対象としてきたはずの美濃部学説が、その年から翌年にかけ一転して、学問外の世界からする弾劾、迫害の対象とされる(天皇機関説事件につき後出25)。

学説が沈黙を強いられる中で宮沢は「法律学における学説――それを「公定」するということの意味」(『法学協会雑誌』五四巻一号、一九三六)を書き、天動説の公定と進化論の禁止を例に挙げつつ、「かようにばかばかしく見え〔ること〕」が「人類の……眞の文化的発展に少しでも貢献するところがあろうとは到底想像もつかない」、と結ぶ。

美濃部への攻撃がその解釈学説としての実践上の効果を何よりも標的としていることを重々承知した上で、極度に言論抑圧度が高まる当時の状況の中で、宮沢はあえて、理論学説の次元に反論の場を設定したのだった。学説の「公定」が有権解釈の変更という意味を越え、学説の説き手を公職から追放し刑事訴追することまでをも意味するものとなっていたのである。

一〇　戦後——「法の解釈」者としての宮沢・清宮　戦前の宮沢や清宮が学問の方法について尖端的な問題提出をしたのは、それまで法学の主流が一貫して法の解釈を主な仕事としてきたからこそであった。戦後、ほかならぬその二人が解釈学説を主導する立場に立つことになる。

宮沢による憲法逐条解釈の大著『日本国憲法』（前出）に、「良識」「実践的英知」というキーワードが出てくる。「学説というもの」（『ジュリスト』三〇〇号、一九六四）は学説二分論を前提として解釈学説の役割を論じ、「どういう場合でも理論性を放棄することは、絶対に許されない。そうした理論性をどこまでも肌身につけていてこそ、法のたたかいを腕力のたたかいから理論のたたかいに発展させ」ることができる、と説く（傍点宮沢）。

「腕力」が平時には数の力、危機には文字通り力の一撃（un coup de force）であるとすれば、ここで「理論」とされているのは「良識」と「説得力」を備えた法の賢慮である。それは、学説二分論が解釈学説＝実践と対置させた理論学説とは違う意味での「理論」であり、解釈学説の闘技場に参入する当事者の間に共有されるべき約束ごとである。そのような「ゲームのルール」

（後出242、429頁）が維持されるための担保は、「何でもあり」を許容しない法律家共同体の一員としての職業的責任の意識しかない。清宮が「あまりかたよらない見地」「なるべく広い視野」（前出『憲法要論』初版はしがき）という表現で語ろうとしたことも、そのことに帰着するだろう。

Ⅱ 「理論学説」にとっての「憲法」

一 憲法現象の諸類型　法を対象として認識し、記述・説明する仕事の一分野として「憲法学」を考えるならば、その対象としての「憲法」を、形式的意味の憲法——例えば憲法典——だけに限定してしまうことはできない。その場合、多様な憲法現象を交通整理するなんらかの類型学を設けることによって、混沌とした対象に足をすくわれないようにすることが必要である。

日本国憲法という法典を持つわれわれにとっては、第一に、一九四六年という特定の時点に成立した法典のそれぞれの条項が、どのような意味を担っていたのかを知ることが、問題となる。その解釈・運用は「憲法の歪曲」とも「憲法を時代に適応させた」とも言われるだろうが、そのような変容をこうむる前の、制定法としての憲法規範そのものを認識することである（実は規範認識そのものが可能なのか、というルール懐疑の見方があることにつき後出24・101頁）。

第二に、それぞれの条項が公権力によって解釈・適用され、現実社会にはたらきかける実効性をどう発揮しているかを知ることである。一般に憲法の運用とか実態と呼びならわされるが、それらは、一般的規範（法律、命令など）であれ個別的規範（判決、行政処分など）であれ規範であって、単なる事実ではない。日本国憲法（八一条）のもとでは、憲法の最終的な有権的解釈権を持つ最高裁判所によって違憲とされていない限りで、それら憲法実例の総体が、現に実効性を発揮している憲法のすがたとなっている。

そのようにして憲法実例となり、一定の実効性を獲得することができるのは公権力による憲法解釈だけなのであるが、**第三**に、広く憲法意識というべきものが憲法学の対象となる。その主体が法律家とりわけ法学者である場合についていえば、公権力による憲法の制定や解釈・運用にはたらきかける個々的な立法論や解釈論のほか、体系化・抽象化されて「理論」と呼ばれる形でのものも入ってくる。

第四に、右にあげた三つの要素の相互関係を含む社会過程全般にも、憲法学は関心をむけるだろう。すなわち、一九四五―四六年時点の日本の社会関係――国際的環境を含めて――からさまざまの憲法意識を媒介として日本国憲法が制定され、それが、憲法適用者である公権力を一定の社会関係のもとで多かれ少なかれ拘束しながらも彼らによって解釈適用されることを通じて、人びとの憲法意識にはたらきかけをし、国内的・国際的な社会関係に影響を及ぼしてゆく、という過程全体が、問題とされるのである。

Ⅲ 「解釈学説」にとっての「憲法」

一二 「法源」と「解釈学説」の方法 法学関係の書物では、叙述の前提として、「法源」の範囲に言及されることが少なくない。美濃部達吉の逐条注釈書『憲法精義』（初版一九二七）は、憲法典が唯一の憲法法源でないことを強調し、憲法七十六ヶ条のほかに、「皇室典範及び各種の皇室令」「法律、勅令、条約及び憲法以前より伝はった法令」「不文憲法」をあげ、実質的意味の憲法を広く「憲法法源」の中にとりこんでいる。美濃部憲法学が「憲法学の主なる任務は何が現実の憲法であるかを見出すことに在る」という際の「憲法学」は、人の知的関心にこたえる学問活動一般を指すと同時に、憲法解釈をみずから説いて国政運用の基準を提示することを指していた。しかし、科学学説の対象として「憲法」の範囲を広くとることと、解釈学説が合憲・違憲の判定基準としての「憲法」の範囲をどう定めるかは、別の問題である。

「法源」は、普通、「法の存在形式」というふうに説明されている。例えば民法であるならば、民法典のほかさまざまの特別法や付属法を含めて民法の法源と考えることには問題がなく、それらの間に牴触がおこれば、「後法が先法を廃止する」「特別法は一般法を排除する」などのルールに基づいて解決されるであろう。しかし、形式的意味の憲法が最高法規として存在し、違憲審査制による裁判的担保の手段が設けられているときには、憲法学がその知的関心に従って研究対象とすべきもの一般が「憲法法源」なのではなく、違憲審査の基準とされるべき規範こそが「憲法法源」なのである。その範囲をどこまで広くとり、あるいは狭く定めるかは、解釈学説としての立場からおこなわれるべき選択の問題なのである。

アメリカ・フランスの市民革命期の憲法思想は、実質的意味の憲法のうち特定の原則を立憲的意味の憲法として限定的に掲げ、それを成文かつ成典の憲法に網羅した上で、憲法典に最高法規としての性格を与えた。いまの日本について言うならば、違憲審査制というその担保手段と結びつけて、形式的意味の憲法をこそ重視しようとする立場は、解釈学説として十分に成立できるのであって、「この憲法」を「国の最高法規」と定めている憲法九八条一項にあえてこだわるのは、決して、そのこと自体が形式主義的な態度なのではない。

それに対し、解釈学説の扱う対象としての憲法——「憲法の法源」——を実質的意味の憲法にまで多かれ少なかれ広げることも、可能な選択であるが、その広げ方によって、解釈論上の効果は、対照的な二通りのものとなる。典型的な例を言えば、形式的意味の憲法——最高法規としての憲法典——に権利条項が含まれていない場合に、憲法典に先行して定められていた権利宣言をも「憲法」の範囲に含めて違憲審査の基準とするならば、政治部門の公権力への憲法の名によるコントロールは強化される。反対に、憲法典の運用によってつくられる憲法実例に「憲法の法源」としての資格をみとめるときには、これら実例のつくり手である公権力へのコントロールは、弱められることになる。

解釈学説の対象——合・違憲判定の基準とすべきもの——としての「憲法」を憲法典に限るとする点では共通の立場に立った場合でも、解釈学説による公権力へのコントロールの可能性は、解釈の方法の相違に応じて複雑に違ってくる。制定法としての憲法典の条項がもともと担っていたはずの意味を強調するか、制定後の変化する社会の要請を反映するような読み方を強調するか、という違いは、そのひとつの典型的な現われである。

同じく公権力をより強くコントロールしようとする見地に立つ場合でも、例えば憲法九条の厳格な解釈を維持しようとする議論はしばしば前者の論法をとり、憲法一三条の幸福追求権により多くの内容を盛りこもうとする議論は後者の立論をする。アメリカ合衆国で「原意主義」と呼ばれる考え方には一様でないニュアンスが含まれるが、その典型的なものは、二〇〇年以上前の憲法制定者が抱いていたもともとの意思を唯一の解釈基準とせよと主張することによって、最高裁による政治部門への抑制機能を封じようとするものにほかならず、最高裁が憲法の「現意」を確定することにより憲法上の権利の内容を拡大し、政治部門をより効果的にコントロールしようとする方向と、きびしく対抗する。

他方、(旧) 西ドイツで、「憲法」の内容は憲法制定によって決定されてしまうのではなく、「コンセンサス」を得つつおこなわれる将来の決定によって充たされる「開かれた」ものなのだ、と主張する見解は、とりわけ、財産権が争点となっている場面で、公権力による権利の制約——それを通して、社会的観点からの改革遂行——をより容易にすると考えられてきた。フランスはといえば、一九五八年憲法前文でのわずかな言及を手がかりにして、一七八九年宣言、一九四六年憲法前文、それに加えて「共和国の諸法律によって承認された基本的諸原理」というカテゴリーのもとに、一連の諸権利を違憲審査の基準として位置づけたとき、憲法院は、憲法制定者の意図にまったくないことをすることによって、財産権を含む権利の保障を拡大したのであった。

解釈学説の説き手は、個別的な事案それぞれの適切な解決に役立つかどうかだけでなく、このような一般的効果をも念頭に入れたうえで、自分の解釈方法を、多少とも首尾一貫したものとして示すことができるよう、求められている。

23　序章第二節　憲法学の対象としての憲法　12

〔問題状況〕

用語の問題として、本文で引用した一九三四年宮沢論文は「法の解釈技術」と「法の科学」を、三六年論文は主として「解釈論的な学説」と「理論的な学説」を対置し、六四年論文はその両方を使う。法の「科学」という言葉の背景には、民法学の流れの中で語られた「註釈学派から科学学派へ」という表現（F・ジェニの著書の標題 *Science et technique en droit privé positif*, 1913）があったであろう。そのような背景が共有されなくなった今日では自然科学モデルを連想させる「科学」よりも、解釈学説・理論学説という対語を使う方が適当と思われる。

三六年論文についてのちに宮沢は、天皇機関説を「機関説プロパー」すなわち国家＝法人と君主＝

機関という思惟の補助手段、認識のための道具としての理論学説と、立憲主義、自由主義の傾向を主張する解釈学説、という二面で位置づけたのだ、とのべている（宮沢『天皇機関説』上・下、有斐閣一九七〇）。美濃部学説を学問上の克服対象とした際に解釈学説が理論学説の外観のもとに説かれていることを批判した宮沢が、政治の力による師説の迫害に対しては、天皇機関説に含まれている理論学説の要素を「機関説プロパー」としてとり出し、それを防衛の陣地として選んだわけであった。

解釈学説＝法実践と科学・理論学説＝法認識を区別する学説二分論に対しては、正反対の二つの側から批判がむけられる。第一は、法解釈は認識作用であって解釈者の意欲の作用ではない、という立場からのものであり、第二は、法規範をそれとして認識することそれ自体が不可能だ、という立場からのものである。第一の立場は、今日では、対立しあうつぎの二つの主張と結びついて説かれることがありうる。ひとつは、法解釈は法の制定者が考えていたはずの「原意」に忠実でなければならない、として、解釈者とりわけ裁判官の役割を限定しようとする。もうひとつは、法解釈は条文のことばや原意にしばられるのではないが、裁判官はやはり客観的な何ものかによって拘束されているのだ、と説くことを通して、裁判官による法の「現意」の探求を正統化する。

第二の立場は、条文は有権的解釈権者によって解釈をほどこされるまでは、その意味について真偽を定めることはできず、従って、規範それ自体はそもそも認識不可能だ、と主張する。H・ケルゼンの純粋法学は、「規範科学」という自己定義から通俗的に予想されるのとは正反対に、実は、そのようなルール懐疑の見地を含んでいる。彼が「違憲の法律、違法の判決は形容矛盾だ」（『法と国家の一般理論（一九四五）』尾吹善人訳、木鐸社、二五六頁以下）というとき、それは、〈違憲の法律は法律でない〉という趣旨ではなく、反対に、〈違憲と目される法律も有権的解釈によってそう判定されていない限り有効であり、有効である限り違憲ではない〉という趣旨でいわれているのである。そのような事態をケルゼンは、〈憲法は、その内容に適合する法律をつくることと、その内容に適合しない法律をつくることの両方を、立法権に授権しているのだ〉というふうに説明してみせる。しかし、この説明は、実は、〈憲法は、その内容の決定をあげて立法権にまかせている〉ということに帰着し、つまるところ、〈上位規範の意味は有権解釈を媒介として下位規範がつくられてみなければわからない〉ということになり、上位規範（ここでは憲法）をそれとして認識することは不可能だという帰結につながってゆくはずである（この点につき、なお、後出44）。

学説二分論についての私の考えに対する批判として、菅野喜八郎『続・国権の限界問題——純粋法学と憲法学』（木鐸社、一九八八）二一五頁以下。その論点についてのコメントとして、長谷部恭男『権力への懐疑——憲法学のメタ理論』（日本評論社、一九九一）第七章。

本書で言及することが多い宮沢憲法学については、全体につき参照、高見勝利『宮沢俊義の憲法学史的研究』（有斐閣、二〇〇〇）。

他の国内実定法諸分野と違って、憲法の解釈は、裁判所によって憲法が運用される場面だけでなく、政治部門の憲法運用の場面でも、重要な意味を持つ。二つの場面を通じて、解釈の名のもとに憲法規範からどれだけの内容をひき出すべきか。「厳格解釈」（内野正幸『憲法解釈の論理と体系』〔日本評論社、一九九一〕第三章）の主張は、憲法解釈上の規範的要求として主張できることと、政策的にのぞましいこととの間のけじめを明確にすべきことを説く。そのこと自体は法解釈一般にあてはまる当然の指摘といえるが、憲法の分野で特にそれを強調すると、憲法規範の名宛人である権力へのコントロールをゆるめ、「厳格」解釈という呼び名が与える印象とは逆の効果をもたらすことになる。違憲審査の場面でいえば、裁判所が憲法の名において言えることがらの範囲をせばめ、その分だけ、政治部門の政策的裁量の余地をひろめる、というふうにである。

法学の学説は研究（学界）と教育（学生）の場で説かれると同時に、法にかかわる人びとに向けてのメッセージとなり、①（特に違憲審査制のもとで）司法権力の活動分野にかかわる法曹階層、②法を日常的に解釈運用する立法・行政権力の当事者群、③その過程に間接的に関与する「世論」形成者（最広義での知的階層）、がその受信者（たるべきもの）となる。私自身の「学説」の特色を毛利透『国家と自由の法理論――熟議の民主政の見地から』（岩波書店、二〇二〇、一五六頁）は、「論点自体がなぜ問題となっているのかを歴史的経緯や理論体系からの観点をふまえて解説し、そこでの学説対立の意義をそれぞれの理論的背景にまで遡って説明することを目指している」と受けとめる。

齋藤暁「初期樋口陽一の憲法学と〈戦後憲法学〉の知的状況(一)～(三)完――戦後日本憲法学史研究・序説」（『法学論叢』一八三巻四号以下断続連載）から、学界参入時前後の私自身の思考を再訪する機会を与えられた。私の憲法学の中に黒田覚を透視した（註(205)）のは齋藤の烱眼である（本書初版以来の「読書案内」欄参照）。なお、註(301)の広中俊雄との「応酬」という表現について、私としては示唆を受けとるという言い方が正確と考えている。のちに「個人の尊厳」と「人間の尊厳」という論点（本書44頁）についてした広中との見解のやりとり（私の『国法学――人権原論』〔有斐閣、補訂版二〇〇七、四四頁註1〕は「応酬」と言えるにしても。

第三節　近代憲法の論理構造

I　〈個人＝自由〉対〈国家＝権力〉

1　近代立憲主義と市民革命——主権と人権の連関と緊張

一三　イギリス——マグナ・カルタと権利章典　一方に個人＝自由を、他方に国家＝権力を対置させる図式は、近代的・立憲的意味の憲法を説明する際には、あまりに平凡で陳腐な定式のように見える。しかしそれは、やはり、ことがらの核心をついている。

近代的・立憲的意味の憲法の二つの構成要素として権利保障と権力の分立をあげることは、マグナ・カルタ（一二一五年）と身分制議会という、中世立憲主義の伝統を思いおこさせる。実際、イギリスで一九六五年に議会七〇〇年祭が祝われたが、それは、一三世紀以来の身分制議会の伝統がこの国の議会制の発展にとって大きな意味を持ったことを示しているし、マグナ・カルタは市民革命期の議会の反王権闘争の旗じるしとして威力を発揮した。

実際、イギリス市民革命の総括として定められた権利章典（一六八九年）は、「聖俗の貴族および庶民」——人一般でなく——が「かれらの古来の自由と権利」を持つことを確認するという構成をとり、中世立憲主義とのつながりを援用する形で、近代憲法史をスタートさせた。

一四　イギリス――ロック　ところが、名誉革命の成果を「世界にむかって弁護する」という意義を持つこととなる一六九〇年のジョン・ロック『統治二論』（加藤節訳、岩波文庫）は、もはや「古来の身分的自由」やマグナ・カルタではなく、「自然状態」の想定を前提として、諸個人からすべてを出発させる。

個人と、諸個人の意識的で自発的な結合としての国家とを対極とする近代的社会像をえがいた点では、ロックの前にトマス・ホッブズがすでにあった。『リヴァイアサン（一六五一）』（水田洋訳、岩波文庫）の構成（第一部「人間について」第二部「コモンウェルス（国家）について」）が示すように、ホッブズは、「国家」の考察を「人間」――それも、「感覚」（第一部第一章の標題）でとらえることのできる人間諸個人――を出発点として議論を展開していた。個人と国家のそのような二極構造をえがき出した上で、諸個人の生存＝安全に第一価値を置くことによって、国家＝リヴァイアサンを弁証したのがホッブズだったのに対し、諸個人の自由を最優先させる体系を示したのが、ロックである。

ロックは、諸個人が――身分が、でなく――、生命・自由・所有物を包括する《property》――各人に「プロパー」なものという意味での「プロパティ」――を持つ、というところから出発する。ロックによれば、各人がその「プロパティ」を保全するために、「自然状態」で手にしていたはずの「自然的権力」を放棄して「市民社会」「政治社会」（＝国家）に移行し、「政治権力」を創設する。こうして、人民によって信託（trust）をうけた公権力が政治責任を負うという、近代統治原理の骨格をなす考え方が成立する。諸個人の「プロパティ」を保全することを目的として、諸個人の同意＝契約によって社会をとり結び政治権力を設定する、というロックの説明は、より具体的な次元では、一方で、信託の目的に適合的であるように権力を規制する権力分立原理――身分制的分権ゆえの権力分立ではなく、集権的国家にもかかわらず仕組まれる権力分立――を導き出し、他方では、信託目的違反の場合の最終的な責任追求手段としての抵抗権論に結びついてゆく。イギリスでまず先行した憲法体験は、ロックによるこのような合理主義的説明を媒介として、他の諸国にひきつがれていった。

一五　アメリカ――独立宣言と合衆国憲法　一七七六年のアメリカ独立宣言は、天賦の権利の確認→その保全のためにする、被治者の同意による権力の設定→目的違反の権力を改廃する人民の権利、という図式を掲げ、ロックの論理をそのままにうたいあげている。しかしまた、一七八八年合衆国憲法とその運用は、むしろ、イギリス旧国制の共和制版とでもいうべきものとなった（後出**21**）。

一六　フランス――個人と国家の二極構造　フランスの一七八九年宣言と、それを冒頭においた一七九一年憲法は、絶対王制の否定を中世立憲主義への復帰という形式によって示したイギリスとは対照的な定式化をした。もはや身分的自由ではなく、人一般の権利としての人権が宣言され、もはや身分制三部会ではなく、一院制の国民議会が設けられたのである。その点は、実は、アメリカ以上にロック的要素が強調されたことになる。

もともと、中世立憲主義が「国王も神と法のもとにある」と説いたのは、王権への権力集中がまだすすまず、ローマ法王を頂点とする教会や封建諸侯や自治都市などがそれぞれに権力を手中にしているという、分権的な社会構造があったからであった。身分制的な社会編成原理のもとで、王権以外にさまざまの権力が重畳的にならび立っていたから、権力が相互に制限される状況があったのである。絶対王制は、そのような重畳的な権力構造を、国王への権力集中によって克服するものであったが、それとても、身分制社会編成原理を基礎としていた限りにおいて、その権力集中度はそれほど「絶対」的なものにはなりえなかった。

それに対し、近代市民革命は、経済社会の構造からいえば領主制土地所有を、政治社会の構造としては身分制に基づく社会編成を、それぞれ廃棄することを意味した。その結果、一方では、身分制秩序の解体によって個人が解放されると同時に、他方で、国民単位で成立する領域国家の手に権力が集中される。個人の解放と国家への権力集中というあり方をいちばん徹底的に追求したのは、フランス革命であり、個人と国家の間に介在する一切の「中間団体」を敵視した。一七八九年権利宣言のカタログに結社の自由が出てこないのは偶然でなく、その時点で存在していた集団——すなわち身分制的結合——を解体して、自由な諸個人から成る社会の前提をつくりあげることこそが、革命の中心課題とされたからである。自由な諸個人によってとり結ばれる社会を基本的に想定する近代立憲主義は、その障害を排除するために、国家からの結社の自由ではなく、結社からの国家による自由――国家干渉からの形式的自由でなく、国家による実質的自由――を、市民革命期の課題として追求したのであった。

一方で個人＝自由、他方で国家＝権力という二極構造図式がこうして成立するが、それはとりもなおさず、近代憲法学の二つの大きな主題である「人権」と「主権」の間の、密接な相互連関と緊張関係が成立するということでもある。すなわち、第一に、身分制原理を否定する国民主権によってはじめて、個人が解放され、人一般の権利としての人権を語るための論理的前提がもたらされた、という相互連関である。第二に、それまで諸個人の解放を妨げていたと同時に保護の楯の役目をもしていた身分制が否定されることによって、いわば裸の個人が集権的な国家と向きあわなければならなくなったことから生ずる、主権と人権の間の緊張である。

中世立憲主義は、権力の多元性を基礎とした権力への制限であった。近代立憲主義は、権力の国家への集中を前提とした上での、権力制限の試みであり、それだけに壊れやすい。実際、近代立憲主義を全面否定しようとする力にとっては、身分制的伝統という邪魔な障害物が、「均制化」（ナチスの Gleichschaltung）によって排除されなければならなかった。

2　憲法史の中の近代と現代――その相互補完性と緊張関係

一七　近代憲法確立期　〈個人＝自由〉対〈国家＝権力〉の対立図式を根本としながらも、権利保障と権力分立のあり方は、近代憲法史の段階的推移に対応して変容を見せている。

先行する身分制社会編成原理からの諸個人の解放を市民革命によってなしとげたイギリスとフランスについて言うならば、そのようにして解放された諸個人に、国家権力から自由な空間を確保することが、一九世紀の確立期近代憲法の主要課題となる。図式的に言うならば、市民革命期の「国家による個人の解放」（初期積極国家）という歴史的経過点を経た上で、しかるのちに、「国家からの個人の自由」（消極国家）が追求されることとなるのである。

国家からの自由が問題となるべき前提を他国に先がけて実現していったイギリスでは、社会の経済生活と精神生活の両面について、それぞれ、典型的な自由主義の思想が開花した。アダム・スミス『諸国民の富（一七七六）』（大内兵衛＝松川七郎訳、岩波文庫）の主張は、組合・法人団体による営業独占を弾劾して自由競争の前提をつくりあげるとともに、そのようにして成立した自由競争の場を、国家干渉の排除によって維持しようとする提唱であった。精神的自由については、何よりも、ジョン・スチュアート・ミルの『自由論（一八五九）』（塩尻公明＝木村健康訳、岩波文庫）が重要であり、市民革命後の国民の意思に基づく権力に対しても自由が主張されなければならないのはなぜか、「多数者の専制」に対して異端の自由までがなぜ必要なのかを、「人類は不可謬でない」ことを論拠に説いたのであった。

権力への制限という課題を追求するにあたって、中世立憲主義の場合には、権力の実体の裏づけを持った諸勢力が王権との間で相互制限の関係に立っていた。それに対し、近代立憲主義は、身分的秩序の拘束から解放されたかわりになんらの実力を持たなくなった諸個人が、権力を一手に収めることとなった国家の権力を制限しようとするものであるだけに、微妙で繊細な構造のものとなる。一方では、経済的な基礎構造が国家から自由な生活空間をどれだけ真剣に求める性格のものとなっているか（A・スミス）、他方では、精神生活の自立をどれだけ強烈に支える思想的基盤をつくり出すことができるか（J・S・ミル）に、国家からの自由の達成度は依存することになるであろう。

権力分立の具体的なありようについて言えば、近代憲法確立期の議会の優位性は、イギリスとフランスで、行政権に対する関係（立法権を実質的に独占し、議院内閣制の機構によって行政権へのコントロールを及ぼす）でだけでなく、憲法改正権に対する関係でもいちじるしかった。イギリスの場合は、議会制定法を制約する硬性の——従って最高法規としての——憲法自体がなかったし、第三共和政フランスの場合には、一八七五年憲法が統治機構条項しか含まなかったために、肝心の人権の領域については、やはり最高法規としての憲法は存在しなかったのである。こうして、権利保護という目的は、議会制定法によって——それに対して、ではなく——追求され、その実効性を担保するものとして、イギリスでは通常の司法裁判所が（ダイシーのいう「法の支配」の内容）、フランスでは行政裁判所が、重要な役割を担うこととなる。

一八　近代憲法の現代型変容とその後　確立期の近代憲法のあり方が、国家からの自由と議会優位の権力分立とによって要約されるとするならば、その後の憲法状況の展開は、そのような定式だけによっては特徴づけることのできない性質のものとなってゆく。

国家からの自由という古典的な人権カタログに加えて、一方では、国家の積極的な措置の要求を内容とする諸権利が、社会権の名のもとに登場し、他方では、国家＝政治的権力からの自由だけでなく社会的権力からの自由という課題が、人権の私人間効力の問題として追求されている。権力分立のあり方も、一方で、国民意思の唯一の表明者としての議会の地位が動揺して、有権者団の直接投票制や、行政府首長の直接公選制（議会選挙が事実上の首相公選として機能する場合を含めて）が登場するようになり、その効果として、しばしば、議会に対する行政府の優位の現象が現われる。他方で、「違憲審査制革命」（M・カペレッティ）といわれるまでにその制度が一般化し、憲法の優位というシンボルのもとで、憲法の解釈権を最終的ににぎることとなる裁判的機関の役割が、強化される。

こうした傾向は、第二次大戦後の西側諸国の憲法にとって多かれ少なかれ共通のものとなるが、遡ると、第一次大戦直後のドイツのワイマール憲法が、近代憲法の現代的変容・展開のひとつの節目として、重要な意味を持っていた。この憲法は、ドイツではじめて近代立憲主義の原理を留保なしに承認すると同時に、「人たるに値する生存」を確保するための国家の責務をうたって社会権の理念を掲げた点で、他国に先がけて、現代型憲法の範型を提供した。

ワイマール憲法の想定する国家像は、かつての消極国家にかわる積極国家であり、その背景には、国家の介入を求めるようになる経済的社会的な基礎構造の変化があった。消極国家としてもっぱら国家を制約するところに近代憲法確立期の主眼があったとすれば、現代の課題は、国民の生存を確保するために国家の介入を求め、しかし精神生活の場面では国家からの自由を依然として擁護しようとする（「二重の基準」〔後出、特に110〕という考え方の原型）。そこでは、経済構造が積極国家を要求するという条件の中で、精神生活の場面で国家の役割を限定することが問題となるだけに、近代憲法確立期に見た思想的条件の重要性が、とりわけ大きくなるはずである。

実際、両大戦間期（一九三〇年代）に見られる危機状況への対応の中に、そのような条件の違いが現われる。ワイマール憲法を生み出したドイツでは、経済生活での国家干渉と精神生活での国家不干渉を両立させることに失敗して、近代立憲主義そのものを全面的に否定するナチズム支配の登場を許すこととなった。それに対し、一九三〇年代アメリカのニュー・ディールは、自由権保障と権力分立の枠組を維持しながら、社会経済過程への国家の介入によって危機に対応するという方式（アメリカでいう「リベラル」は、このような意味での国家介入論者、ヨーロッパ的用語法でいえば社会民主主義的志向を指す）によって、「合衆国第二共和制」をつくりあげた。ナチズム体験の総括の上に立つ第二次大戦後の西側憲法は、ニュー・ディール＝二重基準型の積極国家像をひきつぎ、「福祉国家」（イギリス）、「社会的共和国」（フランス）、「社会的法治国家」（西ドイツ）というような標語のもとに、近代憲法の現代的適応の方向を志すこととなった。

もともと、ワイマール憲法を原型とする現代型憲法のねらいは、近代立憲主義の究極的価値である個人の尊厳を、より実質的に確保するところにあった。例えば生存権は、国家からの自由だけによっては確保できない「人間に値する生存」を、実質的に裏づけようとする。また、複数の思想の並存を意識的に確保するための国家介入が、積極的にであれ（言論市場での情報の多様性の確保）、あるいは禁圧的方向においてであれ（「たたかう民主制」による違憲政党の禁圧）、めざされる。その反面、生存権実現のために――さらには思想の複数並存性を確保するために――積極的な役割を託された国家は、その力を、個人の尊厳をおびやかすものにも転化することがあるだろう。憲法における「近代」をより豊かに展開させるためのものだったはずの「現代」が、「近代」を否定する要素をも同時に含む、という緊張関係がそこに潜在する。

ところが、状況はその後さらに推移する。一九八〇年代以降のアングロサクソン世界で、ニュー・ディール型の方向への批判的な見地から、「小さな政府」「自助努力」を掲げる政策方向がうち出されるようになった（「レーガン革命」、「サッチャー革命」）。経済生活と精神生活の両場面での国家不介入をあらためて強調する「リバテアリアン」たちの議論が一定の思想的影響力を発揮したのち、とりわけ経済領域で「新自由主義」（ネオリベラル）と呼ばれる傾向が、「グローバリゼーション」（後出**19**・**56**）のもとで支配的となる。ワイマール憲法＝ニューディール以後の現代型傾向をあらためて逆向きに押し返す流れは、統合に向け拡大を続けてきたヨーロッパにも及び、九〇年代以降の東欧諸国でネオリベラル（経済）とイリベラル（強権政治）の結びつきをもたらした。「リベラル」はもともと「理解の広い」「寛大な」という意味を持ち、「イリベラル」はそれと対照的に「教養のない」「偏狭な」状況を示す形容詞である。そのような状況についての批判的問題提起の脈絡で一般化した「イリベラル・デモクラシー」という言葉は、二一世紀に入って西欧諸国の内部にも多かれ少なかれ当てはまる傾向となっている。

一九　憲法の国際化　以上は憲法の国内的側面についての時代特徴であるが、二度の世界大戦を経ての傾向として、憲法の国際化という問題がある。憲法規定の上で国家の対外的主権性の相対化と国際協調主義、加えて戦争放棄を含む平和主義条項が登場し、国際社会の実行としても、国際組織の発展と人権の国際的保障の制度化の方向が進行する。さらに、旧・社会主義圏の解体と世界単一市場化によって、「グローバリゼーション」の名のもと、国境をまたいで往来するカネと情報の流れが加速した。ここではいっそう、近代国民国家の確立を前提とした国家＝国民主権が掲げてきた自己決定の理念と、国際協調による人権と平和の実現という要請とが、調和すべきものとされながら、相互に緊張的な関係のもとに置かれる（後出**56**）。しかもその緊張は、種々の感染症の頻発が、国境という壁を持つこと・越えることそれぞれのプラスとマイナスを深刻に露呈することによって、一段と複雑化している。

Ⅱ　近代国家の二つのモデル

1　ルソー＝一般意思モデル――ドイツから見た「フランスの典型性」の意味

二〇　C・シュミットのフランス像　近代憲法史のレースにおくれて参入しながら、一九―二〇世紀の世界史上の大きな存在となる大国がドイツであり、従って、この国の眼から見て先行する諸国の憲法のあり方がどう映っていたかを知ることは、多くの示唆を与えてくれる。

　ドイツの知識人にとって、いちばん身近な思考素材は、ラインを距てて地続きのフランスであったが、近代憲法史のレースの先頭をきるイギリスよりもフランスが引照基準とされたことには、距離的な近さにとどまらない、実質的な背景があった。一九世紀のカール・マルクスがフランスを「憲法史の実験場」と呼んだのは、彼から見てドイツで欠落してきた市民革命とブルジョワジーによる階級闘争が、そこでは典型的に展開したからであった。二〇世紀のカール・シュミットが「フランス革命の偉大さ」（後出『憲法理論』）に執着したのは、彼から見て、ドイツでは、諸個人と集権的国家の二極構造が成就しないままに、政治的には階級、法的には結社の自由によって、政治的統一体としての主権国家が危うくされていたからであった。

　シュミットは、政治的統一体としての主権国家のモデルをフランス絶対王制に見出し、大革命をもその系としてとらえるのであるが、実は、身分制的中間団体を徹底的に排除しようとした大革命によってこそそれが完成された、と見るべきであった。彼自身、絶対君主にとってかわった国民が「いまや、自分の国家の中に自分自身を政治的に確認」するのだから、絶対性はむしろいっそう強固になる、とのべている。

　実際、一七八九年の「人および市民の諸権利の宣言」は、その一六条の定式化にのっとって言えば、権利保障と権力分立という二つの場面それ自体で、個人対国家の二極構造を、絶対王制下よりもはるかに強くおしすすめた。人一般の権利という観念、および、権力分立機構の中心におかれた議会の国民代表性は、両方あいまって、身分制的諸特権と身分代表の観念にとどめを刺し、近代国民国家の構造を定礎させたからである。このような基礎の上に成立する近代国民国家の主権性（国家の主権と、国家における国民の主権の二要素をあわせて）は、権力の正統性根拠を君主から国民に転換したということと同時に、――むしろそれ以上に――、集権的国家と諸個人の二極構造の形で個人を析出したという点で、最も深い意味を持っている。近代憲法の想定する個人対国家の二極構造が権力への制約のとりでを弱めた、という面から見れば、近代は個人を析出してしまったのである。

ところで、諸個人対国家の二極構造という基本構造の点では、ホッブズからロックへの系譜を引くイギリスも、同じ類型に入る。イギリスとフランスの対照的な点は、一方がロック流の「権力からの自由」を貫ぬこうとするのに対し、他方は、ルソー流の「権力への自由」という要素を重視してきたところにある。B・コンスタンは、前者を「近代人の自由」、後者を「古代人の自由」と呼んだが、J・J・ルソーはたしかに、古典古代を思考素材としながら、一般意思への参加にこそ自由の鍵があると考えたのであった（「われわれは、citoyen（市民）となってはじめてhomme（人）となる」）。

中間団体＝結社を原理的に否定して国家と諸個人だけから成る社会像をえがくという点で、大革命以来のジャコバン主義的観念ほど徹底したものはなく、当のフランスにおいても、近代法制がそれで十分に説明されるほど徹底していたわけではない。しかし、多分に虚像性を持つこの観念の中にこそ、イギリスを含めた近代国家の特性が、鮮明にうかびあがってくるのであり、シュミットがフランス・モデルに固執したことには、十分な意味があった。

2 トクヴィル＝多元モデル――フランスからアメリカを見たとき

二一 トクヴィルのアメリカ像 ルソー＝一般意思モデルは、中間団体としての結社を否定して国家と諸個人だけから成る社会像をえがき、国民主権という正統性根拠と結びついた国家権力だけを正当なものと見る。こうしてフランスでは、法形成は国家（一般意思の表明としての法律）によって独占され、地方分権にも私的結社にも冷淡なジャコバン主義的伝統が形成される。それと対照的なのが、アメリカ合衆国の伝統であろう。建国期の憲法思想を伝える『ザ・フェデラリスト（一七八八）』（斎藤真＝武則忠見訳、福村出版）はすでに、経済生活における五つの基本的カテゴリーをあげ、「これら対立する多くの利益の調整が、近代立法の主目的」（第一〇篇）とのべていた。実際、この国では、さまざまの社会的諸権力がそれぞれの「与論」を背景にして正統性をみとめられる。法は公然とした私人の利益主張に基づいて形成され（立法過程でのロビイング、司法過程での訴訟当事者のイニシャティヴによる法形成）、連邦制とコミュニティ・タウンの自治が強調される一方で、結社の役割が積極的にとらえられてきた。

一九世紀半ばにフランス人の目でアメリカを観察したアレクシ・ド・トクヴィル（松本礼二訳『アメリカのデモクラシー』㈠〜㈣、岩波文庫）が、①司法権の役割、②連邦制と分権の重要性、

③結社への嗜好、の諸点にその特質を見てとったのはまことに慧眼だったと言えるが、どの点でも対照的だったフランスで、一九八〇年代になって、これらの三点に対応する形で、①憲法院の活性化と②地方分権改革がすすめられただけでなく、③ジャコバン主義型の集権的・反結社的な国家観そのものへの批判的自己点検が、目につくようになってきた。

ところで、フランス型のルソー＝一般意思モデルほど徹底したものでなくとも、イギリスを含めて、諸個人対国家の二極構造の上に組み立てられた憲法像を前提とするとき、そこでは、社会構成員の一定程度以上の同質性を基礎とした上での多数派デモクラシーが、想定されていた（ウエストミンスター・モデル）。

そこでは、基本的な同質性を前提とした上で、「今日の少数は明日の多数となりうる」ことに、自由の担保が求められる。だからこそ、そこでは、同質性の崩壊（とりわけ、古典的意味での階級対立）が、憲法構造そのものの危機を意味するものとして受けとめられたのであった（一九三〇年代の立憲主義の危機）。それに対し、第二次大戦後のヨーロッパで、言語・宗教・民族などの異質性が問題とされ、それにもかかわらずそれとして安定したデモクラシーが機能できることが、意識されるようになった（オランダの政治学者レイプハルトがスイス、オランダ、ベルギーなどを素材として概念構成した多極共存型デモクラシー consociational democracy）。そこでは、多数・少数の交代が不可能――ないしいちじるしく困難――であるような対立関係を、統治構造の中に意識的に反映させることによって、統治エリート間の協調を通しての合意形成がめざされる。それは、国民を個人の集合としてでなくなんらかの帰属単位（「多極」）間の連合としてとらえることを意味する点でトクヴィル＝多元モデルとの間には論理的断層があるが、実際には両者は容易に接合できるだろう。

トクヴィル＝多元型とルソー＝一般意思型という、これら二つのモデル間の緊張を意識することは、憲法解釈論の上での選択に、影響を及ぼすはずである。人権論の領域では、法人・結社の国家からの自由をより強く保障しようとするのか（積極的方式としては「法人の人権」論があり、消極的方式としては、「部分社会」論により司法の介入をひかえることによって）、反対に、法人・結社からの個人の自由をより強く確保しようとするのか（人権の私人間効力の枠組にのせて「法人からの人権」、「部分社会からの自由」を追求することによって）が、その典型的な現われである。統治機構論の分野でいえば、「代表」条項の解釈にあたって、その積極的な規範意味（現存する国民意思の反映）を実現するひとつの方策として、地域代表的・職能代表的・利益代表的な中間団体に積極的な位置づけをした上で、それらを基礎とする反映機構を整備しようとするのか、反対に、「代表」の古典的・消極的規範意味（「全国民の代表」として、個別利益をこえた一般意思の表明者たるべきこと）が持ちうべき今日的意味をあえて強調して、代表過程を中間団体の利益誘導から純化する方向を選ぶのか、という例を挙げることができよう。

〔問題状況〕

国家が主権主体となって身分制秩序から個人を解放し、その個人が人権の担い手となる、という近代憲法の基本構図は、日本国憲法一三条前段の文言に集約的に現われている。——「すべて国民は、個人として尊重される」。「個人」は、そのほかもう一箇所、家族についての二四条で、「個人の尊厳と両性の本質的平等」という形で言及されている（なお、それを受けて民法二条）。そのような「個人の尊重」ないし「個人の尊厳」との関連で、日本国憲法には出てこない「人間の尊厳」という観念が、いくつかの文脈で問題とされるべきである。

まず、広く世界の状況を見わたして言えば、「人間の尊厳」を頭から公然と否定する文化はおそらくないであろう（集団のために個を犠牲にすることこそ「人間らしい」というふうに）が、「個人」についてはそのような一致は到底見られない（「個人中心という西洋近代の限られた文化圏の産物を押しつけるのはやめてくれ」というふうに）。近代憲法の枠組の中でのこととしては、「人間の尊厳」（Menschenwürde, dignité humaine）が実定法上規定されている場合（ドイツ基本法一条、ＥＵ基本条約など）、それは、一定の実質的価値内容を指すものとして、権力のみならず「個人」による自己決定をも制約する役割を託される。そこでは、例えば妊娠中絶や広く生命倫理にかかわることがらについて、「人間の尊厳」対「個人の自己決定」という対置の関係が表面化する。日本国憲法のもとでは、「個人の尊重」ないし「個人の尊厳」は、個人の自己決定という形式の要素と、にもかかわらず手をふれてはならない実質内容の両方を、緊張をはらみながら共存すべきものとして含みこんでいると解すべきである。関連して広中俊雄「主題（個人の尊厳と人間の尊厳）に関するおぼえがき」（『民法研究四号』、二〇〇四）は、「個人の尊厳に反するような機能を営む「人間の尊厳」ルール」の「存立可能性はない」とした上で、「人間の尊厳」ルールが解釈論上ひきうけるべき役割を示唆し、環境問題から死刑、そして戦争の問題を、「人間の尊厳」ルールの射程が及ぶべき範囲として提示する（なお、後出208頁）。

近代憲法史にとってのフランスの典型性は、一般的という意味ではなく、その正反対である。実際、フランスを母国として近代憲法のいわば二大範疇となってきた〈主権〉と〈人権〉（辻村みよ子『フランス革命の憲法原理——近代憲法とジャコバン主義』〔日本評論社、一九八九〕、同『人権の普遍性と歴史性——フランス人権宣言と現代憲法』〔創文社、一九九二〕）について、たえず、「主権無用」論や「人権の迷妄」批判がくり返されてきている。

近代憲法にとっての国民主権の重要性を、何よりも、権力集中の貫徹によって身分制から解放された個人が析出された、という点に見出す観点（後出59）からすれば、まさしくその点にフランスの典型性があったのであった。そのような「単一不可分の共和国」の虚構性を問題とし、その上に築かれてきた「近代」からの離脱を意味する諸傾向により多くの注意を向けるものとして、山元一『現代フランス憲法理論』信山社、二〇一四）。

近代法の形成にとって身分制的な旧ヨーロッパ的伝統の持つ意義の重大さを強調し、近代法の単位としての個人がまる裸の個人ではなく、家長たる「強い個人」だったことに注意をうながす見解（村上淳一『近代法の形成』（岩波書店、一九七九）、同『「権利のための闘争」を読む』（岩波書店、一九八三）、同『ドイツ市民法史』（東京大学出版会、一九八五）は、主権と人権を二大基礎概念としてつくりあげられてきた近代憲法学の思考体系に対して、あらためて難問を問いかける。近代憲法は、あえて言えば、集権的国家による個人の解放を基礎にすえたことによって、「弱い個人」をその担い手としてしまったのであり、その負い目に耐えながら、――中間団体＝社会的権力による個人の抑圧に逆もどりすることなく――強くあろうとする諸個人間の自由な結合をどうつくりあげてゆくか。蟻川恒正『憲法的思惟』（創文社、一九九四→岩波書店、二〇一六）は、「概念としての個人」を「思考の排他的定点に据え」て近代立憲主義をとらえ、近代立憲主義が「自然」ではなく「仮構」として持つ含意を徹底的に解読しようとする。他方で江藤祥平『近代立憲主義と他者』（岩波書店、二〇一八）は、「贖い」と「覚悟」を鍵概念として、あらためて、個人を公共に結びつけるべき「他者」を想定する。愛敬浩二『近代立憲主義思想の原像――ジョン・ロック政治思想と現代憲法学』（法律文化社、二〇〇三）は、一九八〇年代になって世界的にひろがる「立憲主義」シンボルの浮上が日本の憲法学でどう現われているかを問題とする。他方で、家族の問題に焦点をあわせて近代個人主義哲学の「論理的前提」を政治対家族の二元論に求め、それが「時代的役割を終えた」と主張するのが、中山道子『近代個人主義と憲法学』（東京大学出版会、二〇〇〇）である。

フランスの典型性にこだわったシュミットの主張は、彼の主著『憲法理論（一九二八）』（尾吹善人訳、創文社）で知ることができる。そのことの意義について、特に、和仁陽『教会・公法学・国家――初期カール・シュミットの公法学』（東京大学出版会、一九九〇）。「シュミット『制度体保障』

論・再考」という副題が示す視角から、近代立憲主義の「近代」性が意味する問題性を検討するのが、石川健治『自由と特権の距離［増補版］』（日本評論社、二〇〇七）である（これまで「制度的保障」という訳語で語られてきたことがらとの関連では、後出135、267-268頁）。

本文でのべたルソーとトクヴィルの対置図式を前提した上でのことであるが、これら両者を単純に集権と多元性という側面だけで割り切るわけにはゆかない。一方でルソーの権力分立という要素があり（後出173）、他方でトクヴィル自身、アメリカについて、「行政上の分権」の意義を強調すると同時に、「統治上の集権」なしにひとつの国民が存立し繁栄することはありえぬ（『アメリカのデモクラシー』〔前出21〕第一篇第一部第五章）、としているからである。

松平徳仁『東アジア立憲民主主義とそのパラドクス——比較憲法の独立時代』（羽鳥書店、二〇二二）序章は私の『近代国民国家の憲法構造』（東京大学出版会、一九九四）を、ホッブズとルソーを「いわば順接続」して「方法＝理念型としての」近代立憲主義を提示した、と読みとる。人文・歴史研究に自己を開きつつ法学の「方法的自治」に徹した学説の「体系的な剛構造」とする点は、なお遠い私の目標を言い当てている。松平が映画論を下敷として「普遍性の表象による日本的特殊性の肯定」を「セカイ系アニメ」のパラドクスと呼び、「樋口憲法学は、意図せずに次世代の「セカイ系立憲主義」をひらく」とすることには、「肯定」することなしにありのままをあばくことが私の「意図」だと答えておこう。松平の言う「自然選択」の「運命」にあえてあらがう〈trotzdem aber〉（M・ヴェーバー）の論理であり、「虚妄に賭ける」（丸山眞男）と言いかえてもよいだろう。

第一部　日本国憲法の成立とその基本的諸原理

二二　第一部の構成　日本国憲法は、近代的・立憲的意味の憲法原理を、「人類普遍」（前文）のものとして日本社会に受け入れることとなった。その成立を問題にする第一章では、その前史として、幕末の開国から第二次大戦の敗戦による第二の開国までを素描（第一節）した上で、現行憲法成立の経過と法的論点をとりあげる（第二節）。

日本国憲法の基本的諸原理をとりあげるにあたっては、普通におこなわれている扱い方に従って、国民主権、平和主義、人権という三本柱に即した形で順次問題とする（第三章）。その際、日本国憲法を解釈するについては、これら三つの基本原理は、相互に補い合う関係にあるものとしてとらえられる。憲法前文は、その冒頭で、「日本国民は」……「この憲法を確定する」という二つの句にはさまれた部分で、憲法制定の目的をのべるにあたって、一方で、国政によって追求されるべき内容上の原理としての平和（「……再び戦争の惨禍が起ることのないやうにすることを決意」）と自由（「……自由のもたらす恵沢を確保」）、他方で、国政の決定原理としての国民主権（「主権が国民に存することを宣言し……」）とが、相互に補い合うべき関係にあることを、示している。

しかしまた、憲法思想史の背景のもとでこれら諸原理の論理構造を問題にするならば、それらの関係が相互緊張を含むことがありうるという側面にも、留意しなければならない。国民主権原理を、国民の自己決定を徹底的に追求するものとしてとらえるならば、「今日の世代によって明日の世代を拘束する」硬性憲法による人権保障という観念とは両立しがたくなるだろうし、国民主権と結びついて現われる国家主権は、伝統的な理解からすると、自衛権の放棄までを含む平和主義とは接合しがたいものと考えられていた、という側面があるからである。

普通に日本国憲法の三大原理と呼ばれているものは、さらに遡ると、個人の尊厳といういちばん究極的な価値によって統一されている。憲法前文が「人類普遍の原理」としているのも、つまるところはそのことにほかならないはずである。それゆえ、第二章では、前文の規定に即してそれを検討する（第一節）とともに、あわせて、日本国憲法の規範構造を、憲法の最高法規性（第二節）および国際法との関係（第三節）の両面にわたって、問題とする。

第一章　日本国憲法の成立

第一節　前　史——「建国ノ体」と「海外各国ノ成法」の間

I　日本近代化のはじまりと立憲主義の模索（一八五八—一八八九）

二三　開国から大日本帝国憲法発布まで　日本国憲法が「人類普遍」のものとして掲げる近代的・立憲的意味の憲法のあり方は、まさしくそのようなものとして擁護されるに値すると考えられるが、客観的事実としては、人類社会に文字どおり普遍的・超歴史的に見られたものではなく、西洋近代という、空間的にも時間的にも限定された歴史社会が生み出したものである。日本の場合、幕末の開国（一八五八〈安政五〉）以後の、近代化への努力の中で、そのような理念に対してどう対処するかが、問われ続けてきたのであった。

一八七六（明治九）年、ときの元老院に対して憲法案の作成を命じた勅語には、「朕爰ニ我カ建国ノ体ニ基キ広ク海外各国ノ成法ヲ斟酌シ以テ国憲ヲ定メントス」とあった。この、「建国ノ体」という特殊日本的要素と、「海外各国ノ成法」すなわち西洋近代の憲法思想にもりこまれた普遍的要素との対抗こそが、近代日本の憲法史をめぐり赤い糸として貫ぬかれてゆくのである。

元老院は、「今魯国〔ロシア〕ヲ除クノ外君主若クハ民主ノ国ニシテ開明旺盛ヲ以テ聞ユル者ハ皆立憲ノ政ヲ用ユ」（一八七八年の復命書）というように、富国強兵のためにも立憲主義が必要という認識に立っていたが、まさにそのために、その成案（一八八〇）は、「海外各国」の側にあまりに傾いているとされ、案のままで流産となった。その後、一八八一（明治一四）年を頂点とする自由民権の思想と運動を背景として、国会開設の要求が強まり、民間の憲法構想が高揚していった。なかでも、「夫れ国家とは何ぞや、人民ありて然後立つものに非ずや、……民権を保全するは国家を設くる目的也、制度憲法を立定するものは民権を保全するの方便也」として抵抗権までを明記した一八八一年の植木枝盛の案や、山村の勤労青年の日常の勉強会のつみ重ねの中からひとつの私擬憲法案までをつくりあげた奥多摩山中・五日市の例などは、よく知られている。いずれにしても、初期正統学派の代表者によって、「憲法制定ノ前後、世論ノ過激ナリシコトハ今ノ学生ノ想像ノ及ブ所ニ非ス」（穂積八束）といわれるような状況であった。

この時期の民間憲法構想の内容は、のちにはるかに日本国憲法の基本理念へとつながってゆくものとして、あらためて注目されなければならないが、その当時は、結局のところ、それら「過激ナリシ」「世論」を上からおさえこむ形で、一八八九（明治二二）年に、大日本帝国憲法が欽定憲法として発布された。これは、「帝国議会」（第三章）を開設し「臣民権利義務」（第二章）を定めた点で、「海外各国ノ成法」と無関係なものではありえなかったが、天皇がその「祖宗」の意思すなわち神勅に基づいて「不磨ノ大典」を臣民に対し発布する（憲法発布勅語。告文、上諭をも参照）というその根本の意味づけの点で、「建国ノ体」を本義としていた。その点で、帝国憲法は、一世紀前のフランス人権宣言（一七八九）、二世紀前のイギリス権利章典（一六八九）とは異質のものとならざるをえなかった。イギリスやフランスに対してプロイセン・ドイツの憲法のあり方を特徴づけるときに「外見的立憲主義」（Scheinkonstitutionalismus）という言葉が使われることがあるが、帝国憲法が「外見的」な立憲主義にとどまるという理解には、理由があった。

それにしてもなお、西欧文化圏の域外で他に先んじて一九世紀末に立憲主義を導入した帝国憲法の本文各条の内容は、一九世紀ヨーロッパ基準におおむね沿ったものであり、とりわけその五十五年間にわたる運用の正と負の歴史は、イギリス（一六八九）、フランス（一七八九）、そして旧東欧ソ連圏での立憲主義への回帰（一九八九）とならべて「四つの八九年」を語るにふさわしいものということができよう。

Ⅱ 大日本帝国憲法の成立とそのもとでの立憲政治の前進（一八八九―一九三五）

二四 立憲学派・天皇機関説の展開 このようにして成立した大日本帝国憲法のもとで、最初に帝国大学で憲法を講じたのは、穂積八束（一八六〇―一九一二）であった。彼は、帝国憲法の中に緊張をはらみながら内在していた「建国ノ体」と「海外各国ノ成法」という二つの要素のうち、前者を強くおし出した。「一国ノ憲法ハ一国固有ノ国体、政体ノ大法ナルカ故ニ、一国独立ノ解釈アルヘシ……。此ノ見地ヨリシテ一切外国ノ事例及学説ニ拘泥セサルヲ主義トス」(『憲法提要』初版一九一二)、というのがその宣言である。そのような穂積、およびその後継者である上杉慎吉(一八七八—一九二九)の神権学派に対し、正反対の立場に立って、可能な最大限まで「海外」の立憲主義の側にひきつけて帝国憲法を解釈・運用しようとしたのが、美濃部達吉(一八七三—一九四八)を推進者とする立憲学派であった。美濃部は、前にあげた穂積の「一国独立ノ解釈」という主張と反対に、「近代立憲制度ノ基礎精神ヲ知ルニハ外国憲法ノ比較ハ其欠クベカラザル資料ナリ」(『憲法撮要』初版一九二三)とし、帝国憲法をも「大体に於て西洋の諸国に共通する立憲主義の原則を採用して居る」ものとしてとらえ、「憲法の解釈に於いても必ず此主義を基礎としなければならぬ」(『憲法精義』一九二七)、と説いたのである。

これら二つの考え方は、一九一二(明治四五)年の、いわゆる天皇機関説論争という形で、直接に対決した。天皇機関説とは、国家の統治権の主体は法人としての国家だと考え、天皇を、法人としての国家の機関として位置づけるものであった。美濃部の『憲法講話』(一九一二〔高見勝利解題、岩波文庫〕)。もともと、これは、中等教員むけの文部省講演会での講演であった)によれば、「上は君主より下は交番の巡査に至る迄」(この箇所の表現は第二刷からは削られている)無数の国家機関がある中で、「国家の最高の地位に在って」「国家の総ての活動」の「原動力」を発する機関、ということが、「通俗に主権者と言ひ慣はして居る」ことの正確な意味なのであり、天皇の地位はそのようにとらえられなければならない、というのである。この考え方は、天皇が統治権そのものの主体だと主張する穂積・上杉説に対抗して、帝国憲法の枠組の中で、天皇の地位をできるだけ限定し、帝国議会の地位をできるだけ高めるという、立憲的役割を演ずることになるのである。穂積の側からみれば、天皇機関説は、「異ヲ立テ奇ヲ衒ヒ、牽強付会ノ辞ヲナシ、国民ノ千古ノ確信ニ向ヒテ動揺ヲ試ミシ」とするもので、「其ノ国体ヲ侮辱スルノ罪ハ之ヲ鳴ラシテ筆誅セサルヘカラ」ざるものだったし（『憲法提要』）、美濃部の側からすれば、穂積・上杉説は、「言を国体に藉りてひたすらに専制的の思想を鼓吹」するものだった（『講話』）。こうして、上杉の側からする「国体に関する異説」という美濃部批判にはじまり、幾度かの応酬が、雑誌『太陽』誌上でかわされた。この論争を転回点として、天皇機関説の主張が影響力を強めるようになる。

まず、アカデミズムの中で、比較法制史ついで行政法講座の担当だった美濃部が、一九二〇年に、上杉とならんで憲法講座を担当するようになり、一九二九年の上杉の歿後はその学統が絶えたのに対し、美濃部の門下には、宮沢俊義、清宮四郎らをはじめとする立憲学派が輩出することとなった。現実政治の上でも、第一次大戦後の世界的なデモクラシーの高揚期と対応する大正デモクラシーの進行の中で、美濃部学説の影響力は、次第に大きくなっていった。

美濃部学説が現実政治に対しどのような効果を持つものだったかを、多少とも具体的に見てみよう。美濃部学説は、天皇機関説に立脚して、「責任政治」を憲法原則として力説した。一方で、君主の無答責と国務大臣の責任性との結びつきを強調し、その見地から、詔勅に対する非難も、「国務大臣の責任を論議する所以であって、毫も天皇に対する不敬を意味しない」、「この意味に於て、天皇の詔勅は、決して神聖不可侵の性質を有するものではない」(『精義』)とのべ、他方で、大臣の責任をもっぱら天皇に対する責任とだけ考えるのは誤りであり、「議会が大臣を罷めさせること」はできないにしても、「議会が大臣の責任を問ふこと」はでき、「内閣が政党の外に超然たるといふことは、立憲政治の下に於ては、到底長く維持すべからざる所」と説いたのであった(同上)。美濃部はまた、はげしく争われた具体的な政治上の争点についても、重要な発言をし続けた。治安維持法成立の翌年には、「信念として、現在の秩序に反対する思想を有する者が有ったとしても、それは思想の自由として忍容せられねばならぬもので、そこに立憲政治の立憲政治たる所以がある」(一九二六)と明言し、政府によるロンドン軍縮条約の締結が天皇の統帥大権を干犯するものという攻撃に対しては、「条約の内容がたとひ軍の統帥に関するものであるとしても」、それが条約である限り「輔弼の責に任ずるものは、専ら内閣」であって、「軍部の意見は唯政府の意見を定むるについて、斟酌・参考せらるべき材料たるに止まる」(一九三〇)とのべた。この間、天皇機関説論争の翌年、一九一三(大正二)年には第一次護憲運動がおこり、一九二四(大正一三)年の第二次護憲運動の成果として、政党内閣の慣行と、男性普通選挙制(一九二五)が成立する。こうした背景のもとで、美濃部学説は、官界、政界上層部、そして宮中にも、影響力を及ぼしていった。一九三二(昭和七)年、美濃部自身が貴族院議員に勅選されたことは、その象徴的出来事であった。

Ⅲ　天皇機関説事件と立憲政治の終焉（一九三五―一九四五）

二五　天皇機関説事件の意味　しかし、一九三〇年代の世界史的規模の危機状況は、日本では、とりわけ突出して軍事化と強権政治への道につながってゆく。一九三一（昭和六）年にはいわゆる満州事変、一九三二年には、五・一五事件がおこっており、一九三六年には、二・二六事件がおころうとしていた。そうした状況の中で、一九三五年、天皇機関説事件が立憲政治にとどめを刺すことになる（前出**9**）。

もともと、背景としては、雑誌『原理日本』などに拠る右翼的言論人たちの天皇機関説攻撃が続けられていたのだったが、「統治の主体が天皇にあらずして国家にありとか民にありとか」いう天皇機関説は「緩慢なる謀反」「明らかな反逆」だときめつける、貴族院での一議員の発言に対し、美濃部が「一身上の弁明」という形で反論をした段階で、もはや、ことは、どんな意味でも論争ではなく、まさしく政治上の事件として展開していった。「学説のことは学者の議論にまかせて」おく方がよいという立場をとっていた政府も、野党や軍からの圧力におされて、機関説を禁止する措置をとり、機関説を「漫リニ外国ノ事例ヲ援イテ」「神聖ナル我国体ニ悖」るものとして弾劾し、「万邦無比ナル我国体ノ本義ヲ基トシ其真髄ヲ顕揚スルヲ要ス」という、「国体明徴」に関する第二次政府声明（一九三五年一〇月一五日）を出すにいたった。美濃部自身は、不敬罪で告発をうけ、結局は、「出版法違反だが起訴猶予」という形で決着が出され、それと同時に、貴族院議員の辞職を余儀なくされた。

いったん支配的な影響力を発揮していた天皇機関説は、こうして、一転して禁圧された。その間の経過をふり返ってみると、日本における立憲主義の前進にとって画期となる出来事が、実は、その前進を大きく抑制する象徴的な意味を持つ出来事と、時期的に重なり合っていた。

さきに見たように、一九一二年の論争を経験することによって、天皇機関説は、影響力を強めはじめた。しかし、実はその前年、一九一一（明治四四）年には、かの大逆事件裁判が、自由の価値を知る知識人たちに、「わたしは文学者たる以上この思想問題について黙してゐてはならない。小説家ゾラはドレフュー事件について正義を叫んだ為め国外へ亡命したではないか。然しわたしは世の文学者と共に何も言はなかった。……わたしは自ら文学者たる事について甚しき羞恥を感じた」（永井荷風）というふうに、深い挫折感を残していたのである。韓国併合が一九一〇年だったことも、やがて日本の対外膨張政策が憲法の立憲的運用をおしつぶすことを示すかのようであった。また、天皇機関説の説く責任政治が、政党内閣と男性普通選挙制という形での成果を収めたのが一九二四―二五年だったが、まさしくそれとひきかえに、治安維持法（一九二五）が、異端とされる思想の法的禁圧の手段を用意していた。

そのような一九一一―一二年から一九二四―二五年を経て一九三五年にいたる間、宮中を含めたトップ・エリート層では天皇機関説的な天皇像が支配的となっていた反面、小学校教育と軍隊教育という二つの義務教育の場を通じて、帝国臣民の「草の根」には、まったく正反対の天皇像がゆきわたっていた。高等的「密教」の世界での立憲君主と、通俗的「顕教」の世界での、神としての絶対君主という、二元的並存（久野収）であった。一九三五年の天皇機関説事件は、その並存がやぶれて、一気に、神としての絶対君主＝「建国ノ体」が、立憲君主＝「海外各国ノ成法」をおしつぶしたことを、意味したのである。

こうして、一九三一年の「満洲事変」に始まる日本の軍事的冒険は、「支那事変」（一九三七）を経て「大東亜戦争」（一九四一）へと突入し、それと並行して、国内の立憲政治的要素も、ほとんど駆逐されていった。憲法の運用は立憲政治の伸長期から全面崩壊期まで大きくゆれ動いたが、一八九〇──一九四五年の五十五年間に、憲法の条項が改正されたことは一度もなかったし、改正が具体的に政治過程で問題となることもなかった。

〔問題状況〕

明治期の権力エリート層は、立憲政治についての的確な認識に事欠いてはいなかった。枢密院の憲法案審議での伊藤博文と森有礼の応酬について後出309－310頁を見よ。伊藤を支えて憲法起案の中心的役割を担った井上毅(こわし)は、「今日ノ立憲政体ノ主義ニ従ヘハ君主ハ臣民ノ良心ノ自由ニ干渉セズ」という認識を持ち、教育勅語に（国政事項についてなら必要な）大臣の副署をあえて付けないことを、「政事上ノ命令」でなく「君主ノ著作公告」なのだから、と説明していた。

立憲学派を代表する学説として、東の美濃部達吉（東京学派）と、西の佐々木惣一（京都学派）が対置される。解釈学説としてのスタイルの点で、美濃部学説は、慣習や条理を援用して制定法の役割を相対化するのに対し、佐々木学説は、制定法の文言を重く見る厳密な論理解釈を重視した。この二つのゆき方は、それぞれの局面で帝国憲法の立憲的運用にとって貴重であった。一概に一般化して言うことはできないが、ことの性質上、立憲主義の展開の局面では、帝国憲法の文言の拘束を立憲的方向でゆるめる解釈が、また、立憲主義の崩壊期には、それに対する歯どめの論理の意味を持つ解釈が、それぞれの意味で立憲的主張としての本領を発揮することとなる。佐々木学説の特色は、例えば、帝国憲法の立憲的解釈にとっての大きな障害だった「統帥権独立の原則」について、「是レ一ノ独断タルノミ、何等法上ノ根拠アルナシ」（『日本憲法要論』〔金刺芳流堂、一九三〇〕三八五頁、なお参照、佐々木『立憲非立憲』石川健治解題、講談社学術文庫、二〇一六）と明快に言い切っている点に、現われている。

美濃部・佐々木らの主張は、帝国憲法の立憲的運用のために、あるいは非立憲的運用の抑制のために、はかりしれぬほど大きな意味を持った。しかし、そのような立憲学派が、大日本帝国の崩壊に際して国民主権への転換を含む新しい憲法を自力でデザインできなかった（本章第二節）こともまた、重要である。日本国憲法の内容につながる要素は、帝国憲法が欽定される以前、「世論ノ過激ナリシ」（穂積八束）時期の民間憲法草案類の中に、見出される（家永三郎『日本近代憲法思想史研究』

（岩波書店、一九六〇）、色川大吉他編『民衆憲法の創造』（評論社、一九七〇）。

天皇機関説論争については、星島二郎編『上杉対美濃部最近憲法論』（一九一三、復刻版一九八九、みすず書房）が検索に便である。一九三五年の事件については、何よりも宮沢俊義『天皇機関説事件――史料は語る(上)(下)』（前出24頁）。原秀成『日本国憲法制定の系譜』（日本評論社）は、第I巻（二〇〇四）で日本国憲法の淵源となった歴史的な政策文書群を旧憲法下に遡って追跡する。

第二節　日本国憲法成立の経緯とそれをめぐる法的論点

I　日本国憲法成立までの事実経緯

二六　ポツダム宣言受諾　憲法典の条項が一度も改正されることのないまま、大日本帝国の立憲政治は極端な消長を経験した。その帝国憲法体制に根本的な動揺を与えることとなるのが、敗戦＝ポツダム宣言の受諾（一九四五年八月一四日）という出来事であった。

アメリカ、イギリスおよび中華民国（のちにソ連も参加）が「日本国ニ対シ……戦争ヲ終結スルノ機会ヲ与フル」ために「吾等ノ条件」を定めたこの文書（一九四五年七月二六日、ポツダム）は、日本国政府が「日本国国民ノ間ニ於ケル民主主義的傾向ノ復活強化ニ対スル一切ノ障礙ヲ除去」し、「言論、宗教及思想ノ自由並ニ基本的人権ノ尊重」が確立されるべきこと（一〇項）を要求し、「日本国国民ノ自由ニ表明セル意思ニ従ヒ平和的傾向ヲ有シ且責任アル政府ガ樹立」されること（一二項）を求めていたからである。広島・長崎への原爆投下とソ連の参戦という絶望的状況のもとでなお、日本の戦争指導者たちは、「国体の護持」が可能かどうかをめぐって逡巡した上、「宣言ハ天皇ノ国家統治ノ大権ヲ変更スルノ要求ヲ包含シ居ラサルコトノ了解ノ下ニ受諾ス」という申入れをしたのであったが、それに対する連合国側回答（八月一一日）は、①「降伏ノ時ヨリ天皇及日本国政府ノ国家統治ノ権限ハ降伏条項ノ実施ノ為其必要ト認ムル措置ヲ執ル連合国司令官ノ制限ノ下ニ置カルルモノトス」（傍点部分の原文は subject to……であった）、②「日本国ノ最終的ノ政治形態ハ『ポツダム宣言』ニ遵ヒ日本国民ノ自由ニ表明スル意思ニ依リ決定セラルベキモノトス」とだけのべていた。

二七　一九四五年一〇月から四六年一一月まで　ポツダム宣言を受諾したことによって帝国憲法の改正が必要となった、という受けとり方は、当初、一般的ではなかった。まして、宣言受諾によって帝国憲法の全面変更がなんらかの意味で含意されることとなった、という認識はなかった。東久邇宮内閣の近衛文麿国務相が連合国最高司令官マッカーサー元帥から示唆（一九四五年一〇月四日）を受けたとして憲法改正の準備に着手し、また、そのすぐあと幣原喜重郎・新首相が同元帥から憲法改正を考慮すべきことの指示を受けた（同一〇月一一日）が、それを経た段階でも、美濃部達吉は憲法改正不要論（一〇月二〇―二二日朝日新聞）を説いていた。

東久邇宮内閣の総辞職のあと近衛公は内大臣府御用掛として憲法改正の準備をすすめようとし、同公の委嘱を受けて佐々木惣一が「憲法改正大綱」を天皇に奉呈（一一月二二日）したが、この線での作業は、内大臣府廃止（一一月三〇日）と近衛公の自決（一二月一六日）で幕が引かれた。他方、総司令部からの幣原首相への指示に沿って、政府のもとに、松本烝治国務相を主任とする「憲法問題調査委員会」がつくられた（一〇月二七日設置されたこの委員会は、美濃部達吉・清水澄・野村淳治を顧問とし、宮沢俊義・清宮四郎・河村又介らを委員としていた)。松本国務相は、帝国議会での発言で、私見として、天皇が統治権を総攬するという原則には変更を加えないことを前提とした「憲法改正の基本的構想」を示していた(一九四五年一二月)が、そのような線に沿った案が、委員会の内部でつくられ、一九四六年二月八日、総司令部に提出された(いわゆる松本草案)。それよりさき二月一日の毎日新聞紙上にスクープ報道された「憲法問題調査委員会試案」は、委員会の最終案と正確に同じものではなかったが、いずれにしてもそれらは、統治権の総攬者としての天皇の地位に変更を加えようとするものではなかった。

スクープ報道の直後、マッカーサー総司令官がみずから、憲法の基本的内容となるべき三項目を、総司令部民政局に示したと言われる(二月三日の「マッカーサー・ノート」)。すなわち、①天皇は「国の頭部」(at the head of the state)に置かれるが、「その職務と権能」は「人民の基礎意思に責任を負う」ものであるべきこと、②戦争の放棄、軍備の否認と交戦権の否定、③封建制の撤廃、貴族の特権の廃止とイギリス型予算制度の採用、がその内容であった。松本草案を正式に受けとったあと、二月一三日に総司令部は、司令部内で用意されていた総司令部案(いわゆるマッカーサー草案)を日本政府に手交することとなる。

総司令部案は、帝国憲法の根本原理そのものの変更を含むものであったから、政府側は大きな衝撃を受け、さまざまの抵抗をこころみるが、結局、ほぼそのままそれに従ったものを、「内閣憲法改正草案要綱」として発表することを余儀なくされた(三月六日)。その際に出された勅語は、「憲法ニ根本的ノ改正ヲ加ヘ以テ国家再建ノ礎ヲ定メルコトヲ庶幾フ」ことを「朕ノ意」として示す形式をとり、同日のマッカーサー声明も、「天皇並びに日本政府の決定」を全面的に支持する、というものであった。この間、政府と総司令部との間のすべてのやりとりは、一般の知るところでなかった。

帝国議会最後の衆議院議員総選挙（四月一〇日）がおこなわれたあと、四月一七日に、三月六日「要綱」を条文の形式に整備した内閣草案が発表され、枢密院の諮詢を経たのち、帝国憲法七三条所定の手続どおり、六月二〇日、勅書をもって帝国議会に付議された。衆議院と貴族院での審議の過程でいくらかの修正が加えられたのち、一〇月七日、衆議院が貴族院の修正に同意を表明することによって、帝国議会の議決が成立した。一〇月七日の衆議院での採決の際の反対は五票であり、貴族院では同六日に起立者多数で可決されたが、その前日、佐々木惣一議員ほか一名の反対演説がおこなわれている。なお、この間、四月総選挙の結果に基づいて吉田茂が内閣を組織（五月二二日）しており、議会での答弁は、吉田首相のほか、特に金森徳次郎国務相によっておこなわれた。

帝国議会で議決された案は、枢密院の可決（一〇月二九日）を経て天皇の裁可を得、一一月三日、公式令にのっとり、上諭をつけて、「日本国憲法」の標題のもとに公布され、その第一〇〇条の規定に基づいて、一九四七年五月三日から施行された。

二八　政府と世論と国際環境　このような事実経緯については、特に、つぎの三点が注意に値しよう。

第一に、日本政府は、統治権の総攬者としての天皇という、帝国憲法の根本原理に変更を加えることには、一貫して消極的であり、総司令部案に接してからも、なおそうであった。総司令部案を受け入れた内閣草案の段階でなお、国民主権を条文上明記することをあくまで避けようとしたのも、その現われである。

第二に、世論は、毎日新聞スクープで報道された案には、「憲法の中核ともいふべき天皇の統治権については、現行憲法と全く同じ建前を取つてゐる」ことに「疑義」を呈し（同日付同紙社説）、のちにその点についての根本的な変革を含む「政府案要綱」（実は総司令部案を土台としたもの）が発表されたときには、それを圧倒的に歓迎した（一九四六年五月二七日毎日新聞紙上に発表された「有識者調査」で、同要綱の定める象徴天皇制への賛成が八五パーセントにのぼる）。但し、「有識者」にせよ、それ以上に天皇の神格性への信念によって拘束されていた大衆にせよ、国民主権への転換までを自分の側から要求するところには、達していなかった。大衆を政治的に組織すべき立場にあった政党も、例えば社会党の憲法案自体、「主権は国家（天皇を含む国民協同体）に在り」とするにとどまっていた。在野の知識人の中で、共和制を主張する高野岩三郎案、国民主権を前提として「専ラ国家的儀礼ヲ司ル」天皇を考える「憲法研究会」（憲法学者では鈴木安蔵がいた）案があり、特に後者が総司令部側の関心をひいたことは、日本国憲法の国民主権＝象徴天皇制につながるものとして注目されるが、世論の大勢と言えるものではなかった。

このように、日本国憲法は、当時の日本政府に対する関係では「おしつけ」られたものであったが、国民＝世論の意思に反して「おしつけ」られたものではなかった。しかし同時に——本来、民定憲法がそうであるはずとは違って——国民＝世論自身によって政府に対して「おしつけ」たものでもなかった。その意味で、連合国総司令部とその背景にあった国際世論の力がなければ、一九四六年という時点で国民主権を明記した憲法が採択されることはなかったであろう。これが第三の点である。総司令部の介入には、日本の民主主義化・自由主義化・平和主義化を要求するポツダム宣言の履行を求めるという基本的意味があったが、同時に、当時のきびしい国際世論の中で、アメリカが、極東軍事裁判への天皇の召喚を阻止し、また、皇室制度を存続させるために、極東委員会が機能を開始する前に既成事実をつくり、統治者としての天皇の役割を否定する（従って、天皇と国軍の結合を不可能にする）憲法改正とひきかえに、天皇と皇室制度の安泰をはかる、という重大な政治的意味があったのである。

II　憲法成立の経緯をめぐる法的論点

二九　「改正」か「制定」か　かように、日本国憲法は、その手続形式の上ではあくまで天皇の発議に基づく帝国憲法の改正として成立したのであるが、他方では、「日本国民」が「この憲法を確定する」（前文一項）として、国民の憲法制定権をうたっている。内容の面でも、標題を含めた全文変更であって、帝国憲法自身が想定していた、「或ル条章」の「改定」(上諭)にとどまるものではなく、そのうえ何よりも、「統治権の総攬者」としての天皇を否定して国民主権を定めた点で、憲法の根本原理の変更を伴なうものであった。そのような矛盾は、「日本国民の総意に基いて」と言いながら、それにすぐ続けて「枢密顧問の諮詢及び帝国憲法第七十三条による帝国議会の議決を経た帝国憲法の改正」を「朕」が「裁可」するとのべる上諭自身の表現の中に、それなりに反映している。

新・旧二つの憲法の関係をどう理解するか。現行憲法成立の手続形式をそのままに受けとって旧憲法の改正と見るか、両者の間に連続性がないとして新憲法の制定があったと見るのか。

「連続＝改正」理解には、二種類のものがある。ひとつは、所定の改正規定に従いさえすればどんな内容の憲法改正も法的に可能だ、とする憲法改正無限界論に立って、憲法の全文、基本原理の変更も、旧憲法の改正として説明できるとする。もうひとつは、憲法改正限界論を前提としながらも、おこなわれた変更がその限界をふみこえるまでのものでない、とする。

それに対し、「不連続＝制定」理解は、憲法改正限界論を採り、そのうえで、天皇を統治権の総攬者とする旧憲法と、国民主権をうたう現行憲法とではその基本的原理を異にしている、と考えるところに成立する。そのなかでも、旧憲法との断絶が日本国憲法によってはじめて生じたのではなく、実はそれより先に、ポツダム宣言の受諾によって帝国憲法の基本原理が否定されたのだ、と説くのが八月革命説(一九四六年五月の段階で宮沢俊義によって説かれた)である。

30

三〇　八月革命説　日本国憲法の主権原理と帝国憲法のそれとの関係をどうとらえるかについては、国民主権についての説明（後出**59**・**60**）の中でとりあげることとして、ここでは、帝国憲法とポツダム宣言の関係についてだけ触れておく。「連続＝改正」説の二つのヴァリエーションと、「不連続＝制定」説のうちその不連続点を一九四六年一一月三日（憲法公布）―四七年五月三日（施行）に見出す説は、帝国憲法の効力それ自体はポツダム宣言受諾によって変更を受けていない、とする点で共通している。そのなかでも、ポツダム宣言受諾によって日本が将来にむかって憲法の基本原理を変更すべき約束をひきうけたという限りでの、いわば債権的効果をみとめる見解もあるが、それらに対し、八月革命説は、いわば物権的効果を伴なうものとして、宣言受諾それ自体によって帝国憲法の基本原理が変更された、とするのである。

ポツダム宣言が天皇による統治権の総攬という帝国憲法の根本原理を否定したものではない、と見る考え方によれば、宣言一二項および八月一一日付連合国回答の理解として、「日本国国民ノ自由ニ表明セル意思」に基づく政治形態の決定とは、主権の所在の変更までを含まない政治的意味で受けとめるべきものとされ、また、連合国でなく「日本国人」の意思による決定――従って統治権の総攬者としての天皇を維持することも排除されない――として理解されるべきだとされる。しかしながら、歴史的に、「国民」とは、外に対する日本国の自己決定の主体となると同時に、内における自己決定の主体ともなる存在として理解されるべきであるし、そうした自己決定は、政治運用の上での要請にとどまらず、主権の所在の変更までを意味すると解することによってはじめて、「民主主義的傾向ノ復活強化ニ対スル一切ノ障礙ヲ除去」（宣言一〇項）することになる、と考えられなければならない。また、そのことの効果が前述の意味で「債権的」か「物権的」かについていえば、主権の所在の変更を「約束」した瞬間から旧・主権者は主権者でなくなる、と見るのが自然であろう。

もうひとつ、ポツダム宣言の受諾によって統治権の総攬者としての天皇の存在が否定されたとしても、同時に日本の統治権が連合国最高司令官の権力の下に置かれることになった結果、（少なくとも伝統的な意味でいう）国家の主権が失われたのだとすれば、国家の主権が欠けているところで、その国家における国民の主権の成立を言うことができるのか、という問題が出てくる。この問題に対する答えは、国家主権と国民主権との間の関係につき、両者を不可分の関係にあるとしてとらえる古典的な見地をとるか、それとも、国民主権自身が国際的制約に服するととらえる見地をとるかによって、違ってくる。

八月革命説の論理からすれば、日本国憲法成立にあたってとられた手続形式は、いわば便宜的に借用されたものにすぎず、そのうちの帝国議会による議決の部分が、憲法改正要綱の公表のあと衆議院議員の総選挙（日本ではじめての男女普通選挙による）がおこなわれたことに照らして、実質上の憲法制定会議による決定の意味を持つものとして、評価されることとなる。

〔問題状況〕

「八月革命」説（宮沢俊義「日本国憲法生誕の法理」一九四六〔『憲法の原理』有斐閣、所収〕）に対しては、新旧両憲法の間の連続性を主張する立場からの批判（典型的には「ノモス主権」論〔後出59〕）があるが、それは別として、国家の主権と国家における国民主権という二つの観念の不可分性（この問題につき後出55以下）を前提とする立場からの批判がむけられ（長谷川正安『憲法現代史（上）――占領と憲法』〔日本評論社、一九八一〕序章、および長尾龍一『日本法思想史研究』〔創文社、一九七一〕二九三頁以下）、ポツダム宣言受諾による国民主権の成立を言うとしたら、それは、占領終了を停止条件とするものだった（長尾）、とされる。もっとも、「八月革命」説の提唱者自身は、国際法上位の一元論の立場に立った上で憲法と条約の効力関係につき条約優位説を採っているから、それとして一貫していた。

戦後変革時の皇室制度をめぐる議論状況から遡って、明治皇室典範の成立過程をも検討し、日本の近代化志向と「萬世一系」の男系男子主義との間に生ずる矛盾をめぐる対処を跡づける詳細な研究として、奥平康弘『「萬世一系」の研究――「皇室典範的なるもの」への視座』（岩波書店、二〇〇五）が参照されるべきである。

時代を越えて持続する天皇という制度の本質を歴史の中に追う水林彪『天皇制史論――本質・起源・展開』（岩波書店、二〇〇六）は、「天皇制的なるものに典型的に見出される特殊日本的思惟」を

「伝統的『古層』と舶載の『新層』の融合物」ととらえ、「古層そのもの」の中に、「かえって、普遍主義的思惟を自生的に生み出しうるような潜在的力」を見出そうとする。

第二章　日本国憲法の規範構造

第一節　「人類普遍の原理」の実定化としての憲法——前文

Ⅰ　「信託による国政」の原理

三一　日本国憲法の基本価値　日本国憲法前文は、「国民の厳粛な信託」による国政という原理を、「人類普遍」のものとしてうたいあげている。

国民の信託による国政という思想の正統的典型はロックである。それは、既述のように個人の《property》から出発し、その保全を目的としてとり結ぶ諸個人間の合意＝契約によって「自然状態」から「政治社会」または「市民社会」への移行を説明するという点で、典型的に個人主義的なものであり、近代憲法における人権思想の根もとにある個人の尊厳（一三条前段）を基礎づける。個人の尊厳の理念こそは、日本国憲法の三大原理と呼ばれるもの（国民主権・人権・平和）のさらに根底をなしている（ロックに先行したホッブズの重要性については前出**14**）。

「人類普遍の原理」とは、時間と場所を越えて人類社会に妥当すべきもの（その制度化は時間的にも空間的にも限られた西洋近代社会の所産であり、また、その半面として大きな影の部分を持つものだとしても）、ということを意味する。それは、人間の定める法を越えて妥当する法規範があるという自然法思想を背景とし、その内容として、「人類普遍」たるべきものを考えるところに成立する。日本国憲法は、そのような価値にコミットする立場をとっているのであり、そのことは、基本的人権を「侵すことのできない永久の権利」としている一一条、九七条の規定の仕方にも現われている。

憲法の中には、内容的価値理念には無頓着で、単に統治機構条項、つまり、国政をおこなう際の手続的ルールだけを定める例（フランスで共和政体を安定させた一八七五年憲法には、人権条項自体が欠けていた）もあり、価値中立的で「高められた形式的効力」を持つ点にだけ憲法規範の特性が見出されるような時代もある（ドイツのかつての実証主義国法学の「憲法」理解）。それに対し、特に社会の大きな変動期につくられる憲法は、市民革命期の権利宣言や憲法がそうであるように、みずからの価値理念を高く掲げる例が多い。第二次大戦直後の諸憲法は、ファシズム支配の否定と国際平和主義という理念を、多かれ少なかれ強調するものとなっている（一九四六年フランス憲法前文、一九四九年ドイツ連邦共和国（当時西ドイツ）基本法前文、など）。これらは立憲主義の普遍性を確認するという方法での価値理念の宣明の例であり、民族（単数形）や自国史の固有性を強調する方向でみずからのアイデンティティを語るものと対照を示す。

なお、立憲主義の価値理念を強調する憲法の中でも、憲法に内在させられた価値を擁護するために、「憲法の敵には憲法上の保障を与えない」という法的方策を講ずるところまでゆくか、それとも、思想の自由競争にあくまでゆだねる選択をするかは、分かれるところである（憲法擁護義務の問題に関連して、後出**45**・**46**）。

Ⅱ　前文の規範性

三二　前文の憲法規範性　前文の内容についての説明はそれぞれの関連箇所にゆだね、ここでは、規範形式上の側面、すなわち前文の規範性の問題をとりあげておく。

まず、前文の憲法規範性自体、すなわち、前文が「日本国憲法」という法典の一部であり、「この憲法」の改正手続を定めた九六条によらなければそれを変更できないこと、九八条によって最高法規とされている「この憲法」に含まれること、については広く見解の一致がある。加えて、「人類普遍の原理」に「反する一切の憲法……を排除する」としている前文の箇所を重視する見地からは、そのような原理を定めた部分は「憲法の憲法」として、憲法改正権によっても変更できないという効果を読みとることが可能であるが、これは、前文という規範形式のゆえにではなく、前文に含まれている内容のゆえに特別の高められた規範性をみとめる見解である。

三三　前文の裁判規範性　他方、前文の裁判規範性、すなわち、前文が違憲審査の際の判定基準として裁判所によって適用されるものであるかどうか、いいかえれば、「憲法に適合するかしないかを決定する権限」（八一条）を裁判所に与えているときの「憲法」の一部であるかどうかについては、議論が分かれる。この点について議論してきた従来の学説の多くは消極的にかたむき、裁判例の読みとり方にしても消極説にひきつけて理解するのが大方の傾向である。

しかし消極説も、前文を本文各条項の「解釈基準」として援用することには異を唱えておらず、本文各条項の意味を解釈によって充塡する際に前文を効果的に用いるならば、積極説との違いは実質上それほど大きくない。加えて、消極説の説明は、前文が前文であるがゆえに裁判規範性を持たないというより、その内容が基本原理の宣示であって具体性を欠く、という趣旨のものとなっている。実際、前文という規範形式が九六条・九八条のいう意味での「この憲法」に入るとしながら、八一条の意味での「憲法」でないということは自明と言えず、裁判規範たりうるかどうかは、それぞれの規定内容の特定性・具体性に照らしてきめられるべきはずである。判例自身、本文の諸条項と前文を「および」でつないで援用している定式化（最大判一九五九〔昭34〕・一二・一六〔砂川事件〕）を見ても、少なくとも、前文が前文であるがゆえに違憲審査の基準となりえない、という考え方には立っていない（下級審段階で前文の裁判規範性が正面から論点とされた長沼事件訴訟については、後出**80**）。

〔問題状況〕

日本国憲法というひとつの実定法が、それ自身、「人類普遍の原理」という言いまわしの中に自然法思想を内在させている、ということと、憲法を論ずる学説が自然法論の立場をとるか実証主義の立場をとるかということとは、別のことがらである。

「法律は法律だ」という実証主義の法学が、つまるところ「法律による不法」（gesetzliches Unrecht）を受け入れさせることになったのだ、という考え方があり、そのような悲劇をくり返さないために「法律を越える法」（übergesetzliches Recht）への信念を法学が共有しなければならない、と主張されることがある（ここで「法律」とは、憲法を含めて、広く人間がつくった法 man-made law を指し、自然法 natural law に対置される）。しかし、実証主義の法学は、不法な man-made law も法として認識するが、それを道徳的に批判することを禁ずるわけではない。「勇敢な法学と卑怯な法学があるのではなく、勇敢であり卑怯でありうるのは法学者＝法律家なのである」（M・ワリーヌ）。実証主義の法学は、man-made law に法学の名において正統化を与えることを拒否するが、自然法論は、しばしば、man-made law を正統化することによって、支配を支えるという側面を持つ。

第二節　憲法の最高規範性

Ⅰ　硬憲法性

1　特別の憲法改正規定の存否

三四　憲法改正の手続——硬性憲法　普通の立法の場合と同じ法形式に従って憲法を変更することができるか否かによって、軟性憲法と硬性憲法が区別される。成文、とりわけ成典の形で編成された形式的意味の憲法がなくとも、通常の立法手続よりも厳格な手続に従ってはじめてその変更が可能であるような法規範として実質的意味の憲法が存在していれば、そこには硬性憲法があるといってよい。硬性憲法を持たない例としてひき合いに出されてきたのが「国会主権」のイギリスであるが、この国でも、ヨーロッパ人権条約やヨーロッパ連合・共同体（ＥＵ・ＥＣ）法による国内立法権への制約という状況との関連もあって（但しイギリスは二〇一九年ＥＵを離脱した）、憲法硬性化の是非の議論が、時局性を帯びて登場してきていた。

硬性憲法の場合、憲法変更のための特別の手続規定が設けられることとなる。日本国憲法九六条は、国会の両議院がそれぞれ総議員の三分の二以上の多数決によって発議した改正案につき、国民投票で投票の過半数が得られることを必要とする、と定めている。国会の発議と国民の承認それぞれの場面について、「日本国憲法の改正手続に関する法律」が二〇〇七年五月成立し、附則一条の規定に従って二〇一〇年五月一八日施行された。同法二条一項を受けた国会法六八条の二は、国会発議のための原案発議には衆議院においては議員百人以上、参議院においては議員五十人以上の賛成を要すると定める。

三五　憲法改正の内容限定規定　硬性憲法の場合、所定の改正手続をふんでもなお一定の事項についての改正を許さない、という趣旨の改正内容限定規定が置かれることがありうる。第三共和制確立の時点の憲法改正（一八八四）で導入されたその種の規定以降の伝統をひいて、一九五八年フランス憲法が「共和政体は憲法改正提案の対象たりえない」（八九条五項）と定め、一九四九年ドイツ連邦共和国基本法が「連邦のラントによる編成、立法の際におけるラントの協力の原則、または、第一条および第二〇条に掲げられた基本原則に変更を及ぼすような、この基本法の変更は許されない」（七九条三項）とするのは、その典型例である。日本国憲法についても「われらは、これに反する一切の憲法……を排除する」とのべる前文一項、「この憲法が……保障する基本的人権」が「侵すことのできない永久の権利」として「現在及び将来の国民」に与えられると定める一一条、九七条から、同様な意味を読みとることは可能である。

改正内容限定規定の有無――解釈によって読みとることの是非、を含めて――の問題と、憲法改正限界論・無限界論（後出**36**）の問題とを混同してはならない。憲法改正無限界論をとると、たとえ改正内容限定規定が実定化されていても、まずそれを改正しさえすれば――二度の手間さえかければ――、どんな内容の改正も法的に許されることとなる。反対に、憲法改正限界論に立つならば、たとえ改正内容限定規定が存在しなくとも、一定の事項は、改正という手続によって変更することが法的に不可能、とされるのである。

2 憲法改正限界論と無限界論

三六 憲法改正限界論の意味 憲法になんらかの特別の定めがあるかないかにかかわらず、憲法改正権の作用としておこなうことのできる憲法変更に限界があるかどうかで、憲法改正限界論と無限界論が対立する。

限界論によれば、憲法の基礎をなしその根本原理（日本国憲法でいえば、国民主権主義、基本的人権尊重主義、平和主義を定めた規定――または、論者によってはその一部）を定める規定を憲法上の改正権によって変更することは、いわば憲法の自殺を意味するものであり、法論理上の不能をおかすことにほかならない。また、憲法改正権の根拠である憲法改正規定（日本国憲法でいえば、九六条）を改正することも、改正権にとっては自己の存立の根拠そのものを否定することとなり、法論理的に不可能だとされる。この思考の前提には、実定化された憲法改正権を「憲法によってつくられた権限」（pouvoirs constitués）のひとつとしてとらえ、それとは別に、その上位に、「憲法をつくる権力」＝憲法制定権（pouvoir constituant）を想定する、という構図が置かれている。

すなわち、同じ憲法の規定の中でも、その憲法の根本原理を定めた規定、および憲法改正権を根拠づける規定は、憲法制定権自身の所産と考えられ、所定の憲法改正形式に従ってもなお、内容的に動かすことのできないものとされる。それに対し、憲法改正権のほかに想定されるような憲法制定権をみとめず、あるいは、事実上の観念として法的思考の枠組の外に追い出すならば、憲法改正作用は、憲法の定めた法形式に従いさえすればなんら内容的な限界に服さない、という無限界論が導き出される。

憲法改正無限界論は、憲法の平和的変更の可能性を自由に放任するという効果をもたらすのであり、近代憲法の安定期には、ことさらに憲法内在的価値の防衛をはかる必要がなかったことを反映して、むしろ有力であった。それに対し、改正限界論は、憲法内在的価値の自己防衛という課題が意識されるところで、有力化する傾向にある。もっとも、改正限界論として説かれている主張は、限界をふみこえるような憲法変更に対して、事前の予防的効果を持つにとどまり、そのような憲法変更が実際におこなわれてしまったときには、それを旧憲法の改正としてでなく、新しい憲法の制定として受けとるのが普通である。それぞれの憲法の自己同定性（アイデンティティ）を明らかにしつつ考察をすすめようとする観点から、憲法改正限界論を採ることが有益であろう。

3　憲法制定権の静態的理解と動態的理解

三七　「万能の憲法制定権」という考え方　憲法改正限界論は、憲法改正権の上位に憲法制定権を想定することによって、改正権の行使に内容的限界を課すものであり、そのようなものとして、憲法の規範性の強化を志向する。それと反対に、憲法制定権という観念が、憲法のたえざる変更可能性を強調する方向に作用する場合もある。

その原型は、およそ一切の憲法変更作用を憲法制定権の発動と見るシイエスの場合であり、憲法制定権論の始祖ともいうべき『第三身分とは何か（一七八九）』（前出5）の著者は、国民だけがその担い手となる憲法制定権の万能性を強調し、かりに憲法自身がなんらかの改正手続規定をおいてそれを制約しようとしたとしても、「国民はあらゆる形式から独立」であり、「国民意思があらわれさえすれば、すべての実定法は、その淵源であり最高の主人である者の前に出たように、消えてなくなる」、と説いた。

二〇世紀に入って憲法制定権論を復権させたカール・シュミットの主張は、憲法制定権と憲法改正権とをひとまず区別し、前者が後者（議会を重要な担い手とする）の作用に対しては内容的限界を課すことを説く一方で、前者自身（行政権の首長にうながされて登場する国民の「アクラマチオ」）がひとたび登場すれば一切の法形式をこえた憲法変更が可能になる、という効果をもたらすものであった。

「万能の憲法制定権」という考え方は、憲法変更の場面だけでなく、所与の憲法を前提としたその運用の場面でも、顔を出すことがある。シュミットが憲法改正と区別して「憲法破毀」（Verfassungsdurchbrechung）と呼ぶところのものは、憲法の規定を変更することなく、個々の場合に――その他の場合一般にはその規定の効力を維持しながら――それと異なる措置をとることを、憲法制定権者にみとめる主張である。より一般的に、国民を憲法制定権者とする憲法について、その民定憲法性を根拠に、憲法規定に「欠缺」がある場合にそれを充填するなどの形式で、憲法解釈上一定の効果をみとめようとする見解がある。憲法慣習論（後出**39**）が「国民の憲法制定権」を援用するときには、そのことによって、当面、違憲の疑いをかけられた憲法運用を正統化し、あるいは時にその域を越えて、たえざる憲法変更を正統化するという意味を持つ。

三八　民定憲法　日本国憲法は、前文の冒頭で「日本国民は、……この憲法を確定する」とのべ、国民がみずからの憲法制定権を行使して成立した民定憲法だという建前を、明らかにしている。民定憲法・欽定憲法・君民協約憲法の区別は、それぞれの憲法制定を正統化する権威が、国民の意思、君主の意思、君主と被治者の合議体との対等な合意のどれにあるか、を基準とした区別である。日本国憲法の場合、現実にとられた成立の手続は、大日本帝国憲法七三条所定の法形式をかりたものだった。しかし、最後の帝国議会の衆議院議員選挙が憲法改正要綱を示した上で日本ではじめての男女普通選挙によっておこなわれた、という意味で事実上の制憲議会選挙であったと考えるならば、（日本国としての主権自体が占領によって制約されていた、という問題〔前出**30**〕を別とすれば）制定の権威として「国民」を持ち出すに十分な程度には、「民定」の実体を備えていたということができる。

それならば、憲法の「民定」性を理由に、そこからなんらかの具体的な法的効果をひき出すことができると考えるべきか。民主的な憲法運用者による「たえ間ない更新」（R・スメント）として憲法過程をとらえようとする見地からは、「開かれた」憲法の内容を充塡するために、そのようなアプローチに積極的な意味が託されることになるだろう。それに対し、権力の制限こそを立憲主義の主要なねらいとする基本的立場からするならば、国民の「憲法制定権」そのものは、制定によっていわば消費しつくされるのであり、いったん成立しおわった憲法は、その憲法に内在するルールに従ってのみ変更・運用されるべきだ、ということの方が強調される。そのような見地からするならば、「憲法制定権」の観念は、憲法制定の権威の所在を示し、憲法改正権の作用を限界づける静態的なものとして理解されるべきであり、「国民」の名において法的な制約をゆるめる動態的なものとして理解されるべきではない、ということになる。

4 憲法の変遷

三九 憲法解釈の変化か 憲法そのものの変遷か 憲法改正と対照させながら「憲法の変遷」がとりあげられることが多い。憲法改正が所定の法形式に従って憲法の条文に変更を加えることであるのと対照させて、そのような条文上の変更のないままに憲法に変化が生ずることが、憲法変遷の名のもとに問題とされる。その際、どのような意味での「変化」を問題にするのかが論者によって必ずしも一致せず、憲法解釈の変化——従って憲法実例の変化——を指すだけのことである場合もある。しかし、憲法改正と対照させてこの問題がとりあげられているのである限り、肝腎の論点は、形態は違っても憲法改正と同じ法的効果――憲法条項を改廃する効果、すなわち解釈基準そのものの変化――が生ずることをみとめるかどうか、ということに帰着する。

「憲法変遷」という言葉は、ドイツ語の《Verfassungswandlung》に由来するが、G・イェリネックを範型とするこの考え方は、「事実の規範力」という法の効力論を前提にして、憲法変遷が成就するための条件として、実例の反復ないし継続性、および、学説ないし世論の容認、をあげるのが普通である。それに対し、フランスで「憲法慣習」の名のもとに説かれる主張は、たとえ一回限りの実例でも、「憲法制定権者」に擬された国民の同意を援用することによって、その憲法改廃力を承認しようとするところに、特徴がある（R・カピタン）。

ドイツ型にせよフランス型にせよ、憲法変遷という観念は、それをみとめることによって、特定の憲法条項を、それに反する憲法実例によってさしかえ、後者に憲法規範性を――ことの性質上それは、つぎの実例によってたえずさしかえられる可能性のもとに置かれるのだが――与える、ということを意味するのであり、憲法運用者である公権力を制約しようとすることを第一義に置く見地からは、そのような観念は否定される。憲法変遷論が記述しようとする客観的事態は、あくまでも、憲法解釈の――解釈基準の、ではなく――変化の問題としてとりあげ、分析対象とすればよいはずである。

Ⅱ　憲法の最高法規性

1　最高法規性の実質的根拠としての人権の永久不可侵性

四〇　形式的効力の最高性と実質的最高性　硬性憲法は論理必然的に、最高法規である。硬憲法性は、憲法変更の場面で多かれ少なかれ憲法の規範性を強めようとすることを意味するのに対し、最高法規性は、憲法運用の場面での規範性の問題である。硬憲法性にせよ、最高法規性にせよ、形式的効力の強さの問題であるが、今日それが強調される場合には、そのことによって個人の尊厳を核とする人権の理念を実現しようとする、実質的最高性の観念が背景にある。日本国憲法が第十章「最高法規」の標題のもとに、まず、基本的人権の永久不可侵性をうたう九七条を置いたのは、九八条一項が「この憲法」に「国の最高法規」としての形式的効力を与えたことの実質的根拠を示したもの、と受けとることができる。

2　憲法の形式的効力の最高性

四一　旧憲法下の法令に対する最高法規性　憲法九八条一項は、「この憲法」「の条規に反する法律、命令、詔勅及び国務に関するその他の行為の全部又は一部」が「効力を有しない」ことを定めている。この、形式的効力における憲法の最高性に関して特に問題とされるのが、ひとつは、本来は国際法形式に属する条約が国内法秩序の中で憲法とどういう形式的効力関係に立つかであり（後出51）、もうひとつは、旧憲法下の法令等の「この憲法」との関係である。

九八条一項は経過法的な意義を持ち、日本国憲法施行の時点で施行されていた旧憲法下の法令その他国務に関する行為のうち、「この憲法」に反するものの効力を否定すると同時に、それ以外のものは引き続き効力を維持することをみとめたもの、と解される（最大判一九四八〔昭23〕・六・二三）。但し、九八条一項のそのような効果は創設的なものでなく、かりに同条項のような規定がなくとも、国家の同一性自体が失われたと考えられる場合以外には、旧憲法下の法令の効力が憲法の変更自体によって否定されるものではない。大日本帝国憲法と日本国憲法との関係を、旧憲法の「改正」でなく新憲法の「制定」として受けとる場合、そこで国家の同一性が失われたと言えるかどうかによって、この点での見解は分かれる。

九八条一項が問題とする「この憲法」との適合性は、旧憲法下の法令の内容についてだけでなく、規範形式についても要求されるか。とりわけ、旧憲法下の勅令という規範形式そのものが日本国憲法下では消滅したが、旧勅令のうち、現憲法では法律の所管事項となった事項について定めているものについて、それが問題となる。勅令という法形式の否定には、天皇主権から国民主権への転換という、憲法の基本原理の変動という重大な意味が含まれていたはずであるから、旧勅令は内容のいかんを問わず失効するという解釈には、十分な理由があったといえるだろう。実際上は、「日本国憲法施行の際現に効力を有する命令の規定の効力等に関する法律」を制定し、一九四七年一二月三一日までを限ってこれらの命令が効力を持つとした上で、現憲法上法律をもって制定すべき事項を定める勅令については、その期限到来前に法律化の措置がとられたもののみが法律の効力を持ち、それ以外は失効するとされ、法律所管事項以外を定めた勅令は、政令の効力を持つものとされた。

四二　私人の行為、国家の私法上の行為と憲法の最高法規性　憲法の最高法規性は、何に対する関係で問題となるのか。その答えに応じて、違憲審査の対象の範囲がかわることとなる。一般的な言い方をすれば、国家行為と、私人間効力の観点から最高法規との適合性審査の場にひき出される限りでの私人の行為が、そこに含まれる。

同じ国家行為でも、そのうち私法上の行為を、最高法規に服すべきものの範囲から外す考え方がある。軍事基地用地の売買契約に関し国がおこなった私法上の行為は憲法九八条一項にいう「国務に関するその他の行為」に入らない、とした判決は、その考え方を採っている（最判一九八九〔平1〕・六・二〇〔百里基地事件〕）。しかし、市体育館建設のための地鎮祭への支出行為を違憲審査の対象とした判決（最大判一九七七〔昭52〕・七・一三〔津地鎮祭事件〕）があることからしても、最高裁判例としての考え方がどこまで首尾一貫しているかは、明瞭でない。

3　憲法保障制度としての違憲審査制

四三　憲法の最高法規性と違憲審査制の関係　硬性憲法の存在を前提として、憲法運用の場面でその最高法規性をどう保障するか、という問題が生ずる。もっとも、最高法規としての憲法があっても、特別の憲法保障制度を設けなければ、立法府の憲法運用に含まれる憲法解釈が最終的に有権的なものとされることとなる。近代憲法確立期の議会中心主義のもとでは、それが通例のあり方であった。大日本帝国憲法下の立憲学派も、「憲法は立法機関に依って維持されるべきが当然」（美濃部）と見る点で、議会重視という共通の見地を示していた。

一八〇三年の著名な判決（Marbury v. Madison）以降アメリカで成立した司法裁判所による違憲審査制は、ながく例外的な存在であり、第一次大戦後のオーストリア憲法下の憲法裁判所のような重要な先駆的経験はあったにしても、裁判所――ないし裁判的機関――の違憲審査による憲法保障制度が一般化するのは、第二次大戦後のことである（とりわけ一九七〇年代以降の「違憲審査制革命」）。日本国憲法八一条が違憲審査制を定めているのは、そのような大きな流れの一環である（後出**248**以下）。

硬憲法性・憲法の最高法規性と違憲審査制は、前者を前提にしなければ後者はありえないが、前者があるからといって論理必然的に後者が必要とされるわけではない、という関係にある。憲法の最高法規性を前提とした上で、その有権解釈権を最終的にどの機関に与えるかによって、違憲審査制の有無と種類が分かれるからである。判例で、「よしやかかる規定〔八一条〕がなくとも、第九八条の最高法規の規定又は第七六条若しくは第九九条の裁判官の憲法遵守義務の規定から、違憲審査制は十分に抽出され得る」（最大判一九四八〔昭23〕・七・八）とのべるものがあり、たしかに違憲審査制は九八条（さらには七六条、九九条）から抽出され「得る」のであるが、論理必然的に抽出される性質のものではない、ということには留意が必要である。

四四　保障される「憲法」とは

従ってまた、違憲審査による憲法保障制度が置かれている場合であっても、そこで保障される「憲法」は、違憲審査機関によって解釈を施された限りでの憲法にほかならない。アメリカ合衆国の司法審査制についての言明としてよく引用される、「われわれは憲法のもとにある。だが、その憲法とは、連邦最高裁判所の裁判官がこれが憲法だというものにほかならぬ」（ヒューズ長官）、という言葉は、そのことを言いあてている。

実際、違憲審査機関による憲法解釈は、現実の問題として、「憲法そのもの」と考えられてきたところのものから多かれ少なかれ離れることによって、ある人びとからは「憲法の原意をまげた」として非難され、ある人びとからは「憲法を時代に発展的に適応させた」として賞讃される。さらに遡ると、論理の問題として、最高法規性を与えられている「この憲法」（九八条一項）が何であるかは、違憲審査権を行使する機関によって解釈されてはじめてわかるのではないのか、そうだとすると、そのような機関は、既存の憲法の最高法規性を保障するという名目のもとで、実は憲法制定権を行使していることになるのではないか、という議論が出てくる。学説から見て違憲と目される法律が、違憲審査機関によって合憲とされ、有効なものとして強行力を発揮するという事態は、少しもめずらしくない。より一般的に、上位規範違反と目される下位規範が、にもかかわらず、権限ある機関によって無効とされることなく存続し続けている事態をどう説明するかについては、いろいろな議論が提出されてきた。

アドルフ・メルクルの瑕疵予測説（Fehlerkalkül）は、違憲の法律や違法の判決に対する匡正手段を持たない実定法は、それらの国家行為をその瑕疵にもかかわらず法として認識することを許容しているのだ、と説いた。H・ケルゼンの説明によれば、憲法は、憲法によって直接に定められたのと違う手続で法律を定立することをも、また憲法によって直接定められたのと違う内容をそれに与えることをも、立法者に授権しているのだ（裏からの授権）、とされる。また、「違憲」「違法」の判断は学説でなく有権的な判定機関だけがなしうるというケルゼン自身の見地を徹底させて、実は、有権的解釈権者の解釈が施されるまでは、およそ規範の条文（テクスト）はあっても規範（ノルム）はまだ存在していないのだ、と説く見解（M・トロペール）からすれば、およそ法の解釈者はその法の定立者なのだ——それゆえ、違憲審査制のもとでは、審査権を持つ裁判官こそが「憲法制定権」を持つのだ——、ということになる（前出24–25頁、後出422頁）。

このような「ルール懐疑」の見地からの議論は、「この憲法」（九八条一項）の存在そのものを疑問に付すことを意味する。そのような端的なルール懐疑の立場をとらず、「この憲法」を、憲法制定者が下した法的価値判断として確定することは原理的に可能——実際上はむずかしいとしても——だと考えるにしても、それがそのまま解釈基準とならなければならないとは、普通考えられていない。そうなると、実は、認識された規範そのものが解釈をわく付けているのではなくて、憲法解釈者たちが共通に従わなくてはならないゲームのルールが共有されている限りにおいて、機能的な意味で、最高法規性が存在しているのだ、と見なければならない（後出242）。

4　憲法尊重擁護義務

四五　公権力への拘束　憲法の最高法規性を維持するためには、それを運用する公権力の行使者によって、憲法が遵守されなければならない。日本国憲法九九条は、広く公務の担当にあたる者に憲法尊重擁護義務を課して、憲法の最高法規性を確保しようとする。

同条で「天皇又は摂政及び国務大臣、国会議員、裁判官その他の公務員」というとき、公務を担当し直接または間接に憲法を運用する任にあたる者すべてが含まれる。憲法を「尊重」し「擁護」するとは、憲法を遵守し憲法の実施を確保しようとすることを意味する。憲法所定の法形式に従わない憲法変更を主張し、または実際におこなうことは、憲法尊重擁護義務に反することとなり、憲法改正限界論の立場からすれば、限界を越える内容の憲法変更を主張することも、同様である。憲法改正を主張し、または実際におこなうこと自体は、一般論として、憲法尊重擁護義務に反するものではないが、具体的には、問題となる公務員それぞれにつき違うであろう。

「国政に関する権能を有しない」天皇は、およそ憲法改正を主張することは許されないし、裁判官が、裁判官としての資格において憲法改正を主張することも、同様に考えるべきであろう。内閣総理大臣およびその他の国務大臣については、憲法改正を国会が発議する前提としての発案権を国会議員だけが持つという解釈をとった場合には、大臣としての資格において憲法改正を主張することはできない、と解すべきである。

四六　国民の憲法尊重擁護義務？　憲法九九条は、公務員を名宛人として憲法尊重擁護義務を定めており、国民の義務には触れていない。もともと近代的・立憲的意味の憲法は、それを設けることによって国家権力を抑制し、国民の自由を確保しようとするものであり、そうである以上、憲法の尊重擁護は、本質的に、国家の権力機構を構成し憲法を直接間接に運用する任務にあたる公務担当者に対して、国民の側から課される性質のものなのであった。日本国憲法は、そのような考え方を前提として、国民みずからに対しては、もっぱら基本的人権を確保しようとする観点から、「この憲法が国民に保障する自由及び権利」を「国民の不断の努力によつて」「保持」すべきことを定めるにとどめている（一二条）。

それに対して、市民革命期の憲法の中には、革命の成果として制定された憲法を永続化させようとする観点から、国王や立法府議員にだけでなく市民にも公民宣誓の形で憲法忠誠宣言を義務づけ（一七九一年フランス憲法第二篇五条）、刑法典の中に「憲法に対する罪」を定めるような例もある。

国民の憲法尊重擁護義務が裁判的憲法保障制度と結びついて、より強力な形で実定化されているのが、ドイツ基本法の場合である。ワイマール憲法を否定する勢力が憲法で保障された自由を利用して次第に多数の支持を集め、いったん政権をとると憲法上の自由そのものを全面的に否定する独裁制をうちたてたナチズム体験から、「トロイの木馬」の教訓をひき出し、それをくり返さないための方策として、「自由な民主的基本秩序」への攻撃に対する自己防衛という、「たたかう民主制」という考え方をとったのが、戦後西ドイツであった。一九四〇―五〇年代のきびしい東西対立の最前線に位置していたことから、「自由な民主的基本秩序」というシンボルは、反ナチズムと同時に、反コミュニズムという意味をも強く担う時期があった。憲法＝「自由な民主的基本秩序」をその敵から防衛するために、公権力だけでなく国民私人に憲法忠誠義務を課し、それを裁判的保障によって確保するしくみは、おおよそつぎのようなものである。

表現の自由ほか一定の権利を、自由な民主的基本秩序を攻撃するために濫用する者は、これらの基本権の喪失を、連邦憲法裁判所によって言い渡され（一八条）、教授の自由については、特に、憲法への忠誠を免除しないという規定（五条三項）、結社については、憲法秩序もしくは諸国民間の協調の思想に反する団体の禁止を定める規定（九条二項）が置かれる。結社の中でも政党に対しては、連邦憲法裁判所による違憲審査が制度化されている（二一条二項）。一九六八年の憲法改正で導入された、緊急事態（一一五a条以下）と抵抗権（二〇条四項）の規定も、究極的な手段による憲法秩序の防衛という意味を負わされている。特に、抵抗権について、「憲法秩序を排除しようと企てるすべての者」に対する抵抗を定めた点は、これまでもっぱら公権力に対する関係で考えられてきた抵抗権概念を転換させたものであり、公権力だけでなく国民私人に課せられる憲法忠誠、という観念を反映している。

「憲法の敵」「自由の敵」にも憲法上の自由を保障すべきかどうかは、むずかしい選択であり、ドイツの制度は、ナチズム体験への深刻な総括をふまえているだけに、重要な問題を提起している。そこには、「憲法の敵」をだれかが判定する際に恣意の危険がないか、という運用上の問題をこえて、「絶対に濫用できない自由は、自由ではない」（宮沢俊義）、「自らを決定する権利が、自らを滅ぼす権利を含むことにこそ、自由の偉大さがある」（R・カピタン）、という論点をめぐる原理上の問題がある。日本国憲法が、公権力の担当者だけを挙示してその憲法尊重擁護義務を規定するという方式をとっていることは、国民の憲法忠誠を制度化するやり方をとらないという選択を意味している。すなわち、「憲法の敵」にも憲法上の自由をあえて与えること、「すべての市民に対し、すべての政治的教理に関し完全な思想と宣伝の自由をみとめることを、それに伴う危険にもかかわらず、むしろ好ましいと考える」（第二次大戦末期のフランス共和国臨時政府下に設けられた、憲法問題委員会の報告書）、という選択を意味しているのである。

5　非常状況下の憲法秩序維持をめぐる諸問題

四七　緊急権　個々の法令規定、さらには個々の憲法条項を無視しあるいは侵しても、そうすることによって全体としての憲法秩序を防衛するのだ、ということを建前にして標榜しつつ主張されるものとして、緊急権と抵抗権がある。これら両者はいずれも、ひとつの実定憲法秩序そのものを否定する行動を正当化するものとしても主張される。しかし、そのときそれらは、「法」の名において語られるときも、ことの性質上、実定法を越える規範の名においてしか基礎づけられないものであり、ここでいう実定法上の緊急権、抵抗権とは論理的次元を異にする。

伝統的に、緊急権は公権力の側からする「上から」の、抵抗権は公権力に対抗する側からする「下から」の、それぞれ最終的な力の発動として対置されてきた（ドイツ基本法二〇条四項の例〔前出46〕は、抵抗権概念の拡大というよりは転倒であり、緊急権と抵抗権との対照性がうすれて、両者の性格が接近してきたことを意味する）。

実定法上の緊急権は、正常時の憲法作用を停止してでもなおひとつの秩序体系を防衛しようとする決断の表明であるが、緊急権の行使主体が権力側（伝統的な緊急権は、行政権がもっぱら主体となる行政府専権型であるのに対し、議会ないしその委員会もその行使に関与する立法府参与型のものもある）であるだけに、実際上は、それが建前として標榜している憲法秩序の防衛という目的をふみこえ、かえってそれを危くする傾向がある。また、憲法の機能障害に対する対症療法的な措置が、鎮痛のための麻薬と同じように、かえって国民の憲法意識をむしばむ傾向も、重要である。ワイマール憲法四八条の緊急事態措置権が、かえって同憲法の没落をはやめたという認識から、第二次大戦直後の諸憲法は、その制度化に消極的であった。現在のフランス（大統領専権型）、ドイツ（立法府参与型）の緊急権制度は、それぞれ、一九五八年と一九六八年に導入されたものである。

国民の側から公権力を拘束することを基本とする近代憲法の原則的立場からいえば、非常時での公権力の例外的発動を容認する緊急権を憲法自体に規定することは危険であり、日本国憲法が緊急権条項を持たず参議院の緊急集会につき定めるにとどめていることの意味は、そのように理解されるべきである。自然災害や感染症、「テロ」に際して平時と異なる対応をする可能性が法律段階で現に定められている場合には、それらによって執られる措置の憲法適合性が争われうる、という違いがある。

四八　抵抗権　抵抗権については、抵抗権は自然法上のものでしかありえないとして、実定法上の抵抗権概念の成立可能性そのものを否定する見方も有力である。しかし、実定法以外の当為秩序を根拠として実定法上の義務を拒否する抵抗行為を問題にする抵抗権のほかに、ひとつの実定法秩序を前提とし、憲法擁護を標榜して、それ自体としては合法的に成立している実定法上の義務を拒否する抵抗行為について、抵抗権を想定することは可能である（前出47）。そのような権利は、実定法上のものであり、そうである限り、今日の立憲主義国家にあっては、最終的な有権的判定機関——一般には、憲法裁判所または最上級裁判所——の判定に服すべき性質のものとなる。

公権力の行為を相手方とする国民私人の抵抗を問題とする抵抗権は、少なくとも思想として、近代立憲主義の根底にある。そのような見地からするならば、憲法上の自由と権利を「国民の不断の努力」によって保持しなければならない、と定めた日本国憲法一二条から、実定法上の抵抗権を読みとることは、不可能でないであろう。

〔問題状況〕

国内法秩序の中で最高法規としての憲法が占める位置に関連した議論の多くは、ひとつの法秩序の中で規範の衝突ということがありうると考えるかどうか、にかかっている。憲法に適合しないと目される法律（および法律以下の諸規範）が、にもかかわらず法律等として存在し続けているということは、日常的に観察される事実であるが、ひとつの統一的な法秩序の中で矛盾しあう規範が同時に存在することはありえぬ、という前提からすると、本文（**44**）でとりあげたような、さまざまのルール懐疑の見地が提示されることとなる。

「法律の意味が何であるかと何が法律の意味として妥当するかとは全く別の問題」であり、「前者を決するものは論理であるが、後者を決するものは力である」として、「実体法の世界」と「手続法の世界」を区別しようとする着眼（柳瀬良幹『憲法と地方自治』〔有信堂、一九五四〕一一五―一一六頁）、および、その批判的点検を通し、二つの規範秩序の並存はひとつの実定法秩序の中で不可能だという見地から、「実体法の〝唯一の意味〟なるものは、実は常に、有権的認定権者・有権的解釈者の認定・解釈なる行為を解除条件とした、その意味において流動的な内容を持ったものとならざるを得ぬ筈である」として、「〝流動的実体法論〟とでも称さるべき思考」を提示した藤田宙靖『行政法学の思考形式』〔木鐸社、一九七八、増補版二〇〇二〕第二篇Ⅱの問題提起は、本文**44**でとりあげた論点を考えるにあたって、いまなお重要である。本書の著者の考え方と「流動的実体法論」の思考の異同については、藤田・前掲による批判を参照。関連する問題について、蟻川恒正『憲法解釈権力』（勁草書房、二〇二〇）。

「憲法変遷」（前出39）という論理は、「変遷」の起点として認識される規範を想定しているのが普通と考えられるが、ルール懐疑を徹底させる見地からすると、規範なるものはもともと「流動的」な仕方でしか存在していないはずだ、ということになる。

二一世紀に入って自然災害と感染症が特に多発し、憲法上の緊急権の次元より具体的な法律段階でさまざまの法的措置を緊急にとることをめぐる課題が、深刻になっている。人間の経済活動による環境破壊が大きな要因となっておこる非日常の事態の中で、人命や健康と経済活動の「両立」をはかるという逆説が、今後に向けた人類社会に試練をつきつけている。

第三節　憲法と国際法

I　憲法と国際法の関係

1　二元論と一元論

四九　国内法と国際法の妥当根拠の問題　最高法規とされた憲法を頂点とする国内法と国際法との関係については、国際法と国内法を次元の違う別個の法体系と見る二元論と、同一の法体系に属すると見る一元論とが対置され、一元論の内部では、その法体系の妥当根拠を最終的に国内法と国際法のどちらに求めるかに応じて、国内法上位説と国際法上位説が対置されることが多かった。「上位」という言葉は多義的であるが、ここでは形式的効力の優劣ではなく、法の妥当根拠としてどちらを本源的として説明するか、の問題である。国際生活と国内生活の相互交渉の進展を重視する説明は一元論を採るが、主権国家が並存し、実定国際法が世界法となっていないことを重視する見地からすれば、二元論もまた、それ以上に説得的である。

いずれにしても、国際法の存立それ自体をみとめる限り、日本国憲法九八条二項のいうように、「……国が締結した条約及び確立された国際法規」を国際法として「誠実に遵守」すべきことは当然であり、憲法の条項が特にみとめたからそうなる、という性質のものではない。

2　国際法規範の国内法上の効力

五〇　「変形」と「受容」　それに対し、本来は国際法の法形式に属する法規範が国内法上どのようにして効力を持つかは、それぞれの憲法の定めるところによる。国際法が国内法上の効力を持つためには新しい国内法の制定による個々的な「変形」が必要だとする方式と、国際法そのままを包括的に「受容」する方式とが、対置される。「条約及び確立された国際法規」の誠実遵守を定めている日本国憲法九八条二項は、後者の一例といえるが、この規定は、日本の実定憲法自体が一元論の説明方式を採用しているという趣旨にも、また、二元論を前提とした上で、本来は国際法の法形式に属する規範を包括的に国内法秩序の中にくみ入れたものとしても、理解することができる。多くの学説は前者のようにのべているが、今日の国際法秩序のありように照らしてみるならば、後者の理解の方が、むしろ実態に即している。

憲法九八条二項により、「条約及び確立された国際法規」は、それ自体として国内法としての効力を持つが、規定の内容からいってそのままの形で国内法として適用可能な（self-executing）規範以外の場合に、国内での実施のために特別の立法措置を必要とする、という問題は別のことがらである。もっとも、その場合でも、裁判所が、下位の国内法規範の効力を否定する基準として国際法をいわば消極的に適用する可能性は、ありうるだろう。

五一　憲法優位説と条約優位説　国際法が国内法上の効力を持つとされた場合、その国内法としての規範形式上の効力の優劣が問題となり、それぞれの実定憲法の解釈の問題として、特に、憲法優位説と条約優位説が対立する。

条約優位説は、その実質的根拠として、日本国憲法の国際協調主義を援用する。しかし、憲法の国際協調主義は、「自国の主権を維持し、他国と対等関係に立」つ（前文）ことを前提とした上でのものであり、「自国」に関する最重要事項として国民投票を含む硬い改正手続（九六条）によらなければならない憲法変更を、憲法の条項と矛盾する条約を締結することによって可能にする結果となる条約優位説は、承認しがたい。条約優位説は、憲法九八条一項が最高法規としての憲法に服すべき規範形式を列挙する際に「条約」を挙げていないことを、文言上の根拠として援用するが、憲法優位説からすれば、条約の締結行為は、同条項のいう「国務に関するその他の行為」として憲法の最高法規性に服することとなり、「法律……」等の列挙から落ちているのは、条約が本来は国際法の法形式に属するという特殊性があるからだ、と説明される。

憲法優位説をとった上でも、条約の国内法としての側面への違憲審査を否定する見解がある（→後出253）。判例は、旧日米安全保障条約（一九六〇年改定前）の憲法適合性判断をさしひかえたが、その際、それが「国の存立に重大な関係があり、従って高度の政治性を有する条約」だという理由を援用した（最大判一九五九〔昭34〕・一二・一六〔砂川事件〕）から、条約という規範形式それ自体の問題としてみれば違憲審査の対象となることをみとめたことになり、従って、その大前提として、条約に対する憲法の優位を承認したことになる。

条約の内容が憲法に反するからといって、その条約の国際法上の効力は影響を受けないとするのが、国際法上の原則である。締結手続上違憲の条約については、「条約法に関するウィーン条約」が、「いずれの国も、条約に拘束されることについての同意が条約を締結する権能に関する国内法の規定に違反して表明されたという事実を、当該同意を無効にする根拠として援用することができない」ことを原則とした上で、「ただし、違反が明白でありかつ基本的な重要性を有する国内法の規則に係るものである場合は、この限りでない」（四六条一項）とする。

五二　法律に対する条約の優位　条約の国内法としての形式的効力を、法律との関係でどう考えるかについては、条約を法律の上位に置くというのがほぼ通説であり、そこまでの限度での条約の優位を憲法九八条二項からひき出すことは、妥当であろう。

「経済的、社会的及び文化的権利に関する国際規約」（A規約）「市民的及び政治的権利に関する国際規約」（B規約）（一九七九年批准・発効）が国内法としての効力を持つようになった現在、法律に対する関係での条約優位説は、法律等の人権規約違反の主張を憲法違反に準ずるものとして扱い、上告理由に該当するものとすることを可能とし、そのことを通して、国内法整備のためのインセンティヴ効果を期待することができるはずである。

五三　確立された国際法規と憲法　「確立された国際法規」——慣習国際法であれ、それを成文化した条約であれ——の国内法上の形式的効力については、どう考えられるか。「確立された国際法規」も、それを含まない単なる条約も、国際法上の効力の点ではなんら区別がない。しかし、前者の内容が国際社会の構成員によって一般に承認され実行されてきた点でより普遍性を持つものであるならば、その程度に応じて前者について憲法より優越する効力をみとめることには、理由があるといえよう。但し、その「普遍」性が、世界史の中で強者の論理をそのまま反映したものでありうることに、留意しなければならない。

Ⅱ　現代的な諸問題

五四　憲法と国際法の相互交渉　憲法と国際法の規範形式上の関係をめぐる問題の背景には、憲法上の問題と国際法上の問題の関連の密接化という、内容上の変化が横たわっている。両大戦間期の状況を観察しつつ、内容的に見て国際的な意義と効果をもつ一群の憲法規範の登場を「国際憲法」(droit constitutionnel international) と呼んで問題にしたのは、B・ミルキヌ・ゲツェヴィチ(『憲法の国際化(一九三三)』小田滋・樋口陽一訳、有信堂、一九六四)であったが、他方では、国際法形式に属する規範が憲法上持つ意味も、ますます大きくなってきている。

日本国憲法の三大原理といわれるものに即していうならば、つぎのような点に現われている。第一に、伝統的な国民国家の枠組を前提にして考えられてきた国家主権＝国民主権の自明性が動揺して、多少とも超国家的な国際組織化への方向が現われ、第二に、伝統的には国家だけを法主体として考えてきた国際社会で、諸個人の人権が法的問題とされるようになるという変化があり、第三に、憲法および国際法の両面からの、戦争への法的規制がある。第三点については、日本国憲法の平和主義条項がそのひとつの特徴的現われ方をしていると言えるが、第一点、第二点については、ヨーロッパ連合（ＥＵ）とヨーロッパ評議会（Council of Europe）がＥＵ基本条約とヨーロッパ人権規約をそれぞれの裁判所（リュクサンブールおよびストラスブール所在）によって適用し、加盟国の主権行使への制約を具体的なものとしている。そのようなインパクトを、アジアの中の日本は受けていない。

国際人権ＡＢ規約（前出52）は、締約国が権利実現のためにとった措置および効果について報告する国家報告制度を定めており、Ｂ規約はさらに、締約国が他の締約国の条約義務違反を通報する国家通報制度、権利を侵害されたと主張する個人から人権委員会に通報する個人通報制度を置いている（名称が混同されやすかったが、国連憲章六八条に根拠を持つものとして設けられ、人権規約の起草をもした「人権委員会」は、二〇〇六年に「人権評議会」として再編成されている）。もっとも、国家通報制度を機能させるには締約国が受諾宣言をしていること、個人通報制度のためには選択議定書を批准することが必要であり、日本はまだそれをしていない。

〔問題状況〕

〈同時に妥当する諸規範が別個独立の体系に属したままということはありえぬ〉という見地から、一元論対二元論という図式そのものを批判するのが、ハンス・ケルゼンである。彼によれば、二元論は、「国際法は国家が承認するときだけ法でありうる」という承認説をとる以上、実は、国内法上位の一元論に帰着する。二元論をつきつめると実は国内法上位の一元論となる、という指摘は、ケルゼンの法のとらえ方を前提とする限り、たしかに重要である。本文で「二元論」といったのは、普通人びとによって二元論と呼ばれているもの、という意味でのことである。

ケルゼン自身は、国際法上位の一元論を主張し、国内法秩序の妥当が国際法に依存することの例証として、勝利した革命や成功したクーデタを憲法変更の法的方法とみとめる国際法の規範があると想定することによってこそ、暴力的方法による国法の変更を説明できるではないか、という（『法と国家の一般理論』尾吹訳、特に五三〇頁以下）。しかし、その点に関していえば、ひとつの強制秩序が全体として実効的であるときそれが妥当する（＝法として受けとられる）という実効性の原則は、ケルゼンのいう国際法上位説の媒介を借りなくとも、説明可能であろう。

「確立された国際法規」の国内法上の効力と憲法の関係について、日本国憲法が国際社会の普遍的ルールを「人類普遍の原理」（前文）として受け入れているという点に着目すれば、実際には、両者の間に、内容上、不両立の関係は生じない、と考えることができる。それに対し、近代国際法がその出自の点で西洋キリスト教世界の法であることを、文化相対主義の側から問題にすることは可能であるし、そのような視点はそれとして重要である。しかし、日本国憲法は、西欧近代が生み出した近代立憲主義を「人類普遍の原理」として選択したのだ、という意義を重視するならば、文化相対主義の側からの抗弁はしりぞけられる。もとより、ここでは、法規範にまで高められた国際社会の普遍的ルールが問題とされているのであって、そのときどきの国際政治上の多数派的見解の名のもとに提出される政策選択によって、憲法の運用がそのまま左右されるべきことを意味しない。

国際法と憲法の関係についてこの本の著者の基本的な考えは、小田滋・石本泰雄編『祖川武夫論文集・国際法と戦争違法化――その論理構造と歴史性』（信山社、二〇〇四）に負う。特に集団的自衛（後出**73**、148-149頁）の概念分析としてその「第Ⅲ部戦争観念の転換と自衛権　第二章集団的自衛――US Formula の論理的構造と現実的機能」。

第三章　日本国憲法の基本的諸原理

第一節　国民主権の原理

Ⅰ　国家の主権と国家における主権

五五　主権観念の近代性　「主権」の観念は、近代国民国家の形成を軸として進行する、権力の集中過程の中で形成された。それに先立つヨーロッパ中世封建制社会では、「古きよき法」の支配が語られ、そのことについて「法の主権」という言いまわしが用いられるところにも示唆されるように、だれも「主権」者といえるほどに権力を集中していなかった。中世立憲主義＝身分的自由は、そういう多元的・重畳的な権力構造の上に成り立っていたのである。

それに対し、一六世紀後半のＪ・ボダンが「絶対的かつ永続的な権力」として「主権」の観念を提示したとき、その説明には、対外的にはローマ教皇権からの独立性、対内的には封建諸侯や自治都市に対する最高性を主張しながら確立しつつあったフランス王権のあり方が、反映していた。

絶対王権は、しかし、身分制的社会編成原理を基礎に置くものであった限り、権力の集中度において実はそれほど「絶対」的なものにはなることができなかった。諸個人と集権的国家の二極構造は、市民革命による身分制秩序の解体と個人の解放によって、はじめて完成するのであり、主権論の母国でのフランス革命は、まさにその意味で、諸個人と集権的国家の間に介在する「中間団体」を徹底的に否定した点でぬきんでていた。従って、そこではまた、近代憲法にとっての二つの主題、主権と人権の間の密接な相互連関と緊張関係もまた、典型的に現われることとなった（前出16）。市民革命はまた、そのようにして国家の対内的最高性を達成すると同時に、国家の世俗化への方向をすすめることを通じても、ローマ教皇の普遍的権威に対する対外的独立性を完成した。

国家への権力集中がまず君主への権力集中として現われてくる場面では、君主と国家が同視され（「朕は国家なり」、または、スピノザのいう〈Rex est ipsa civitas〉——これらの表現は、この段階になって君主は私的な支配者ではなく公益を化体する統治者だという建前が重要になることを含意する）、国家の主権の問題と国家における主権の問題が、君主の主権の中で一体化していた。それに対し、近代憲法は、これら二つを論理的に区別する。日本国憲法が「自国の主権を維持し」（前文三項）というときの「主権」は、対外的側面に着目して国家の主権を語っているのであり、「主権が国民に存することを宣言」（前文一項）し、あるいは「主権の存する……国民の総意」（一条）というときには、国家における主権のことを言っているのである。

五六　近代国民国家の自明性の動揺　ところで、国家の主権と国家における主権の不可分の連関を支えてきた近代国民国家のあり方は、いま、大きな曲り角にさしかかってきている。

一方で、これまで「主権」シンボルをいわば寡占的に独占してきた欧米諸国家（それに加え、おくれて参入した代表例として日本）の外側に、解放された旧植民地の厖大な領域で数多くの「主権」国家が誕生したという事実、および、にもかかわらず、そこでは、法的な自己決定権を裏づけるべき政治的、経済的な対外的独立の点でも、対内的な地域的・部族的利害統一の点でも多くの困難に直面している、という事実がある。

他方で、いわば主権国家を生み育ててきた当の西ヨーロッパで進行している傾向として、対外的には国際統合、対内的にはさまざまな形態の地域的分権化の主張（部分的にはその制度化）によっていわばはさみ打ちされることによって、近代国民国家の自明性が動揺してきた。

特に後者の変化は、一七世紀以来のヨーロッパ文化圏を素材にして構成されてきた憲法思想・憲法制度にとって、その内側から大きなインパクトを及ぼすものとなっている。近代国民国家の主権性が対外・対内両側面で動揺している背景には、一方で international（国家の枠組を前提にした上での国家間関係）にとどまらない transnational（国家の枠組をまたぐ形で成立する交渉・交流関係）な性格のものを含めた対外関係の緊密化があり、他方で、言語・民族・宗教・文化の国内での多元的並存を積極的に位置づけようとする大きな流れがある。しかも、ヨーロッパの場合、対外・対内両面にわたるこれら二つの要素は、キリスト教に基づく普遍的な権力・権威の存在という意味でも、地域単位の政治支配と固有の文化の存在という意味でも、近代国民国家の形成に先行する現実であった。そういう事情があるだけに、近時の新しい変化が、歴史的伝統と呼応して反応を広げているのである。

今日、国家の主権の役割を絶対化しない見地を持つことは必要である（人権保障の国際化）。そしてまた、国家の主権の相対的とらえ方と連動する限りで、国家における主権の問題をも、複眼的に相対化する用意が必要であろう（外国人の政治参加を承認する限りで「国民主権」を相対化し、国内での多元的要素の積極的共存をみとめるに必要な限りで「一にして不可分の共和国」の観念の射程を相対化するなど）。しかしそれと同時に、近代立憲主義が個人の尊厳こそを窮極の価値として選択しているのである以上、個人の解放のために国家の主権が果たした歴史的役割の意義を、十二分に認識することは大切である。社会契約論という論理上の擬制でもって説明されるように諸個人の意思によってつくりあげる国家（前出**14**）が、宗教や経済や民族対立を制禦（それぞれ、政教分離、経済規制、連邦制などにより）して合理的な公共社会の空間を築いてきたことの意味は、「国家の相対化」という標語で押し流されてしまってよいものではない（前出**19**）。「神の復讐」といわれるような宗教原理主義の台頭、経済・金融のグローバリゼーション、民族ないし部族主義の噴出、といった現象を前にして、国家のひきうけるべき役割は、過小評価されるべきでない。

なお、ここでいう近代「国民国家」は、Nation State / Etat nation に対応する言葉である。ここで nation とは、民族ないしエスニシティ集団としてのエトノス ethnos の意味ではなく、社会契約という擬制（前出14）によってその成立が説明されるようなデモス demos の意味で、理解されなければならない。現実の歴史過程についていえば、そのような「国民」が成立するためには、まさに nation-*building* という言葉が含意するような、意識的で強力な政策努力が必要なのであった（典型として、フランス革命――前出16・55）。

II 「国民」の「主権」

五七 主権＝立法権 主権論の始祖とされるJ・ボダンが君主の主権を説いたとき、主権の属性として挙げられたものは、何より、立法権であった。「他人の同意を得ることなしにすべての人びとあるいは個人に法を与える権」という観念それ自体が、君主による権力集中の実現に見合ってはじめて登場したという意味で、画期的であった。J・J・ルソーの人民主権論の場合も、主権とは、端的に、一般意思の表明としての法律（loi）を定立することにほかならなかった。中世の伝統的考え方では、法は、既存の何ものかが「発見」されるものであって、定立されるものではなかったのとくらべて、主権の観念は、それ自体が近代的な性格を持っている。

五八 国民「主権」の多義性 実定近代憲法について問題となる「主権」とは、どういう性格のものであろうか。A・V・ダイシー（『憲法序説（初版一八八五）』伊藤・田島訳、学陽書房）の古典的な定式化に従えば、イギリスの「国会主権」とは、「国会の無制限の立法権」を指すが（「法的主権者」の問題)、「国会と国民意思の合致を確保することを目的とする了解によって」その国会が規律されるべきだとする憲法習律が、「他国で〝国民主権〟と呼ばれているもの」を確保している(「政治的主権者」の問題)。実際、明示的な主権条項を持つかどうかは別として、普通に「国民主権」と言われている場合の共通の標識をさがすならば、「理念的・原理的に、政治の権力の源泉が国民に由来するとする建前」(宮沢)ということになり、そのような正統性の契機に加えて、どこまでの権力性の契機があるかによって、さまざまなありように分かれる。

それゆえ、基本的には、それぞれの特定の憲法の諸条項の吟味を通じて、その憲法がどこまでの意味の「国民主権」を定めているのかを見定めるべきである。しかしまた、憲法の解釈は必ずしも一義的にはっきりしているわけではないから、それぞれの条項に即して、主権者=国民のどこまでの権力的契機を読みとるかという争いがおこることも、避けがたい(例えば、憲法一五条一項にいう国民の公務員選定罷免権から、命令委任や解職制度を憲法が要求している——あるいは、少なくとも許容している——という解釈をひき出すかどうか)。

五九　国民主権——「君主」主権の否定と「主権」概念の完成　第一。日本国憲法は、国民主権原理を掲げたことによって、大日本帝国憲法の天皇主権を否定した。ところが、主権原理の転換を正面からみとめず、二つの憲法をできるだけ切れ目なくとらえようとする議論があった。八月革命説(前出29以下)を批判して主張された「ノモス主権論」(尾高朝雄)が、その典型である。これは、旧憲法=天皇統治も新憲法=国民主権も、つまるところは「ノモス」(=政治の理念としての規範）の優位をみとめる点で共通なのだと説き、新旧両憲法の主権原理を「氷炭相容れない対遮の原理」と見るのは「皮相の見解」だと批判した。

ノモス主権論は、「それではノモスの中身をきめる者は誰なのか」という反問を招いたことからもわかるように、天皇か国民かという、主権主体の間の二者択一をするかわりに「ノモス」、「政治の矩(のり)」を持ち出すのであり、問いに対して別次元の回答をすることにほかならなかった。日本国憲法と帝国憲法を断絶でなく継続の関係でとらえることとなるノモス主権論は、国民主権が君主主権を否定する局面で演ずべき役割を、稀薄にしようとするはたらきをした。

第二。君主主権を否定する国民主権原理は、国家への権力集中を完成する点で君主制がみずからに課していた目標を引きつぎ、身分制の解体を貫徹して個人を創出する。

国民主権という槓杆(こうかん)＝テコの力によって成立する人権主体としての個人は、できあがった近代立憲主義の実定法制度を前提とした場面では、国民主権の強調との間で緊張関係に立つ。実定憲法解釈の際に国民主権の観念をどこまで強調すべきかは、つまるところは、「権力の民主化」によって「多数者の権利」を追求する方向と、権力からの自由によって少数者——窮極的には個人——の人権こそを確保すべきだとする方向との、選択の問題である。

Ⅲ　解釈論上の問題

1　国民主権と天皇

六〇　天皇の地位の根拠——神勅から国民意思へ　国民主権が君主主権を否定する側面で果たすべき役割は、日本国憲法の天皇を旧憲法の天皇との対比の中でとらえようとする場面で、問題となる。

旧憲法は、その本文各条の規定は当時のヨーロッパ基準におおむね沿うものだった（前出**23**）としても、天皇の地位の根拠を、その「万世一系」性（旧一条）から遡って「皇祖皇宗ノ神霊」（旧告文）の権威に基づくとしていた。憲法一条はそれを明確に否定し、天皇の地位は「主権の存する……国民の総意」に基づくこととなった。

六一　皇室事項の国法上の地位の変化——皇室自律主義から国会中心主義へ　それに伴なって、皇室に関する事項の国法上の地位も大きく変わった。かつては、皇室典範と憲法に共通の告文が置かれ、「茲ニ皇室典範及憲法ヲ制定ス」という順序で記述されていた（「典憲体制」という表現）。実質的にも、「皇室ノ家法」について「憲法ノ条章ニ之ヲ掲クルコトヲ用ヰサルハ将来ニ臣民ノ干渉ヲ容レサルコトヲ示スナリ」（『憲法義解』）という意味づけを与えられていた。現憲法は、それと反対に、「国会の議決した皇室典範の定めるところにより」皇位が継承されることを定めており（二条）、皇室典範は一般に法律がそうであるのと同じ意味で、憲法の制約のもとでその内容を定めることができる。皇室典範が生前退位の可能性を定めておらず、また、「皇位は、皇統に属する男系の男子が、これを継承する」（典範一条）としている点について、かねてから問題とされてきたが、生前退位の制度をみとめるか、女性ないし女系の天皇の可能性をみとめるかは、立法政策の問題である（「天皇の人権」の問題については、後出**95**）。

二〇一六年八月八日NHKのTV放送で明仁天皇（当時）がみずからの「お気持」を表明し、慎重な表現を選びながらも、天皇としての「務め」を果たし続けることが困難とならないよう、生前退位の可能性を開くことの希望を明確に表明した。それを受ける形で天皇の退位等に関する皇室典範特例法が制定され（二〇一七年六月）、その施行日（二〇一九年四月三〇日）に明仁天皇および美智子皇后は上皇および上皇后となり、徳仁天皇が即位した。

皇室事項についての国会中心主義は、財政の領域にも現われる。現憲法は、皇室財産を国有化した上で、皇室の費用は予算として国会の議決を経ることとし（八八条）、皇室の財産授受行為も、国会の議決に基づくべきものとしている（八条）。

六二　天皇の行為——国事行為の限定列挙　かつて「国ノ元首ニシテ統治権ヲ総攬」（旧四条）する立場にあった天皇は、日本国と日本国民統合の象徴（一条）として、「この憲法の定める国事に関する行為のみを行ひ、国政に関する権能を有しない」（四条一項）こととなった。それゆえ、天皇のおこなう国事行為については、憲法上、量的な限定（限定的列挙）と質的な限定

（国政からの隔離）があることになる。

量的な限定とは、「この憲法の定める国事に関する行為のみを行」なうとされている点にかかわる。あわせて一二項目の列挙のうち、「儀式を行ふこと」は、その内容が憲法の文言上明示されておらず、どの範囲のものを考えるかが問題となりうる。もっぱら天皇みずからが主宰するもの（皇室典範二四条の即位の礼、同二五条の大喪の礼など）を考えるか、他の機関が催す儀式に参加すること（国会開会式での「お言葉」など）をも含めるかが、まず問題となり、どちらの見解につ いても、七条一〇号の儀式の範囲の広狭が問題となる（前者についていえば、「即位後朝見の儀」を国事行為としておこなったことの是非など）。また、その区別以前に、狭義の「儀式」性を持ったものを考えるか（右の諸例はすべてこれにあたる）、それとも、儀礼的行為を広く含めるか、という問題がある。

但し、七条一〇号の「儀式」を多かれ少なかれ限定的に解しても、国事行為の外部に、「象徴としての行為」「公人的行為」といった形で国内・国際的な社交にわたる天皇の公的行為を位置づける見解は、「助言と承認」をおこなう内閣の節度次第で、天皇の行為に対する憲法上の量的限定をゆるめる方向に作用する。

天皇の非政治化という憲法原則を貫ぬくという観点からいえば、「この憲法の定める国事に関する行為のみ」をみとめるというゆき方を貫ぬき、「日本国の象徴」としての天皇の公的行為をそれ以外に一切みとめないということが論理的に一貫しているだろう。しかし、天皇の国事行為が憲法で限定的に列挙されていることの意味を損なわない限度で、それに準ずることの実質的な理由づけが可能な範囲での事実行為までならば、それらを、国事行為に準ずるものと考えることができよう。例えば、外国元首の社交的接受や社交的な外国訪問については、国事行為として外国大公使の接受が定められていることとの均衡ないし対応があり、国会開会式の「お言葉」については、国会の召集が形式上、国事行為とされていることとの関連がある、といったふうにである。

「日本国の象徴」としての天皇は、量的（国事行為の限定列挙）、質的（国政からの隔離）な憲法上の制約のもとにありながら、内閣の助言と承認（後出63）に従わなければならないそのことゆえに政治的効果を生み出す、という緊張関係の中にある。そしてそれは、憲法自身が選択している緊張なのである。

質的な限定とは、天皇と国政の隔離を確保すべきだということである。憲法六条および七条のあげる合計一二項目の国事行為には、この観点からすると、三つの種類がある。

第一は、行為そのものは元来多かれ少なかれ「国政に関する」ものであるが、その実質内容の決定が天皇以外のものによって最終的になされることの結果として、「国政に関する権能」の行使でなくなる行為である。内閣総理大臣の任命と最高裁判所の長たる裁判官の任命については、それぞれの指名権者（前者については国会、後者については内閣）を憲法自身が定めている（六条一項、二項）。憲法改正・法律・政令・条約の公布（七条一号）、国会の召集（二号）、衆議院の解散

（三号）、「国会議員の総選挙」の施行（四号）、栄典の授与（七号）については、憲法自身は実質的決定権者を明示していないが、それぞれ、内閣がその立場にあると解すべきである（但し、その根拠として、天皇の行為に対する内閣の「助言と承認」を持ち出す見解の当否については後出65）。

第二は、天皇の行為が認証という特別の行為形式に限られることによって、「国政に関する権能」の行使でなくなるものである。国務大臣その他の官吏の任免並びに全権委任状及び大公使の信任状の認証（七条五号）、恩赦の認証（六号）、批准書その他の外交文書の認証（八号）がそれである。ここで認証とは、ある行為が権限ある機関によりおこなわれたものであることを公証する行為であるが、その対象となる行為はすでに確定的に成立しており、かりに認証を欠いてもその効力は影響を受けない、と考えられている。

第三は、行為そのものが単に儀礼的な性格のものであり、法的効果を生み出さない事実行為であるために、「国政に関する権能」の行使でないと考えられるものである。外国大公使の接受（七条九号）は、用語法が若干まぎらわしいが、その者を外交使節として異議なく受け入れることを示すアグレマンを与える行為ではなく（それは、七三条二号により内閣の職権となる）、儀礼的な接見と解すべきである。儀式の挙行（一〇号）がこの種の行為にあたることは、いうまでもない。儀式については、特に、政教分離原則（二〇条三項、八九条）に反しないことが必要である点が、特に重要である。

なお、以上のほかに、国事行為を委任する天皇の行為（四条二項）も、それ自体、国事行為である（「国事行為の臨時代行に関する法律」がつくられている）。

六三　天皇の行為——内閣の助言と承認　天皇の「国事に関するすべての行為」には、内閣の「助言と承認」が必要である（三条。また、七条）。

内閣の助言と承認が文字どおり「すべての国事行為」に必要か、という論点があり、行為の内容の実質決定が憲法により内閣以外の機関に与えられているもの（例えば六条一項。同じような意味で、天皇の認証行為のすべては、それがすでに決定された事柄の「認証」にすぎぬという意味で、同様に考えられる）については、内閣の助言と承認という手続をとってもとらなくても同じことだとして、それを不要とする有力な見解がある。

この論点は、内閣の助言と承認という行為の性格の理解の仕方にかかわっている。助言・承認制度を、立憲君主制の大臣助言＝大臣責任＝君主無答責制度から出発してそれをいわば量的に徹底させたもの、という側面から眺めると、内閣の助言と承認は、天皇の行為の内容を内閣の意思によって決定するためのものとしてとらえられるから、内閣以外の国家機関の意思によって実質内容がすでに決定されているものについては、あらためての助言と承認は無意味で不要だ、とされる。それに対し、それ自体として形式的・儀礼的な表示行為である天皇の国事行為に対する助言・承認であることを強調する見地からは、他の機関により実質内容がすでに決定されているような国事行為についても、内閣が実質内容を決定する国事行為についても、まったく同様な取扱いをすべきことが導き出されよう。

前者の考え方は、内閣の助言と承認という行為の中に、国事行為内容の内閣による決定を読みとることとなる。六九条所定の場合に限定されないで内閣が衆議院を解散できることの根拠を七条三号に求める見解は、そのような考え方を前提としている（後出220）。後者の考え方は、天皇の行為が内閣の助言・承認によるいわば引き算の結果として実質的意味を失うのでなく、四条によってはじめから「国政に関する権能を有しない」ものであり、そうである以上、助言・承認からはなんらの実質決定権を抽き出せない、とする。

一方の考え方に従えば、内閣の助言と承認は、それがあることによってはじめて天皇の権能の名目化が保障される、きわめて重要な実質的意味を持つものとしてとらえられ、他方の見解によれば、それは、それ自体まったく形式的な手続としてとらえられる。帝国憲法の神権主義的要素の濃い天皇制との連続を完璧・明確に断ち切るために、天皇の名目化をより徹底的なものにしようとする立場からすれば、憲法が後者の見地をとったと解する十分の理由があるはずである。

内閣の助言「と」承認という定式化の意味については、国事行為の事前と事後にその両方がそれぞれ必要だとする考え方もあるが（東京地判一九五三〔昭28〕・一〇・一九、東京高判一九五四〔昭29〕・九・二二）、助言と承認の間に天皇自身の意思が介入する余地を想定してはならないことを考えれば、一体としての「助言と承認」で必要にして十分とすべきである。

六四　天皇の憲法尊重擁護義務　そのような緊張の中におかれた天皇は、九九条によって、憲法尊重擁護義務を課されている。天皇の国事行為（および、それ以外の公的行為をみとめる見解にあってはそれ）にはすべて内閣の助言と承認が必要である（前出63）が、憲法自身が想定している緊張した均衡を破るまでに天皇が政治的役割を演ずることとなる行為をすべく内閣が助言と承認をしたときに、天皇はどうすべきか。天皇の政治利用そのことが日本国憲法の国民主権原理を損なうことになるという問題次元で、政治的に利用されることを拒否することが、天皇の九九条上の義務なのか、また、政治利用のそれぞれの内容が例えば二〇条三項（政教分離）違反をひきおこすようなものであるときに、天皇はどう対処すべきなのか。

そのような場合にも、日本国の象徴としての天皇は、内閣が「これが憲法だというもの」をそのまま受け入れなければならず、それが、天皇の憲法尊重擁護義務の内容である。国事行為をおこなう天皇に憲法の解釈権をみとめることは、「国政に関する権能を有しない」（四条）とした憲法の基本的選択に反することとなる。ここでも、天皇が九九条の憲法尊重擁護義務に従えば従うほど実は憲法に反する行為をもしなければならなくなる、というパラドックスの可能性を、憲法自身が定めているのである。

六五　二つの天皇像――「虚器」と「人間象徴」　戦後憲法学は宮沢俊義と清宮四郎の主導のもとに形成された（前出10）が、その両者の間で、国民主権下の象徴天皇制の位置づけに関しては、とらえ方に対照的な一面があった。

宮沢は、天皇という国家機関を「虚器」と静態的に説明するだけでなく、「「めくら判」をおすだけのロボット的存在」という表現をあえてしていた（前出『日本国憲法』）。他方、現憲法の案を審議した帝国議会の内外で広く言われていたのは、「ロボット」ならぬ「人間」天皇だった。清宮はそれを、憲法一条の解釈論の中で「人間象徴」という表現で受けとめる（前出『憲法要論』）。

まったく対照的な二つの天皇像は、しかし、戦後初期の人びとの眼には、――しばしば同一人の眼にも――二つながら同時に映っていたのではないだろうか。そして実は、憲法によって限定的に列挙された国事行為（前出62）を内閣の助言と承認に従い「ロボット」となっておこなう天皇、すなわち「日本国の象徴」としての天皇と、それとならんで、「人間」として「日本国民統合の象徴」となる天皇という二つの天皇像が、憲法に内在しているのではないだろうか。

六六　「日本国の象徴」と「日本国民統合の象徴」　かつて統治権の総攬者（旧一条、四条）だった天皇は、「日本国の象徴であり日本国民統合の象徴であって、この地位は、主権の存する日本国民の総意に基く」こと（一条）となった。天皇の憲法尊重擁護義務が内包するパラドックス（前出64）は、国民主権原理の徹底という論理の帰結であるが、もともと天皇親政を防ぐためのものであり（「虚器」という表現）、天皇の政治利用の歯どめにならないどころか、その受け皿を提供する。かつて「袞龍の袖に隠れ」て天皇主権を僭奪したことと対比される構図が、国民主権のもとではより大らかに現出する可能性を含んでいる。国事行為に関する限りそのことは「日本国の象徴」としての天皇について織り込み済みというほかない。日本国の象徴として天皇がおこなう国事行為は、国会→内閣→宮内庁によるコントロールに服するからである。そして、国家意思の形成過程は必然的に対立を前提とするから、それぞれの時点における国事行為の内容がそれを反映することもまた、正常な帰結と言わなければならない。

他方で憲法一条は、天皇を、「日本国の象徴であり日本国民統合の象徴であって……」と書き分けている。国民統合は国民自身が曲折を経つつみずからつくりあげてゆくほかない性質のものであり、つねに形成途上にあるその状態を象徴する地位にある天皇、という理解がそこに成り立つ。選挙の過程を通して形成される国家意思は、国民間の対立が存在することを前提とする。それと同時に国民が憲法に対するゆるやかな合意を媒介として統合の方向に向うことを、憲法は期待している、と考えたい。

「国民統合の象徴」としての天皇は、自由と責任の主体（「人間象徴」）でなければならず、その行為を補佐し支えるのは内閣の助言と承認ではなく、政治から相対的に自立した助言者の制度（宮内庁はそのような役割を持つものとしておおむね機能してきたであろう）によらなければならない。そしてそれは、立憲主義の今日のありようとして、多元的な制度機構の相対的自立と自律が致命的な重要さを持つことの、ひとつの現われにほかならない。

平和条約発効六一年目の二〇一三年四月二八日、「主権回復」を記念する政府主催（従って国事行為ではない）行事に出席を求められたとき明仁天皇（当時）は「そのとき沖縄の主権はまだ回復されていません」との言葉を使者に伝えて、かねてからの沖縄に対する関心と配慮を洩らしたといわれる。まことに、「国民統合の象徴」のあり方は、日本国憲法下で即位した最初の天皇となった明仁天皇および美智子皇后の在位三〇年間によって、そのひとつの範型が示された。

六七　「元首」とは？　日本国憲法の天皇は、国家有機体説的な理解を前提にした神権的元首概念（『憲法義解』）からすればもちろんのこと、君主ないし大統領が名目上であれ実質的にもであれ対外代表権を持つことを核心とする立憲的元首概念からしても、それに該当しない。にもかかわらず、より名目化された「国家の最上位」にある機関を指すものとして「元首」という言葉を使うかどうかは、それ自体としては、用語法の問題である。但し、現実には、現行憲法の正統性を根本的に否定する立場からの改憲論として「天皇元首化」論が唱えられ（神権的元首への郷愁）、また、憲法七条の運用として天皇の対外代表権そのものを肯定するかのような慣行をつくってきている（通例の意味での立憲的元首としての復権）だけに、「元首」というシンボルの発揮する効果に、注意が必要である。

天皇を「元首」として説明したからといって、法的な議論の次元でいえば、憲法の各条項からひき出せる以上のものを、そのような定義からひき出すことができるわけではない。

2　国民主権と権力分立

六八　権力抑制機構にとっての「国民主権」　憲法は、国民主権を前提とした上で国会を「唯一の立法機関」と定め（四一条）、行政権を「内閣に属する」ものとし（六五条）、「すべて司法権」は裁判所に属するとして（七六条一項）、権力分立を採用する。国民主権と権力分立はどういう関係にあるか。

国民主権とは、国民自身による自己決定という、決定方式の次元での問題であり、その中に含まれている権力性の契機をつきつめてゆくならば、国民が立憲的な権力抑制の機構を廃止してしまうことを含めて、「国民主権」によって正統化されることになる。国民による自己決定という方式自体を廃止してしまうことまでを国民の決定という名のもとに正当化することだけは、論理上の矛盾をおかすことになるが、現実の歴史上は、そのような例に事欠かない（人民投票による世襲帝制を確立した一八〇四年のナポレオン憲法や、人民投票を多用したナチス独裁、など）。

それに対し、日本国憲法は、「諸国民との協和による成果と、わが国全土にわたつて自由のもたらす恵沢を確保し、政府の行為によつて再び戦争の惨禍が起ることのないやうにすることを決意し」て、すなわち、平和と人権という実質価値の実現を目的として、「ここに主権が国民に存することを宣言」（前文一項）している。それゆえ、憲法の解釈にあたっては、一方で「国民主権」原理と、他方で、憲法の規範性（前出34以下）および権力分立の要請から来る拘束との間で、均衡のとれた考え方をする必要がある。

例えば、裁判官の独立（七六条三項、八〇条）や大学自治（二三条）など、「国民」の名による統制から多かれ少なかれ隔離された制度の意味を、「国民主権」の過度の強調によって不当に弱めることがあってはならない。裁判所の判断例では、日米安全保障条約の憲法適合性判断（最大判一九五九〔昭34〕・一二・一六）や衆議院解散の憲法適合性判断（最大判一九六〇〔昭35〕・六・

八）に際し、「主権を有する国民の政治的批判」や「主権者たる国民に政治責任を負うところの政府、国会等の政治部門の判断」を援用することによって、具体的な法律上の争訟の中で司法権がその判断をさしひかえ、政治部門の判断を前提として訴訟の結論を出している。これらの例は、たしかに、国民主権を強調して政治部門の憲法運用を尊重するか、権力分立を強調して裁判所による政治部門への抑制をむしろ重視するかによって、評価の分かれるところであろう（後出**254**）。

政治部門の内部での問題についても、国民主権＝国民自身による国政決定という建前の実質化をはかるために、直接投票制や議員解職制やなんらかの命令委任制などの制度を考えることが問題になりうるが、その際に、それらの制度化が立憲主義的な権力の相互抑制機構を動揺させることがないかどうか、慎重な考慮が必要となろう（後出**167**）。

〔問題状況〕

一九世紀ドイツ実証主義国法学の支配的見解だった国家法人説の立場は、君主主権か国民主権かという選択に対して、国家が統治権の主体だ——その意味で国家に主権がある——と答え、君主と国民の対抗の問題を、法人としての国家の最高の機関がどれかという次元に移し直した。それは、国家権力の正統性の所在を問う主権の問題を、機関権限の次元でいわば法律学化しようとするものであった。大日本帝国憲法下の立憲学派によって説かれた国家法人＝天皇機関説は、まさにそのことによって、帝国憲法の立憲的運用のために大きな役割を果たした。同じ枠組を日本国憲法下にあてはめれば、有権者団としての国民が最高機関だということが、「国民主権」の意味するところだ、ということになる。どちらにしても、そこでは、君主や国民は、法人としての国家の機関という資格で問題とされるのである。

他方、主権論の母国フランスでは、広義の「国民」主権の中でのnation主権とpeuple主権の異同が問題とされてきた。nationとは抽象的統一体としての国民であり、それみずからは意思主体となることができず、必然的に「代表」制を導き出す。peupleとは具体的存在としての人民の総体を指すとされ、それ自体が意思主体となることができるから、直接民主制と結びつくことができる。この区別を自覚的、系統的に論じたのはR・カレ・ド・マルベールであったが、彼は国家法人説を前提とする機関論の体系の中で問題をとりあげたのであっただけに、論議の際にはその点に注意が必要である。

憲法学の体系の中で主権論を最重要の地位に置き、とりわけpeuple主権の歴史的意義と日本国憲法解釈論にとっての役割を強調するものとして、杉原泰雄『憲法Ⅰ——憲法総論』（有斐閣、一九八七）があり、その前提として、同『国民主権の研究』（岩波書店、一九七一）に始まる一連の主権研究が重要である（なお、君主主権との断絶を強調する点で共通の見地に立ちながら、絶対王制の課題を引きついで身分制中間集団を解体して個人を析出したことをむしろ最重要とする見方につき、前出**59**および44-45頁、特に後出195-198頁）。

日本国憲法と大日本帝国憲法の間の主権原理の転換を正面からみとめるかどうかは、まず、「国体は変わったか」という形で議論された。もともと、帝国憲法下の初期正統学説（穂積八束）にとって、

「国体」とは、「主権ノ所在」（天皇主権）を基準とする国家体制の論理的区別の仕方を指し、「主権ノ用」を問う「政体」（立憲政体）と対になるものだったと同時に、「民族ノ確信ノ結晶」という「我カ千古固有ノ」倫理的信念でもあった。それに対し、美濃部憲法学は、「政体」だけを法的概念とし、天皇に対する忠順崇敬の観念は、もっぱら法外の道徳的信念の問題として位置づけた。法の外に置かれたはずの「国体」は、のちに、治安維持法上の法益として法の世界に呼びもどされ（大審院判決一九二九〔昭4〕・五・三一によれば、「国体」とは「万世一系ノ天皇君臨シ統治権ヲ総攬シ給フコト」とされた）、同時に、倫理的意味の「国体」が、法と政治を直接に左右することとなる（一九三五年の「国体明徴」政府声明）。

憲法審議の中で、また憲法制定後も、「国体は変っていない」という説明がさまざまに試みられたが、法的意味の「国体」が、主権原理の変更とともに変ったことは、はっきりしていたはずである。「八月革命」説と「ノモス主権」論（前出29・59）については、論争当事者それぞれの同名の論文集『国民主権と天皇制』（尾高〔青林書院、一九五四〕および宮沢〔勁草書房、一九五七〕）を見よ。法的意味での「国体」が変ったと考える論者も、その多くは、「法律家以外の国民が国体と考えるところ」は変っていない、と説明したが、そうした中で、「法的国体」は「完全に変革し」、「一般的精神的意義の国体」も「ほとんど変革した」とする主張があった（横田喜三郎『天皇制』労働文化社、一九四九）。

精神的——あるいは情緒的——な意味での「国体」が「ほとんど変革した」という認識が正しいかどうかは、何より、一九八八年九月から八九年二月にかけての、昭和天皇の重病から大喪の礼までの事態の経過の中で、示された。自発的なものであれマスメディアに誘導されたものであれ、天皇の病状への国民の関心の集中ということ自体がそうであるが、とりわけ、戦前・戦中を含む天皇の行為（不作為を含む）への批判的言動をタブー視する雰囲気が見られたからである。こうして、国民主権と象徴天皇制の両立が論理上は可能なはずなのに、歴史的風土のもとで多くの困難に当面する状況が見られた。その両立を、あと戻りできないまでに追求したところに、明仁天皇在位の三〇年が持つ意味があった。

「日本国の象徴」と「日本国民統合の象徴」（前出66）について、貴族院での憲法案審議の際、長谷川如是閑議員が、前者を「ポリティカル・ステイトとしての日本国の象徴」、後者を「コミュニティとしての日本人の象徴」とする趣旨の発言をしている。宮沢コンメンタール（前出8）はその発言を紹介した上で、「両者をそうきっぱりと区別するだけの根拠を見出すことはむずかしい」と言う。私は、「コミュニティ」「日本人」という表現に留保を置きながらも、長谷川が言おうとした「象徴」の二元性を、一方で「虚器」（宮沢）ゆえの無答責、他方で「人間」（清宮）ゆえの自由に伴う責任の重大さ（noblesse oblige!）、のはざまに立つ天皇像として受けとめる。

第二節　平和主義の原理

Ⅰ　平和主義憲法原理の系譜と日本国憲法の特色

1　日本国憲法の基本原理としての平和主義

六九　憲法平和主義の特色　日本国憲法は、前文で、「この憲法を確定」した動機として平和への希求に言及し（一項）、それに続けて、平和への強い意思をうたっている（二、三、四項）。もともと、立憲主義の核心が権力へのコントロールにある以上、権力の端的な現われである戦争・軍事力をどう制約するかという関心は、王権を制約することとならんで、市民革命以来の立憲主義憲法にとって、最大関心事のひとつであった（後出**70**の例を参照）。大日本帝国憲法下で天皇の名のもとに「皇軍」によってひきおこされた「戦争の惨禍」が「再び」「起ることのないやうに……決意」（前文）してつくられた日本国憲法は、そのような近代憲法史の系譜をひきつぎながら、それを徹底させたところに特色を持つ。

第一に、日本国憲法は、憲法史上の諸先例から大きく一歩をふみ出して、一切の戦争の放棄（九条一項）に加えて、戦力そのものの不保持と交戦権否認（同二項）までを規定した（但し、これらの点についての解釈論上の争いについては後出72以下）。

第二に、憲法は、「戦争をしない」という消極的な状態としての「平和」にとどまることなく、「専制と隷従、圧迫と偏狭を地上から永遠に除去しようと努めてゐる国際社会において、名誉ある地位を占めたいと思ふ」（前文二項）という、積極的な決意と、それに基づく行動を想定している（ヨーロッパ語系で、〈pacifism〉という言葉が現状維持の宥和主義を連想させるだけに、この点は重要である）。何よりも、「全世界の国民」にとっての「平和のうちに生存する権利」（同上）という人権思想と平和主義とが結びつけられている点が、日本国憲法の特徴となっている（平和的生存権については、後出79）。

日本国憲法の平和主義は、より広く一般的な意味での国際協調主義の一環をなすものとなっている。憲法は、「自国のことのみに専念して他国を無視してはなら」ず、「普遍的」な「政治道徳の法則」に従うことを「自国の主権を維持し、他国と対等関係に立たうとする」ものの「責務」とし（前文三項）、国際法規定の誠実遵守を規定（九八条二項）している（憲法と国際法の関係については、前出49以下）。

2　平和主義憲法条項の系譜

七〇　近代憲法史の中の平和主義条項　憲法前文および第九条の平和主義原理は、日本国憲法の大きな特徴をなすものであるが、だからといって、世界の憲法史の流れの中で突然変異的な存在なのではない。人類の歴史とともに古いともいえる平和の思想そのものは別としても、市民革命以来の実定憲法史には、平和主義条項の系譜がある。

軍事力をどうコントロールするかは、市民革命期の憲法にとって死活の問題であった。一六八九年権利章典は、前王ジェームズ二世の罪状として、「国会の同意なく平時に常備軍を徴集・維持し、かつ法に反して兵士を民家に舎営させた」(一の5)ことをあげ、合衆国憲法(一七九一年修正)は、同じ趣旨を禁止規定として定める(修正三条)とともに、それと対照的に、人民の武器携行に憲法上の保障を与えた(修正二条)。フランス大革命期の憲法は、宣戦を国民代表議会さらには人民投票(一七九三年憲法)によって決定されるべきものとし、「フランス国民は、征服の目的をもっていかなる戦争をおこなうことをも放棄し、かつ、いかなる国民の自由に対しても決してその武力を行使しない」(一七九一年憲法第六篇「諸国民との関係」)という、戦争放棄条項をも定めた。これは、侵略戦争放棄という意味で限定的なものであったが、その反面、他国民の自由との関連の中で平和の問題を位置づけるという意味で、人権と平和の結びつきをすでに示唆している。

侵略戦争の放棄という定式は二〇世紀に入って第一次大戦の戦争体験をふまえ、一九三一年スペイン憲法にひきつがれ、(国家の政策の手段としての戦争の放棄)、国際法でも、戦争放棄に関する条約がつくられた(一九二八年署名、二九年発効)。第二次大戦直後に制定された諸憲法には、いっそう平和への希求が規定化されるようになる。一九四六年フランス憲法前文(「征服を目的とする戦争」の放棄)、一九四七年イタリア憲法一一条(「他国民の自由を侵害する手段」「国際紛争を解決する手段」としての戦争の否認)、一九四九年ドイツ連邦共和国基本法二六条一項(「侵略戦争の遂行を準備する行為」を違憲として処罰する)、などがそうである。国際連合憲章二条四項も、「その国際関係において、武力による威嚇又は武力の行使を、いかなる国の領土保全又は政治的独立に対するものも、また、国際連合の目的と両立しない他のいかなる方法によるものも慎」むことを、加盟国に課している。

七一　近代憲法史の継承と断絶　旧憲法の理解として軍の編制にかかわる大権(一二条)および宣戦講和の大権(一三条)は国務事項として国務大臣の輔弼によるとされていたが、統帥大権(一一条)については国務大臣による輔弼を排除する統帥権独立の原則が一般に承認されていた(「帷幄上奏」の観念)。現実の運用では、そのように議会および政府のコントロールを免かれた軍部が直接に政治に介入し、国家神道と結びついて社会生活そのものを掌握する体制のもとで、帝国憲法の定めていた立憲主義的要素が系統的に破壊されていった。そうした歴史を体験しただけに、日本国憲法は、平和主義憲法史のいわば正統的系譜をひきつぎながら、一段とその趣旨を徹底させる規定を置くこととなったのである。

日本国憲法の平和主義条項は、それが憲法にとりいれられた現実政治的経緯を問題にすれば、一方では旧敵国による懲罰的武装解除の「おしつけ」という側面、他方では天皇と皇室制度の安泰をはかるための「避雷針」としての受け入れという側面がある。日本側の松本委員会案は

「軍」の存在を前提としており、いわゆるマッカーサー・ノート（一九四六年二月三日）の第二原則として戦争放棄が浮上してきたのであって、それに先行したマッカーサー・幣原会談でその構想を幣原首相の側から提案したという説も、十分に確認されてはいない。しかし、そういう経緯をこえて、日本国憲法の平和主義条項からは、「軍国日本」に対する徹底した反省と、加えて、人類史にとってのあるべきすがたの先どりという、客観的意味を読みとるべきである。

Ⅱ　解釈論上の問題

1　戦争放棄（九条一項）

七二　戦争放棄――全面的か限定的か　憲法九条一項の解釈としては、「戦争と、武力による威嚇又は武力の行使」を、なんらの限定なしに放棄したとする全面放棄説と、それらのうち特定種類のものだけを放棄したとする限定放棄説とが、大きく分かれる。

これら両説は、直接には、九条一項の「国際紛争を解決する手段としては……放棄する」という文言の理解をめぐって対立する。限定放棄説は、これまでの国際法上の用例（一九二八年不戦条約、一九四五年国連憲章）が、この言いまわしによってもっぱら侵略戦争を禁止しようとしてきたことを論拠としてあげ、憲法九条も、そのような従来の語法を前提として解釈すべきだとする。それに対し全面放棄説は、「国際紛争を解決する手段」としての戦争とそうでない戦争との区別は実際上はなはだ不明確であり、ほかならぬ大日本帝国自身、一連の戦争をつねに「自衛」の名においておこなってきたという事実、言葉それ自体をとってみればおよそ「国際紛争を解決する」ためでない戦争はないこと、もしなんらかの戦争が許されるとしたら憲法に規定されていなければならない事項（宣戦など）が一切ないこと、などを論拠としてあげる。

加害・被害の両面を含めた日本人の戦争体験をふまえ、「戦争の惨禍が起ることのないやう」決意して制定された日本国憲法が、「国際紛争を解決する手段として……」という文言の従来の意味に拘束されない理解をすることは、無理でないはずである。かえって、本条一項が、旧大日本帝国ですら不戦条約によって世界に約束していたはずの侵略戦争放棄という定式をくり返しただけと解することのほうが、背理というべきである。

九条一項解釈についてのこの対立は、しかし、一見するほど解釈論上決定的な意味を持つわけではない。九条一項解釈として戦争の限定放棄説をとる論者のうちでも、二項解釈として、戦力が全面的に放棄され、交戦権が否認されているという見解をとるものが少なくなく、そうすれば、九条二項を含めた解釈としては、結果的には、どんな戦争もできないことになるからである（後出75〜77の二項解釈を参照せよ）。

七三　「自衛権」の概念　九条一項についての限定放棄説は、自衛戦争が憲法上可能だとするのであり、その際、「自衛権」は国家固有のものとして当然に肯定されている――さらには、もともと放棄できない性質のものだ――ということを強調する。政府見解は、憲法審議のとき以来、論理的には、九条一項で戦争の限定放棄説をとるとともに二項ではいかなる「戦力」も禁止されている、という枠組をひきついでいるため、自衛隊法の合憲性の説明として、「戦力」概念とは別箇の「自衛力」という概念にたよっており（後出76参照）、それだけに、「国家固有の自衛権」の果たす役割が決定的である。

実は九条一項についての戦争全面放棄をとる論者も、その大部分は、「自衛権」を肯定し、但し、戦争や武力行使という形でのその現われ、また、戦力その他の実力手段によるその行使を否定する、という論法をとっている。そこでは、外交努力その他の平和的方法による「自衛権」行使が、想定されている。

しかしもともと、これまで「自衛権」とは、国際法上、「外国からの違法な侵害に対し、自国を防衛するため、緊急の必要がある場合、それに反撃するために武力を行使しうる権利」と解されてきた。実力行使を内容とする「自衛権」という従来の用語法をひきつぐ限り、それを憲法上みとめるならば、なんらかの実力によるその発動を憲法が承認していることになり、すべての実力行使を憲法が否定しているとする立場をとるならば、「自衛権」自体を憲法が否定している、と説明しなければならない。その際、自衛権は「国家固有」だからもともと放棄不能なもの、と説明されるのが一般的である。この主張は、個人の正当防衛権になぞらえてそのように説かれるが、近代立憲主義の立場に立つ解釈態度からすれば、「固有」の自明性を主張できるのは、人権主体としての個人だけであって、集合体としての国民も、それと同じものと説明される国家も、憲法によって明示的に与えられた権利・権能を持つにすぎないはずである。少なくとも、自衛権が「国家」に「固有」なものだという主張は、論証を要しないほど自明なものではない。そのような問題があるにしても、また、自衛権は自衛の名において武力行使を正当化する際に濫用されてきたにしても、武力行使を抑制させる論理ともなりうる。とりわけ、政府自身が集団的自衛権までは憲法は承認していないと説明してきた文脈では、重要な意味を持っていた。

集団的自衛という概念は国際連合憲章の準備過程で現行五一条に挿入された、新しい概念である。その要点は、自国が攻撃されていなくとも他国への攻撃に対して反撃することを国際法上みとめる、というところにあり、端的に表現すれば「他衛」のための武力行使をおこなうことである。従ってそれは、ある脈絡では干渉戦争を、ある脈絡では軍事同盟ブロック間の戦闘につながってゆく可能性が大きい。そうであるだけに、歴代内閣は、内閣法制局の見解に沿って、集団的自衛権は憲法違反であるという解釈をとり続けてきた（岸信介首相の一九六〇年四月二〇日国会答弁、田中角栄内閣の一九七二年一〇月一四日国会提出資料。その後安倍晋三内閣の二〇一四年七月一日閣議決定による解釈変更については後出148頁）。

七四　「戦争」「武力の行使」「武力による威嚇」　九条一項は、「戦争」「武力の行使」「武力による威嚇」をならべて規定し、この三者の規制につき特段の差異を設けていない。伝統的な国際法上の意味の戦争とは、宣戦または最後通牒（条件ないし期限つきの宣戦とみられる）によって開始され、全面的な敵対行為がおこなわれて、戦時国際法の適用を受けるようになった状態をいう。

そのような、形式的標識に着目した「戦争」概念は、近代国際法の「戦争自由」の原則を前提にしていたが、戦争の制限ないし禁止のルール（不戦条約など）が登場してくると、そのルールを免かれるために、宣戦も戦時中立法規の発動もない全面的な敵対行為を、それをしようとする戦争意思をもって遂行する、事実上の戦争行為がおこなわれるようになった（「満洲事変」や「支那事変」）。このような教訓をふまえて、第二次大戦後の国際法は、「戦争」観念を条約法規上あえて使わず、「武力の行使」「武力による威嚇」を一括して問題とするようになったのである（国連憲章は、歴史叙述以外には「戦争」という表現を使っていない）。

2　戦力の不保持と交戦権の否認（九条二項）

七五　戦力不保持——全面的か限定的か　九条二項前段についても、「陸海空軍その他の戦力」をすべて保持しないものと解する全面不保持説に対し、侵略戦争をおこなう戦力のみを保持しないものと解する限定不保持説がある。限定不保持説は、九条一項を侵略戦争のみの放棄と解したうえで、「前項の目的を達するため」には、侵略のための戦力を保持しなければ足りる、と考える。それに対し、一項についての全面放棄説は、当然に、二項での全面不保持説につながる。一項で限定放棄説をとってもなお、本気でそのような「前項の目的を達する」ことを考えるならば、名目のいかんを問わずおよそ戦力を否認する全面不保持説が導かれるだろう。

七六　「戦力」の概念　「戦力」とは、軍備または軍隊であり、外敵との戦闘を主要目的として設けられた、人的および物的手段の組織体のことである。この点で、戦力は、国内治安の維持を本来の目的として設けられた警察力と区別される。政府見解によれば、しかし、「戦力」とは、自衛のための必要相当限度（ないし必要最小限度）を越える実力をいう、とされている。こうして、政府見解は、九条二項の解釈としては戦力全面不保持説を維持しながら、右に定義した意味での「戦力」に達しない限度での実力を「自衛力」（または「防衛力」）と呼び、それを、国家固有のものとされる「自衛権」によって根拠づける、という構造となってきた（「自衛権」概念について前出**73**）。

「保持しない」とされる戦力は、日本国が指揮管理権を持つものに限らず、条約など日本国の意思に基づき駐在している外国軍隊についても、それをみとめた「政府の行為」（前文）の憲法適合性が問題とされなければならない。

七七　「交戦権」　九条二項後段については、否認されている「交戦権」について、戦争をおこなう権利そのもの（jus ad bellum）と解する説と、交戦国が戦時国際法上持つ諸権利（jus in bello）と解する説がある。

戦争をおこなう権利といっても、その内容は、国際法の戦争観に応じて変わり、国連憲章のもとでは、制裁（同四二条）または自衛（同五一条）のための武力行使しかみとめられていない。交戦国として持つ諸権利としては、交戦国相互間に適用される交戦法規上のもの（敵の兵力を殺傷破壊し、敵国領土を攻撃・占領する権利など）と、交戦国が中立国との関係で持つもの（戦時禁制品を相手交戦国に輸送する中立国の船舶に一定の措置をとる権利など）がある。

戦争の限定放棄と戦力の限定不保持を九条から読みとる見解にせよ、戦力を全面不保持としながらも「自衛力」の発動をみとめる見解にせよ、交戦権否認条項は文言上無限定的であるから、「交戦権」の意味として右のどちらの理解をする場合でも、不都合な実際上の結果が生ずることになる（政府見解は、「交戦権」として戦時国際法上の諸権利を考えてきた）。

それに対し、九条の一項と二項前段を含めて結論的に戦争の全面放棄と戦力の全面不保持を読みとる見解にとっては、「交戦権」の意味としてどちらの理解を採用しても、整合的なものとなる。二項後段の規定の固有の意味をより生かすには、交戦国のもつ諸権利としてとらえた方がよいであろう。

3　第九条問題についての裁判所の判断例

七八　最高裁の実質判断はまだない　警察予備隊令（一九五〇年）、保安庁法（五二年）、自衛隊法（五四年）によってすすめられてきた日本の軍備、および、日米安全保障条約（一九五一年成立——六〇年に重要改定）に基づくアメリカ軍への基地提供と軍事協力については、その憲法適合性が争われてきた。何度か裁判所の判断も求められ、いくつか下級審の判断も出ているが、最高裁がこの点につき実質判断を公にしたことはまだない。

警察予備隊の設置と維持に関する一切の行為の無効確認を求めた訴に対し、最高裁は、抽象的違憲審査の権限を持たないことを理由として、実質判断に入ることなく訴を却下した（最大判一九五二〔昭27〕・一〇・八）。

日米安全保障条約に基づく行政協定に伴なう刑事特別法違反という具体的な刑事事件（砂川事件）の中で、米軍駐留を違憲とする一審判決（東京地判一九五九〔昭34〕・三・三〇）に対する飛躍上告をうけた最高裁は、憲法が保持を禁じている戦力は「わが国がその主体となってこれに指揮権、管理権を行使し得る戦力」をいうとする解釈を示すとともに、他方で、安保条約のように「主権国としてのわが国の存立の基礎に極めて重大な関係をもつ高度の政治性を有する」国家行為は「一見極めて明白に違憲無効であると認められない限り」「司法審査権の範囲外」にあるから、「違憲なりや否やの法的判断」は「終局的には主権を有する国民の政治的批判に委ねられる」（最大判一九五九〔昭34〕・一二・一六）とした（いわゆる統治行為論の論点につき、後出**254**）。

その後、自衛隊法については、刑事事件である恵庭事件（札幌地判一九六七〔昭42〕・三・二九）で、演習用通信線を切断した被告人の行為が同法一二一条の犯罪構成要件に該当しないから無罪だとし、そうである以上、「憲法問題に関し、なんらの判断をおこなう必要がないのみならず、これをおこなうべきでない」とした（憲法判断回避の論点につき、後出**257**）。

ミサイル基地整備強化のためにした農林大臣の保安林指定解除処分の取消を求めた行政訴訟（長沼事件）で、第一審判決（札幌地判一九七三〔昭48〕・九・七）は、自衛隊違憲の判断を裁判所としてはじめて示したが、最高裁（最判一九八二〔昭57〕・九・九）は、原告らに訴の利益なしとした控訴審判決を支持した（違憲審査の際の訴の利益の論点につき、後出251）。

基地の土地所有権の問題をめぐる民事事件（百里基地事件）で最高裁（最判一九八九〔平1〕・六・二〇）は、国の私人としての行為は直接に違憲審査の対象とならず、民法九〇条違反かどうかを問題にする場合にも、憲法条項がそのまま同条にいう「公序良俗」の内容となるのではなく「社会の一般的観念」による、という判断枠組を示した（憲法条項と私人間関係については、後出104以下）。

4 平和的生存権

七九 平和的生存権の意義と法的権利性 日本国憲法は、「全世界の国民が、ひとしく恐怖と欠乏から免かれ、平和のうちに生存する権利を有すること」を「確認」している（前文二項）。この「確認」がもつ意味は、二つの場面で問題となる。

第一に、人権発展史の流れを、「恐怖から免かれる」権利＝自由権、「欠乏から免かれる」権利＝社会権から「平和のうちに生存する権利」への展開として受けとめ、先行して実定化された自由と生存への権利も、平和が確保されてこそはじめて享受されるものとなることを、明らかにしたと読みとることができる。自由権が一九世紀の立憲主義によって実定化され、社会権が二〇世紀に入って多かれ少なかれその跡を追ったとすれば、日本国憲法が平和的生存権の理念を掲げたことは、いわば二一世紀的人権の先どりとしての法思想史上の意味を持つ。

第二は、憲法九条の平和主義条項を、国家の政策選択のひとつとしてだけでなく、人権価値によって裏づけるということである。

その際、憲法九条の解釈にあたって、前文で言及されている平和的生存権の観念が重要な指針とされるべきことは、広く承認されている（もっとも、九条の非武装平和主義を徹底させる文脈で通常は援用される平和的生存権を、「国家固有の権能」として実力手段による「必要な措置」をとる根拠として援用する判決もある〔最大判一九五九（昭34）・一二・一六〕）。

それに対し、この権利が、裁判の場面で争われるまでの法的権利性を持つかどうかについては、見解が分かれる。一般に「前文の裁判規範性」という形で論ぜられている問題は、実は、「およそ前文だから」というより、それぞれの規定内容の特定性・具体性に照らして議論されるべきである〔前出33〕が、平和的生存権については、まさにその点が争われている。

八〇 裁判所の判断例 裁判所の判断例として平和的生存権に積極的に言及したのは、長沼事件第一審判決であり、平和的生存権論を九条解釈の基礎にすえるだけでなく、憲法訴訟の運用上きめ手の意味を持つものとして位置づけた。この判決は、第一に、原告らのこの権利が争われていることを、他の請求原因の検討に先立ってまず憲法判断をしたことの理由としてあげ、第二に、原告らの訴の利益を肯定する根拠としても、この権利を援用した〔札幌地判一九七三（昭48）・九・七〕。かように、平和的生存権の裁判規範性といっても、もっぱらこの権利を理由として国の一定の政策遂行の義務づけを求めるというふうな、「まるごと」の単純な場合でのことには限らないのであり、長沼事件第一審判決のような具体的な文脈の中で平和的生存権の裁判規範性を論ずることは、実定法解釈の問題として生産的といえるはずである（控訴審判決は、「裁判規範としてなんら現実的個別的内容をもつものとして具体化されているものではない」〔札幌高判一九七六〔昭51〕・八・五〕とし、上告審判決は、控訴審判決の結論を支持して上告を棄却したが、この論点には触れていない〔最判一九八二〔昭57〕・九・九〕）。

〔問題状況〕

日本国憲法の平和主義については、それを、少なくともフランス革命憲法史まで遡る国際協調主義の系譜の中に位置づけ、その普遍性を明らかにすることが重要であると同時に、そのような流れの中で、およそ「暴力（ことばの広い意味での）によってまもられる平和」という考え方自体を否定する点で、断絶の関係にもあることを、忘れてはならない。木庭顕『憲法9条へのカタバシス』（特に序および1、みすず書房、二〇一八）は、憲法九条をめぐる論者たちの言説をとりあげ、ローマ法学と古典古代思想を論拠としつつ、九条が「あらためて正当化される」可能性の論理を示す。そこでは、横田喜三郎『戦争の放棄』（国立書院、一九四七）から現在第一線の諸分野にまたがる研究者の論議を腑分けする論理が、ローマ法の占有原理を鍵として展開される。

国際連合憲章の「共同の利益の場合を除く外武力を用いない」（前文）という言いまわしには、国連そのものが、憲章の署名国の敵に対する武力の勝利によって回復される平和を維持するものとして構想されたことを、反映している。そのような国際連合の基本的態度と、非武装平和を掲げた日本国憲法との間には、断絶がある。日本が「国連中心主義」を唱えるとき、どのような国連をあるべき国連の理念としてとらえるかを見定めることが、問われる。

国連との関係の問題にもどっていえば、「湾岸戦争」（一九九一）を背景として「国連協力」の必要が声高に叫ばれる中で、「国際連合平和維持活動等に対する協力に関する法律」（ＰＫＯ法）が、曲折を経た末、一九九二年七月成立した。平和維持活動（Peace Keeping Operation）は、国連憲章上の直接の根拠によることなく、国連の慣行上、成立してきた。ＰＫＯ法の制定をめぐっては、協力する主体の問題として、自衛隊の海外派遣をめぐる論点があらためて議論され、同時に、協力の対象として、どこまでが憲法上可能なのかが問題とされ、そのような事態を反映して、同法は、「政府は、この法律の施行後三年を経過した場合において、この法律の実施の在り方について見直しを行うものとする」（附則三条）としたが、その「見直し」がおこなわれていると言えないまま、この法律に基づいて、カンボジア（一九九二）を皮切りに、自衛隊が部隊として諸方に派遣された。

二〇〇三年以降のイラクへの自衛隊派遣は、国連の承認を得ないでおこなわれた「有志連合」の一環としてのものであり、そうであっただけに、世論の少なくない反対の中で実施された。その根拠となったのは、二〇〇三年に四年間の時限立法として制定された、「イラクにおける人道復興支援及び安全確保支援活動の実施に関する特別措置法」であり、同法と同時に「武力攻撃事態等における我が国の平和と独立並びに国及び国民の安全の確保に関する法律」が制定され、「武力攻撃事態」およびその「予測事態」における地方自治体の「責務」と国民の「協力」が条文化された。

その後あらためて、憲法九条の従前の政府解釈との整合性が問われる状況が生じた。もともと政府は、九条二項解釈として「自衛のための戦力は許される」という立場をとるのではなく、「自衛権」という前提から「自衛権の裏付けである自衛力」という概念をひき出すことによって自衛隊の合憲性を説明する際、一貫して「集団的自衛権」の行使は違憲としてきた（前出73）。その中で政府は二〇一四年七月一日、集団的自衛権行使を可能とする閣議決定をし、翌一五年四月、米国議会での首相演説で早期法制化をのべた上で、五月一五日、膨大な数にのぼる関連諸条文を二本の法案として国会に提出した。前年七月の閣議決定から国会での法案審議の過程を含め、市民活動による反対運動が全国的に広がる中で、「平和安全法制」という略称で提出された法案は、九月一九日参議院で強行採決されて法律となった。「我が国及び国際社会の平和及び安全の確保に資するための自衛隊法等の一部を改正する法律案」（法七六号として成立）と「国際平和共同対処事態に際して我が国が実施する諸外国の軍隊等に対する協力支援活動等に関する法律案」（法七七号として成立）であり、前者は自衛隊法「等」一〇本の法律の改正を含む。その間、法案の実質内容への批判と弁明のほかにも、重要な議論が誘発され、長期にわたって歴代政府が踏襲してきた憲法九条解釈を変更することへの異論、少なくとも疑義が憲法学者をはじめとする法学者や法律家——複数の内閣法制局長官経験者や元最高裁判事、さらには元最高裁長官を含む——によって表明された。とりわけ、これまでの政府解釈の基礎をつくってきた内閣法制局の、法論理の立場に立った政府のご意見番としての役割をどう考えるか、また、集団的自衛権行使を違憲とする政府解釈は長期にわたって日本国の外交・内政の前提となってきたが、それを憲法改正の方法によらず解釈の変更によって転換することは法的安定性を損なわないか、などである。これらの論点をめぐって、権力への制限を本質とする立憲主義という原則の意義が、政治の場や論壇であらためて意識された。

憲法九条をめぐっては、特に、深瀬忠一の法廷実践と研究が、戦後憲法学史の中で際立っている。『恵庭裁判における平和憲法の弁証』（日本評論社、一九六七）は特別弁護人として刑事裁判に加わった四年間の記録、『長沼裁判における憲法の軍縮平和主義』（同前、一九七五）は「訴訟当事者および裁判所から」「一定の距離を置きつつ」裁判の経過を追った論究であり、『戦争放棄と平和的生存権』（岩波書店、一九八七）は、人類の思想史と歴史体験を背景に置いて平和主義条項の規範性と軍事化の現実を問題にする。小林直樹『平和憲法と共生六十年――憲法第九条の総合的研究に向けて』（慈学社、二〇〇六）は著者多年の研究を総括し、山内敏弘『「安全保障」体制と改憲を問う』（法律文化社、二〇一五）、水島朝穂『平和の憲法政策論』（日本評論社、二〇一七）は、二〇一二年以降急展開した状況を批判的に点検する。

戦後日本の改憲問題をめぐる議論は、憲法九条の扱い方を主要な争点として意識しつつ、おこなわれてきた。しかし実は改憲問題の根底には、「人類普遍」のものとして憲法が掲げる近代立憲主義の原理そのものを、西欧文化からの「おしつけ」として拒否しようとする流れ（「海外各国ノ成法」対「建国ノ体」の対立の現代版）が横たわっている。その点をふまえる視点を前提にして、特に、支配層の内部での改憲論をめぐる対立の意味を分析しようとするものとして、渡辺治『日本国憲法「改正」史』（日本評論社、一九八七）。この視点は、一方で日本の「国がら」や「民族のアイデンティテイ」を強調しつつ他方で「国際協力」の名のもとに軍事化と権威主義化をすすめようとする方向が強まってきているだけに、重要である。

その後、日本国憲法の全面的な「改正」案が自由民主党により五十数回の会議（案に添えて広報された〈Q＆A〉による）を経て決定されている（二〇一二年四月二七日付）。

草案は現行憲法の前文を全部、あたらしい前文によってさしかえ、そのことを〈Q＆A〉は説明して、「天賦人権説に基づく［現行の］規定振りを全面的に見直し」たからだとのべる。実際、「人類普遍の原理」（現行）への言及は削られ、草案前文は、「日本国」の「長い歴史と固有の文化」から始まり、憲法制定の目的として「良き伝統」の「継承」を説くことで結ばれる。その前文の中に、他方では、「活力ある経済活動を通じて国を成長させる」ことが書き込まれている。一方の「国と郷土」「和」「家族」の「助け合い」という「良き伝統」はかつて個人の自由な生き方に対する制約の重要な要素でありえたが、いずれにせよ、他方の「活力ある経済活動」は「成長」第一主義と結びつくことによって、そのような「良き伝統」をも破壊する要因となりうるだろう。一見して両立しがたく見える二つの要素は、経済成長至上主義によって生まれてくるだろう社会の亀裂を、〝古きよきもの〟への郷愁によって癒やすという関係に立つことが予想される。

草案本文では、現行一三条の「すべて国民は、個人として尊重される」という条文の「個人」が、「人」に変えられる。近代憲法の掲げる「人」権という考え方の前提として思想史の上で別格の重みを持つ「個人」を、単なる「人」に変えることは、草案の基本性格を端的に象徴している。二〇条（信教の自由）、二一条（表現の自由）には、自由保障という原則の効果を打ち消す可能性を示す新項ないし文言が書き込まれる一方、二二条一項（職業の自由）は「公共の福祉」の制約から解放され、二九条二項（財産権）の「公共の福祉」は「公益及び公の秩序」に取り替えられる。九条の改正によって自衛隊を「国防軍」に変えることはもとより改正案の眼目であるが、その国防軍が近代立憲主義の根本を否定する思想によって書き換えられた憲法の中に据えられるのだ、という脈絡こそが重大である。

なお、二〇一二年四月の自民党草案は党として正式に決定され広報されていたにもかかわらず、同年一二月政権についた同党は、もっぱら現行条文に手をふれることなく文言を加える「九条加憲」を柱とする改憲案を説いている。多分に政局政治的な思惑に基づく気配の濃いその種の案にここでは言及しないが、それについては、浦田一郎『自衛隊加憲論の展開と構造』（日本評論社、二〇一九）で、批判的な立場に立つ著者があえて主題についての「憲法学的分析」を試みている。

第三節　人権の原理

I　人権の思想史と実定法

1　「基本的人権」と「臣民権利」

八一　日本国憲法と帝国憲法の対照　憲法は、第三章「国民の権利及び義務」の標題のもとに一〇条から四〇条までの比較的くわしい条項を置きつつ憲法上の権利につき「基本的人権」という言葉を使い、「侵すことのできない永久の権利」とのべる（一一条、九七条）。帝国憲法第二章が「臣民権利義務」と題し、天皇が「我カ臣民ノ権利及財産ノ安全ヲ貴重シ及之ヲ保護」するという建前のものであったのと、対照的である。

そのうえ、帝国憲法のもとでその施行と時を同じくして出された教育勅語（一八九〇）が、日本社会の精神生活における徳目を公定するという意味を持っていた。この勅語には大臣の副署がなく、そこからは、法と道徳の分離という近代的意味を読みとることができる（前出60-61頁）が、結果としてはかえって、この勅語が天皇自身の声として一切の批判を許さないものとなってゆく可能性を、暗示していた。この点でも、「教育勅語等排除に関する決議」（一九四八〔昭23〕・六・一九衆議院）、「教育勅語等の失効確認に関する決議」（一九四八〔昭23〕・六・二〇参議院）は、勅語でのべられている個々の徳目への評価という問題とは別に、公権力による道徳の公定という原則をあらためて否定するものとして、重要であった（そのような意味で、勅語の効力は、憲法の「条規に反する……詔勅」として「その効力を有しない」（九八条一項）ものとなっていたと見るべきである）。

2　近代憲法の権利保障体系――その系譜と屈折

八二　「人権」概念成立の前提――国家と個人の二極構造　いま広く使いならわされている「人権」という言葉は、人間解放を願いとした有史以来の人類社会のいとなみを背景に持っている。しかし、そのような願いが、人権＝人一般の権利として定式化され、さらに、なんらかの形で実定法化されるようになったのは、西欧近代社会が、身分制から個人を解放し、人一般というものを成立させたからであった。近代立憲主義の背景に中世封建制下の権力制限の伝統があったことは、歴史的事実としてたしかに重要であった。だからといって、近代立憲主義の人権と、中世立憲主義の身分制に基づく権利との間に、論理的な断絶があることを見すごしてはならない。日本国憲法に即して言えば、「すべて国民は、個人として尊重される」（一三条前段）という規定が、人権という観念を支える要め石の意味を持つ（前出16）。

一方で身分制的な多元的権力構造を克服した集権的国家と、他方で身分制的拘束から解放された諸個人が向かい合う二極構造を典型的にえがき出したのは、フランス革命であった。しかしフランスに先立ってイギリスでも、ホッブズがすでに、個人の意思によってつくられた国家としてのリヴァイアサンをえがき出し、ついでロックが、個人の「プロパティ」を鍵概念として、イギリスの近代憲法体制の説明を用意していた（前出14）。ここでは、身分制的自由——従って中間団体を担い手とする自由——を援用する権利章典のもとで、しかし実は、個人（プロパティとしての人権）と集権的な近代国民国家（国会主権）の対極構造が実定法の構造となって、一九世紀にできあがる（ウエストミンスター・モデル。但し後出396頁）。

それに対し、イギリスといわば逆むきの屈折を見せているのが、アメリカ合衆国であった。一七七六年独立宣言は、ロックの論理をそのままにうたいあげているが、一七八八年合衆国憲法のもとでの実定法の構造は、ウエストミンスター集権モデルとは反対に、権利章典の共和制版とでもいえる多元モデルとなっていったからである（前出15）。

八三　人権の実定法上の構成——結社の位置

このように、人権の思想史にとって、個人と国家（＝政治権力）と中間団体（＝社会的権力）の三者の関係が何より重要な意味を持つとすれば、人権の実定法上の構成の中で、結社がどのような位置を与えられているかに、注目する必要がある。

市民革命期の人権カタログを見ると、一七八九年人権宣言にも、一七九一年のアメリカ合衆国憲法修正一〇カ条にも、結社の自由は書きこまれていない。徹底的な中間団体解体の路線をかかげたフランス革命にとっては、結社の自由ではなくて、結社からの個人の解放こそが課題であった。身分制から解き放たれた個人が最初からあった新大陸でも、「ファクションの弊害とその匡正策」（『ザ・フェデラリスト』第一〇篇のタイトル）は、強く意識されていた。近代市民革命が個人（人権の主体）と集権的国家（主権の担い手）の二極構造をつくり出すために、結社の自由でなくて結社からの自由こそが、追求されたのであった（前出20）。

それゆえ、一九世紀以降の立憲主義が結社を容認するときには、あらためて、なんらかの説明が必要となってくる。ミルの『自由論』（前出17）は、「結合の自由」を、個人の「意識の自由」「嗜好と追求の自由」の帰結として説明した。アメリカ合衆国では、結社の自由が修正一条の言論の自由の中に含まれるものとして理解されるようになった。それに対し、フランスの一九七一年憲法院判決は、人権宣言のなんらかの条項の拡大解釈や類推によってではなく、一九〇一年の結社の自由法（議会制定法）に「共和国の諸法律によって承認された基本的諸原理」として憲法規範性を与えるという仕方で、結社の自由に憲法価値をみとめることとなった。アメリカとフランスの、かような定式化の違いは、それ自体、同じく結社の自由を憲法上の存在とするときにも、背景にあった反結社主義の度合の違いを反映している。

アメリカではさらに、諸個人の意思の所産としての結社と全体社会としての国家の中間に、独自の価値を持つ「共同体」（言語、人種、宗教、広義のエスニシティ、歴史的体験の共有などのマイノリティ集団）を積極的に位置づけるコミュニタリアニズムが説かれているが、それについては、フランスほど反結社主義が徹底しなかったという背景と、そうでありえたこと自体、個人を圧迫する身分制的集団の不存在のゆえであったという事情に、注意する必要がある（前出21）。

かように、市民革命期のフランスとアメリカで、その反結社＝個人主義に程度の差があるとすれば、集権的国家を後追いに形成しようとしたドイツで、C・シュミットが「フランス革命の偉大さ」に執着したことには、十分な理由があった（前出20）。第三帝国という形で集権国家を実現したとき、それは、伝統的中間団体を「均質化」によって分解する反結社＝反個人主義となった。大日本帝国はといえば、天皇制を頂く集権国家が、伝統的中間団体（特に「家」）をもその下請けとして動員する、中間団体依存型＝反個人主義だったのである。

このように、市民革命期の立憲主義がいったん反結社主義を経過することによって、人一般＝個人の権利としての人権が確立する、という逆接続の脈絡は重要な意味を持つ。それに対し、開国以後の日本が受容しようとしたのは一九世紀型近代であり、本場ではこの段階でようやく広く承認される法人の社会的許容性が、近代社会にとってははじめから順接続的なものとして位置づけられた。法人と個人との緊張関係についての認識を消化する必要なしに整備されたのが、日本の会社法制であった。さらに、二〇世紀に入ってワイマール憲法型の積極的な集団観は、これまた、反結社型個人主義という歴史的な経過点への関心が薄いままで、容易に迎えいれられた。戦後民主主義の高揚期にも、その状況はより強くくり返された。

そうした中で、あらためて結社の自由と結社からの自由という問題関心を結節点として、日本国憲法下の人権解釈論のさまざまな問題を位置づけてみることは、ひとつの観点からの人権総論としての意味を持つはずである（本節の後出Ⅱ）。

八四　社会的権力の位置づけ　結社敵視型の自由主義を徹底させたところでは、個人を抑圧する社会的権力の存在自体が論理上否定されるから、個人対国家という法的思考の枠組の中に憲法上の権利の私人間効力という問題自体が登場してこない。一九七〇年代に入ってなお、フランスの人権論の専門家が「私人間の人権保障」（後出104以下）という論題にふれて「いくらかの驚きをひき起したようだ」（J・リヴェロ）としていたが、そこで人権の私人間効力というテーマがとりあげられてこなかったのは、違憲審査という土俵で権利主張をおこなうという前提がなかったという法技術的要因のゆえというより、そのような問題が生ずる可能性そのものを論理の上で否定していたからであった。もうひとりの専門家が「公権力が人権を侵害してはならないとしたら〝ましてや〟私人はそれをしてはならぬ」（L・ファヴォルー）、という言い方をしているのは、そのことを反映している。それに対し、社会的権力の存在を正面からみとめたうえで、それに対する憲法上の制約として問題を考える際の法的技術が、アメリカ合衆国で発達した（例えば、私的施設による人種差別行為を、その施設へ補助金を出す state の行為と結びつけ、そこに憲法上の要請を適用する state action の法理）。

社会的権力からの自由の確保のために憲法上の権利の私人間効力を論ずるのと反対方向にあるのが、部分社会論（後出102）によって私人間の自由の問題への法の介入を遮蔽する、という定式である。地方議会、大学、宗教団体、弁護士会、政党などを「部分社会」としてとらえ、その内部での法的な争いを裁判所の審査から外そうとするこの議論は、政治的権力＝国家に対してそれら諸集団の自由を保障することとなるが、それと同時に、裁判所によって適用されるべきはずの憲法上のコントロールから免かれた社会的権力の権力性を強め、それら諸集団からの自由を求める方途をせまくする効果を持つ。

諸集団の利益が「法人の人権」という定式によって主張されることがある。それは、法人＝結社からの諸個人の解放によってこそ近代憲法の人権体系の基礎がきずかれたのだ、という基本認識と対立する。そのことは、精神的自由・経済的自由一般についてあてはまるが、とりわけ、「政治的行為をなす自由」を「自然人たる国民と同様」法人にもみとめる、という構成（後出98）については、参政権の性格のとらえ方ともかかわって、より尖鋭な形で問題となる。その際「内国の自然人と法人」というくくり方は、自然人としての個人を法人から解放することこそが問題だった、という憲法史上の重要な事実を忘れさせると同時に、自然人としての外国人が人権主体かどうかという問題の重要さをも、忘れさせることになりやすい。

八五　国家からの自由と国家による自由　国家からの自由としての結社の自由が成立する前に、その前提として、結社からの自由を国家による自由としていったん貫く必要があった。そのような、国家からの自由と国家による自由の対照図式は、さまざまの領域で、重要な問題素材を提供する。

経済的自由の領域では、国家からの・独占放任型自由と、国家による・反独占型自由の対抗という視点が、憲法史理解の上でも、また、現代型の反独占立法（独占禁止法制）の解釈に際しても、重要な示唆を与える（後出134）。

思想の自由の領域では、国家からの自由としての表現の自由を「優越的自由」として擁護しようとする見地と、国家による自由の実質的確保を肯定する見地とが対立する。国家による自由の実質的確保という場合、言論市場への参入をうながして思想の多元性を確保しようとする促進的な方向をとるもの（反論権やアクセス権、新聞の寡占状態を抑制し競争を確保しようとする法制など）と、自由の価値を否定する効果を持つ表現内容に対する禁圧的な方向をとるもの（差別的言論の禁止など）がある（後出130）。後者の方向が憲法秩序そのものの防衛にかかわって現われると、「自由の敵には自由を与えるな」という憲法忠誠の制度化となる（前出46）。寛容を本質とするデモクラシーといえども「不寛容に対してまで寛容ではない」（G・ラートブルフ、一九三四）、ということを制度化するこの立場に対し、一九三三年のナチス政権獲得を目の前にして「船が沈没してもなおその旗への忠実を守るべきである。自由の理念は破壊不可能なものであり、それは深く沈めば沈むほどやがていっそうの情熱をもって再生するであろうという希望のみを胸に抱えつつ、海底に沈み行くのである」（H・ケルゼン、一九三二）、とする立場からすれば、あくまでも

「国家からの自由」の枠組をゆるがすべきではない、ということになる。

八六　個人の権利かマイノリティ集団の権利か

結社の自由が承認されるとき、近代憲法の思考枠組の中では、あくまで、諸個人の結社する自由――それは、市民革命段階で結社からの自由がいったん貫徹されることを通して、はじめて成立したものだったが――のコロラリーとしてのことであった。それに対し、言語・宗教・人種・広義のエスニシティ・歴史的経験と記憶の共有、などの標識でとらえられる諸集団を、それ自体実体的なものとしてとらえ、それらの集団への帰属をきめ手として提出される権利主張がある（前出83）。特に、これらがマイノリティ集団としてこれまで不均等な取扱を受けてきたことを理由として一定の優先処遇をする制度（affirmative action）を、どのように位置づけるか（後出112）が問題となる。

集団そのものを権利主体としてみとめる立場に立つと、その制度は、もっぱら、平等を実現するものとしてとらえられる。それに対し、個人の権利としての人権を徹頭徹尾重視する見地からすれば、この制度があることによって不利をこうむったマジョリティ集団のメンバーが、個人として憲法上の平等をどこまで侵されなかったか、という形で問題が出される。また、この制度によって利益を受けたマイノリティ集団のメンバーについても、劣後者としてこの制度で救済されたというスティグマを刻印されたという意味で、個人としての平等を侵されていないか、という形で問題が出されることになる。

八七　人権概念の質的限定か量的拡張か

人一般の権利としての人権、という定式の持つ意味の重みを重視し、人権という呼び名を限定的に使うことによって「切札としての人権」を確保しようとする立場（「人権」概念の質的限定）と、人権の発展史をいわば素直に受けとって、人権を広義に解しようとする立場（「人権」概念の量的拡張）とがある（後出**92・93**）。civil rights→political rights→social rightsという発展を「人権」概念で包括的に理解する見地や、第一世代の人権（自由権）・第二世代の人権（社会権）・第三世代の人権（新しい人権）という類型化は、後者の立場に属する。

それに対し、前者は、さまざまの場面で、「人権」のいわば純化の方向を支持する。まず、「法人の人権」という定式化への疑問が出される（前出**83**、後出**98**）。マスメディアの報道の自由のように、それ自体としては積極的に評価されるべきものであっても、それを個人と同列において「人権」にまで高めてよいのか、が問題とされる。

労働基本権は人一般の権利＝人権でないという見方、人一般の国家からの自由にだけ「人権」という呼び名を留保し、国家の介入によって私人間で確保される自由を「公序」として定式化する見方、マイノリティ集団への帰属ゆえに承認される権利は人一般の権利＝人権と呼ぶべきでないという見方、などがあるだろう。一七八九年宣言のいう「人権」（hommeの権利）と「市民citoyenの権利」の区別をいまどこまで重視するか、という問題もある。参政権を人一般の権利でなく市民の権利として定式化したのは、それを軽く見たからでなく、「われわれはcitoyenとなってはじめてhommeとなる」（ルソー）という脈絡でのことであった。そのことの持つ意味を、いまの実定法理解に際してどれだけ重視するかが、問題となる（参政権について後出166）。

八八　統治機構論への射程　近代憲法史の出発点で結社からの自由を強調することによって個人が析出された、ということの重要性を確認することは、人権論の場面に限らず、統治機構論の場面でも小さくない意味を持つ。

近代的意味の「代表」は、身分や職能や地域や利益集団による媒介を否定して、諸個人の集合としての国民の意思を形成することにほかならなかった（後出179）。今日、代表の過程での政党の役割が事実上も法制上も承認されるようになってなお、政党による議員の拘束に憲法上の限界があるとする考えが維持されるのも、そのためである。

結社＝集団をどう位置づけるかは、遡って、前述した近代国家の二つのモデル（前出20以下）の選択にも反映する、重要な意味を持つ。

八九　権利限界論とのかかわり　結社の自由は市民革命期には近代立憲主義の成立によって克服されるべき対象だったのであり、近代憲法の確立期にはじめて近代的自由として承認されることとなった、という認識は、より一般論として、「自由」や「権利」の「限界」を問題にする議論（後出107・108）にひとつの視点を提供する。

「何でもできる自由」とでもいったものをまず想定し、「人は何でもしてよいわけではない」という論理によっていわば引き算をすることによって「自由の限界」の線を引くやり方がある（「脅迫する自由」を「公共の福祉」により制限するという論理で、脅迫罪規定の合憲性を説明するなど）。それに対し、それぞれの自由には、歴史的に規定された特定の内容がある、と考える見地からすると、「何でもできる自由」という抽象的な自由から出発するのではなく、それぞれの歴史的時点での自由の輪廓を画定してゆく、という手法がとられる（近代法の想定する経済的自由にとって人身売買契約を法的に保護するという内容は始めから含まれていない、とされるなど）。

〔問題状況〕

近代憲法の権利保障体系の系譜に関するイギリス史とアメリカ史それぞれの屈折は、一八世紀イギリスがこの点で見せていた両義性の中に、すでに反映していた。モンテスキュウ『法の精神（一七六二）』（野田良之・稲本洋之助ほか訳、岩波文庫、一九八九）の中の、有名だが頭をひねらせる点でも知られている一文（第一部第二篇第四章）がある。

――「イギリス人たちは自由を助長するために、彼らの君主制を構成していた中間的諸権力（puissances intermédiaires）のすべてを取り除いた。彼らがこの自由を保持する（conserver）のは確かに正しい。万一その自由を失うにいたるならば、彼らは地球上で最も奴隷的な民族の一つになるであろう」。

一八世紀前半のイギリスを同時代のフランスから見ると、モンテスキュウのいう「君主制」の不可欠の構成要素である中間的諸権力――その存在によってこそ、「君主制」は「専制政体」と区別されていた——をとり除くという危険をあえておかしていた。モンテスキュウは、そのことを指摘することによって、ルイ一五世の財務総監として売官制廃止などの改革をしようとしていたローを、「専制政治の最大の唱道者」「君主制を崩壊させる者」として非難したのだった。イギリスは、「地球上で最も奴隷的な民族の一つ」となる危険をおかしながらも、君主・貴族・人民への権力配分の上に成り立つ混合政体を成功させることによって、自由を「保持」することができた、ということになる。中間的諸権力を廃そうとする方向は、ロックからルソーへと展開するであろう。それによって危うくなる自由を混合政体によって保持しようとする方向は、その共和制版であるアメリカへとつながってゆくであろう。

権利保障が近代憲法の眼目そのものであったにもかかわらず、憲法学の伝統にとって、人権論の体系を論ずることは、どちらかといえば手薄であった。戦前の日本憲法学にとり依拠基準だったヨーロッパ大陸の憲法学にとっては、人権が憲法上の権利として裁判的方法で担保されるというシステムが一般化するのは第二次大戦直後から一九七〇年代にかけてのことであり、違憲審査を一九世紀はじめから経験してきたアメリカ合衆国では、体系的な憲法理論の提示そのものに、あまり熱意を示してこなかったからである。

違憲審査による権利保障を核心とする立憲主義と民主主義との緊張と相克を、近年のアメリカ合衆国での論議と日本の学説とを交錯させながらくわしく点検するものとして、阪口正二郎『立憲主義と民主主義』(日本評論社、二〇〇一)。

第二部　権利の保障

九〇　第二部の構成

近代的意味の憲法の内容である権利保障と権力分立という二つの要素のうち、まず、権利の保障をここでとりあげる。人権についての総論的考察（第一部第三章第三節）をうけて、日本国憲法第三章「国民の権利及び義務」の諸条項とそれらの運用が素材となる。憲法の運用というとき政治部門でのそれと裁判部門でのそれが問題となり、そのどちらを軽視することもできないが、違憲審査制が設けられているところでは、判例という形で示される裁判部門での運用が、とりわけ重要な意味を持つ。従って、憲法第六章「司法」に関する問題があわせ検討されなければならない（そのような意味で、権利保障のいわば実体法上の問題と、いわば手続法上の問題が、この本では、第二部と第三部第三章にまたがってとりあげられる）。

第二部では、まず、権利保障の総則的な諸問題（第一章第一―四節）をとりあげた上で、各論に入る（第二章第一―五節）。各論は、講学上の便宜を主眼とし、日本国憲法の法典編成、および、その背後にある諸権利の生成と制度化の歴史的背景を念頭に置いて、順序立てられている。実際には、例えば平等について、国家の妨害排除を本質とする系譜のもとで理解すると同時に、アファーマティヴ・アクションという国家の積極的措置の問題をとりあげるなど、権利類型論の論理性を重んじる立場からすれば、ことがらは交錯しているのである。「国家からの自由」の古典的な範型ともいうべき表現の自由に関連して、情報の受け手の「知る権利」に仕えるための情報公開制度の問題や、情報の送り手へのアクセスを可能にするための国家介入の問題をとりあげるのもそうであるし、「現代的権利」の典型である団結権の中に含まれる自由権的側面を重視すべきだという論点も、同様である。

〔問題状況〕

人権と身分的権利の違いについては前出**13**・**16**・**82**・**84**を、人権の広義と狭義という観点については前出**87**・**89**を、それぞれ参照。基本権という用語が人権という観念に対抗的に用いられることがあった点については後出**93**を見よ。なお、それとは別の文脈で、近年のヨーロッパ諸国およびEUで、国の立法権に上位する規範として実定法上定められた権利を指して「基本権」と呼ぶ語法が一般化している。その上位規範として、国内の最高法規としての憲法のほか、国内での法的効果を持つ国際規範（EU法、ヨーロッパ人権条約）がある。

第一章　権利の保障——総則的問題

第一節　諸権利の性格と権利類型論

I　諸権利の内容上の性格と保障方式

九一　憲法史の概観　それぞれの権利の性格をめぐる議論の際には、権利内容のいわば実体法上の性格の問題と、権利保障の方式といういわば手続法上の問題とが、密接に結びついてきている。

「からの自由」と「への自由」とが対比されることが多い。一八―一九世紀の段階では、国家からの自由と国家への関与（B・コンスタンの用語法で言うと、後者は古代ポリスへの参加を本質とした「古代人の諸自由」、前者は「近代人の諸自由」）の対比である。二〇世紀では、国家からの自由と国家の関与（社会権など）の対比が加わる。これらは、直接は、権利内容の性格に関する分類であるが、「からの自由」は裁判によって担保されるのに対し、それ以外の「権利」は訴求可能でないから本当の意味で権利とはいえない、と言われるときは、権利の保障方式の問題が交錯している。

国内実定法の諸分野で、一方が他方に作為・不作為を求めることを法によって正当とされるときにその一方が得る利益を権利と呼ぶ場合、その利益が裁判所によって確保されることが想定されている。しかし、憲法の領域では、近代法のあり方が始めからそうであったわけではない。

権利保障の方式としては、一般に、宣言的保障から裁判的保障への展開が見られる。それは、保障方式の整備という観点から見て、明らかに、権利保障の発展の方角に沿うものである。しかし同時に、憲法史のある段階で、裁判的保障でなく宣言的保障の方式がとられていたことの積極的意味をも、見失ってはならない。

人一般の権利としての人権という言い方は、自然権という存在様式を与えられることによって、実定憲法を越える正統性を主張するものとなったが、他方で、実定法上の権利保障方式の問題としては、憲法を基準とする・立法権からの・裁判による保障とは、必ずしも結びついてこなかった。人権宣言の母国フランスでは、ながい間、「一般意思の表明としての法律」への信頼（法律による行政権からの権利保障を確保するものとしての行政裁判所制度）が貫ぬかれてきた。もともと最高法規としての憲法を持たないイギリスで、やはり法律による行政権からの権利保障（司法裁判所による一元的管轄が「法の支配」の内容とされた）という実定法上の構造だったこととあわせて、これら両国が法律中心主義による権利保障体系を採ってきたことは、一九世紀段階の立憲主義モデルが議会中心主義であったことを示している。

他方で、「プロイセン人の権利」（一八五〇年憲法）という定式化から出発したドイツ型の実定法は、権利保障についての「法律の留保」という方式をとった。そこでは、「自由と財産」に対する行政による侵害には法律の根拠が必要とされたが、それは同時に、権利保障が憲法次元でなく法律次元にゆだねられることを意味した。これは、法律中心主義であるけれども、議会中心主義と結びついたものではなかった。ここでは、「人権」という定式化を、法的実質を伴なわない空疎なものとしてしりぞけ、公法上の請求権＝公権という法実証主義的構成が説かれた。国家に対する個人の地位を消極的・積極的・能動的・受動的に分類し、最後のものに対応して義務、前の三者に対応して「自由を侵害するすべての国家行為の否定を求める請求権」、「個人的利益のために国家の積極的給付を求める請求権」（これが「公法的請求権の中心」にあるとされる）、「それによって国家行為をおこなう許可を求める請求権」の三つの権利類型を設定したG・イェリネックの考え方は、そうした脈絡でのものであった。

どちらにしても、一九世紀段階の立憲主義にとっては、最高法規としての憲法に権利保障条項を置いた上で裁判的方法による違憲立法審査を制度化したアメリカ合衆国は、例外的であった。ここでは、連邦制構造のもとで、連邦立法権の権能は、憲法上与えられたものに限定される（修正一〇条）、とされていたことが重要であった。

第二次大戦後、とりわけ一九七〇年代以降「違憲審査制革命」が広がり、憲法上の権利の裁判的保障という枠組が多くの諸国で一般化する。加えて、二つの国際人権規約（「経済的、社会的及び文化的権利に関する国際規約」＝A規約と「市民的及び政治的権利に関する国際規約」＝B規約）を批准した国では、これらが、国内裁判所による権利保障のための準拠規範として用いられる可能性ができた。そのうえ、特にヨーロッパでは、ヨーロッパ人権条約に基づく人権裁判所（ストラスブール）、および、EU機構の裁判所（リュクサンブール）による統制が制度化され、国内に違憲審査制を持っている国についていえば、三重の裁判的統制が機能するようになっている。

II　権利類型論

九二　類型論の効果　このように、宣言的保障から裁判的保障（国際条約によるものを含めて）への展開の中で、権利類型論は、講学・教育上の実益が問題となるだけでなく、裁判上の訴求可能性の有無、さらに、裁判所による審査の際に考慮されるべき審査基準の強弱、をめぐる判定に一定の効果を及ぼすものとなってくる。権利の内容の問題として、権利の名のもとに多様なものが持ちこまれる（さまざまの「新らしい人権」）傾向は、そのこと自体、権利保障の前進を意味する側面と、「権利のインフレ化」を招いて古典的な人権の核心をぼやかすおそれとをあわせ持つ。他方、裁判による権利保障の方式が整備されてくると、その反面として、「まだそうなっていない」ものを、憲法論の対象からきり落してしまうことにつながる可能性もある。

議会中心主義の時代に、権利保障は何より、立法とそれを支援する啓蒙された世論によって推進されたのだったが、今日でも、裁判過程まかせにして人権の理念が全うされるわけではない。また、立法権を相手どった裁判上の訴求になじまないとされてきた権利主張が、次第に裁判所によって実現される権利へと成熟してきたということも、重要である。国内だけでなく、国際場面でも、そのことはあてはまる。人権の国際的保障が裁判的方式をも伴なうようになってくる傾向は、それ自体としてきわめて重要であるが、ひろい意味での国際的（international をこえた trans-national）な政治過程（非政府機関〔NGO〕によるものを含め）での活動が、権利保障の前進にとって枢要な意味を持ち続けている。

　そのような問題をも十分に考慮に入れた上で、権利類型論は論ぜられなければならない。

九三　日本国憲法のいう「基本的」「人権」　日本国憲法の文言に即していえば、第三章は「国民の権利及び義務」という標題を持つが、一一条と九七条では、「基本的人権」という用語が使われている。「人権」に対して「国民の権利」（例えば一九世紀ドイツ）、さらには「人権」に対し「基本権」（例えばかつての社会主義諸国）が、それぞれ対抗的な含意で言われることもあったが、日本国憲法は、そのような脈絡での用語法を採っているのではない。「基本的」ということの含意については、その実質内容の重要性に着目して「基本的」というのか、立法にも対抗することのできる規範性を備えているという点で「基本的」というのか、必ずしも明らかでないが、その両方と解して不都合はないであろう。

　第三章各条項が定める「国民の権利」のうちどの範囲のものを「基本的」「人権」と呼ぶかは、

限定的人権観をとるか拡張的人権観をとるか（前出87）によって変わることとなるが、立法以下の行為を規律する規範としていずれも憲法上の権利であるという点に関する限りでは、さしあたっての違いはない。しかし、同じく憲法上の権利とされたもの同士の間で調整がおこなわれる場面で、「人権」とされたものが切札として使われるときには、解釈論上の効果を持つこととなる。さらに、憲法一一条、九七条が憲法改正の内容を限定する規定としての意味を持つと考える立場に立てば、憲法改正作用によって法的に変更できると考えるかどうかという点で、違いをもたらすこととなる。

近現代憲法史の的確な理解をしやすくするという観点から、また、「切札としての人権」を確保しようとする見地から、人権概念の質的限定に理解を示しながらも、しかしそのことが、「人権」でないとされた憲法上の権利の意義を不当にひくめる効果に結びつかないように顧慮することが、適切であろう。

〔問題状況〕

イェリネックの公権類型論（訳書として『一般国家学（一九〇〇）』芦部信喜ほか訳〔学陽書房、一九七四〕三二九頁以下）をひきつぎながら、国法秩序に対する国民の関係として公権類型論を整理したのが、ケルゼンであった（『一般国家学（一九二五）』清宮四郎訳〔岩波書店、一九七一〕二四九頁以下）。一般的規範としての国法の定立（立法）と個別的規範の定立（判決）の違いを相対化する法段階理論の見地からすると、前者とのかかわりの場面で問題となる参政権と、後者とのかかわりの場面で問題となる裁判請求権の違いもまた相対化され、法秩序に対する国民の能動的関係の場面に包括されることになる。宮沢俊義『憲法Ⅱ』（有斐閣、新版一九七一）八八頁以下は、ケルゼンによって補われたドイツ公権論の類型論に拠っている。

「切札としての人権」という見地を強くおし出すべきことを主張する論客としてとりあげられる代表格が、ドゥオーキンである（後出**231**）。彼の主著のひとつの主要部分の邦訳として、『権利論（一九七七）』（木下毅・小林公・野坂泰司訳、木鐸社、一九九三）がある。

第二節　権利の主体

Ⅰ　国　民

九四　権利主体としての「国民」　憲法第三章は、「国民の権利及び義務」を定める。「基本的人権」（一一条、九七条）、「この憲法が……保障する自由及び権利」（一二条）、「生命、自由及び幸福追求に対する……権利」（一三条）などの言いまわしで憲法上の権利について包括的に言及するときにも、その享有主体は、つねに、「国民」とされている。近代国民国家の構造を前提とする近代憲法の権利保障体系にとって、「国民」たる諸個人がその享有主体とされることは、当然であった。但し、人一般の権利＝人権という理念からすると、「国民」でない「人」で主権国家の領域内に居るものをどう処遇するかという問題に、憲法が無関心ではありえない（外国人の権利の問題として後述**99**・**100**参照）。

九五　天皇と皇族　日本国を構成する人的要素でありながら、憲法第三章にいう「国民」に含まれるかどうか、天皇および皇族について問題となる。

旧憲法下で、天皇および皇族が憲法第二章にいう「臣民」に含まれないとされていたのに対し、日本国憲法の「国民」は「臣民」と違うことを強調する見地から、天皇・皇族も「国民」に含まれるとする見解がある。この積極説からすれば、天皇・皇族がさまざまの面で一般国民と違った取扱いを受けていることは、皇位の世襲制および天皇の職務の特殊性があるための例外として憲法上許容できるかどうか、問題となることとなる（多くの論者は現行皇室典範その他の法令による特別取扱いを合憲とするが、「男系の男子」に皇位継承者を限定する皇室典範一条を憲法一四条違反とする見解もある）。

しかし、この積極説は、天皇・皇族の特別取扱いを少なくすることと結びつきうるという利点を持つにしても、かえって、もともと人権の理念が君主等の特権に対抗して主張されたことの意味（君主は君主であることをやめて人一般となることなしには人権の主体でありえない）をあいまいにするはたらきを持つ。また、君主に「人権」があるのだとしたらあまりにも重大な、「人権」制約を容認する枠組を、みとめることとなる。天皇・皇族の特別取扱いを少なくするための主張は、天皇・皇族が憲法上の権利主体だからという理由ではなく、統治機構の制度が憲法上の公序の要請にどこまで合致しているかいないか、という観点からおこなわれるべきである。

九六　未成年者　人権発展史の過程では、高らかに「人」権をうたいながらも、その「人」＝homme は実は男性＝homme でしかなく、女性＝femme を排除してきたのではないか、が問題とされてきた。今日でも、「女子に対するあらゆる形態の差別の撤廃に関する条約」（一九八五年批准）に対応して国内法の整備が必要となったことにも現われているように、法律以下の規範、および、社会の現実からいえば、「人」権＝実は「男」権、という問題性は、解決ずみというには遠い。それにしてもしかし、女性の憲法上の権利主体性自身を否定する議論がいまではないのに対し、現在、問題とされるのは、未成年者の権利主体性である。

未成年者については、それが憲法上の権利主体としての「国民」に含まれること自体が否定されることはなかったものの、これまで、未成年者の権利の包括的な制限を、保護の論理によって簡単にみとめる傾向が支配的であった。学校内での表現の自由と憲法二一条の関係、髪型や服装などについての自己決定の自由と憲法一三条の関係などの場面で、未成年者の人格的自律の保障を原則的前提とした上で、保護の要請との調整をはかることが必要である。

巨視的に見ると、一方で、未成年者に人格をみとめようとしない伝統的な風潮の名ごりがあり、しかし、他方で、親の伝統的権威と家庭の教育機能の衰退に伴なって、かえって、「国親」(parens patriae) の親がわりの役割が社会的に期待されるという文脈があり、日本社会では、近代家族の自律の風土がとぼしいだけに、法的解決をせまられる事例がふえている。

「児童の権利に関する条約」(一九八九年一一月二〇日国連総会で採択、一九九四年批准——公定訳で「児童」とされているのは、「十八歳未満のすべての者」(一条) を指す) に象徴される、国際的な関心の高まりは、何よりも、第三世界の現状を反映して、戦争と貧困からの子どもの保護という要請にこたえようとするものであったが、「自己の意見を形成する能力のある児童」に「その児童に影響を及ぼすすべての事柄について自由に自己の見解を表明する権利」をみとめた条約一二条をはじめとして、未成年者の自律と自己決定を原則的建前とする見地が含まれていることは、日本国憲法の解釈運用にとって重要である。

九七　国籍　「国民」の要件を法律で定めるべきものとして国籍法律主義を規定した憲法一〇条は、第三章の冒頭に置かれているが、旧憲法第二章のやはり最初に置かれていた「臣民タルノ要件」条項（旧一八条）と違い、権利主体としての「国民」(people) だけでなく、天皇・皇族を含む日本国の人的構成要素としての「国民」(Japanese national) を指す。

国籍立法の理念として、国籍の得喪は個人の自由意思に基づくべきとする国籍自由の原則（国籍離脱の場面につき憲法二二条二項）と、無国籍・重国籍を避けたいとする国籍唯一の原則とがあげられるが、両者はしばしば矛盾する。

現行国籍法（一九五〇年制定、八四年改正）は、出生による国籍取得につき血統主義を採用し（同二条一、二項）、例外的に、出生地主義の要素をとりいれている（三項）。出生による以外の国籍取得としては、帰化（同四条以下）が重要である。

一九八四年改正以前の国籍法では、「出生時に父が日本国民であるとき」（旧二条一号）という条項の憲法適合性が問題となり、この条項を「……父又は母が日本国民であるとき」と合憲的に解釈すべきだという主張に対し、右条項は重国籍防止のために有用な技術的方法であること、簡易帰化制度があること、を理由として、「著しく不合理な差別であるとする非難を辛うじて回避し得るもの」とした裁判例があった（東京地判一九八一〔昭56〕・三・三〇）。この点は、法改正により立法的に解決され、両系主義が明確にされた（二条一号）。また、（旧）三条一項（二〇〇八年改正前）の規定が、日本国民である父から出生後認知された非嫡出子のうち、父母が法律上の婚姻をしていない者のみが日本国籍を取得できないという区別を生じさせており、憲法一四条一項に違反する、とした最高裁判決が出され（最大判二〇〇八〔平20〕・六・四）、当該規定は改正された。

国籍の喪失については、国籍法は、重国籍防止を優先させる見地から、喪失事由を定めている（同一一―一三条、一五―一六条）。国籍離脱の自由（憲法二二条二項）は、無国籍となる自由までを含むものでないとされている（国籍法一一条一項、一三条一項）。

Ⅱ　自然人と法人

九八　「法人の人権」　近代市民革命期の憲法が多かれ少なかれ反・結社主義の立場をとるものだったのに対し、今日、結社とりわけ法人格をみとめられた結社が、法的主体として現実生活の上で大きな役割をひきうけるようになっている。但し、「法人の人権」という定式化のもとで議論がおこなわれるときには、注意が必要である。

まず、憲法史上の認識の問題として、人権はもともと中間団体（ここでいう法人）からの個人の解放という意味をせおって登場してきたのだった、ということを忘れてはならない（前出**16**・

83、44頁以下）。今日の実定憲法解釈の問題としても、憲法一三条の第一文が「すべて国民は、個人として尊重される」としていることの意味を基本に据えた議論が必要である。法人の権利主体性が法律以下の法規範によって承認されていることと、法人が自然人＝個人と同じ意味で憲法上の権利の主体と考えてよいかということとは、別のことがらである。

判例は、「憲法第三章に定める国民の権利および義務の各条項は、性質上可能なかぎり、内国の法人にも適用されるものと解すべき」（最大判一九七〇〔昭45〕・六・二四〔八幡製鉄政治献金事件〕）としている。「性質上」とは何か、が問題となるが、本件では、「会社は、自然人たる国民と同様、国や政党の特定の政策を支持、推進しまたは反対するなどの政治的行為をなす自由を有する」とし、会社の政治献金を「憲法第三章に定める国民の権利」の行使として位置づけている。しかし、「政治的行為をなす自由」にかかわる思想・表現の自由や参政権は、本来、自然人＝個人のものであり、今日でも、自然人＝個人の憲法上の権利と「同様」の資格でそれと対抗的に法人が主張することはできないもの、と考えるべきである。

判例は、そう考えていないようである。表現の自由を制約する対抗原理となりうる「人格権」の主体として「被害者が個人である場合と、法人ないし権利能力のない社団、財団である場合」とで違いがないとした判決（最判一九八七〔昭62〕・四・二四〔サンケイ新聞意見広告事件〕）、キリスト教の信仰を持つ妻が亡夫の護国神社合祀により法的利益を侵されたという主張をしりぞける際に、訴訟当事者でない神社（宗教法人）の信教の自由を援用して、それに対する関係で妻（自然人）が「寛容」であれと説く判決（最大判一九八八〔昭63〕・六・一〔自衛官合祀事件〕）、などがある。表現の自由について報道機関の自由を強調することも、個人の自由を相対的に低く見る見地と結びつく傾向があることは、記者クラブ所属の報道機関の記者にだけ法廷でのメモ採取を許しても憲法一四条に反しない、とした判決（最大判一九八九〔平1〕・三・八〔レペタ訴訟〕）に現われている。

その後、税理士会による政治献金のための会員からの特別徴収を、会の目的の範囲外の行為だから無効とする最高裁判決が出た（最判一九九六〔平8〕・三・一九）。この判決は、税理士会が強制加入団体であることを重視して、株式会社の政治献金についての一九七〇年大法廷判決と違う結論を導き出した。それに対し、大規模な自然災害により被災した地域の司法書士会に復興支援の寄附をするため特別に負担金を徴収したことにつき、司法書士会が強制加入団体であることを考慮してもなお、可能とした判決がある（最判二〇〇二〔平14〕・四・二五）。上掲の七〇年判決と九六年判決の間に、労働組合に関して、特定の総選挙立候補者を支持して政党に献金することにつき、労働組合脱退の自由が事実上制約を受けていることを重く見て、資金の徴集が組合員個人の政治的自由を侵すとした判決がある（最判一九七五〔昭50〕・一一・二八）。

諸個人の人権を中心におく見地からすれば、巨大法人が大きな社会的役割を演ずるようになっている今日だからこそ、「法人の人権」ではなくて法人か
ら
の人権が問題とされる必要がある。人権の私人間効力という法的構成はそれに対する対応を可能にするはずのものであり、反対に、

部分社会論は、法人の内部への法の介入を抑止することによって、法人により多くの自由をみとめることとなる（諸個人にとっての結社する自由については後出124）。

Ⅲ　外国人

九九　外国人の権利主体性　憲法第三章の標題は「国民の権利及び義務」であり、各条項の書き方では、「国民は」と「何人も」とが使い分けられているようにも見えるが、そのような文言に決定的な意味を持たせるべきではない。判例も、「憲法第三章の諸規定による基本的人権の保障は、権利の性質上日本国民のみをその対象としていると解されるものを除き、わが国に在留する外国人に対しても等しく及ぶものと解すべきであ」る、としている（最大判一九七八〔昭53〕・一〇・四〔マクリーン事件〕）。

「権利の性質上」の考慮をどう解するかの場面では、個人の尊重（一三条）と国際協調主義（前文、九八条二項）を重視する一方で、国家＝国民主権の伝統的枠組に必要以上にこだわらない立場をとるべきである。右の判例は、「政治活動の自由についても、わが国の政治的意思決定又はその実施に影響を及ぼす活動等外国人の地位にかんがみこれを認めることが相当でないと解されるものを除き、その保障が及ぶ」としているが、人の表現活動はなんらかの程度で周囲に「影響を及ぼす」ところにこそ意味があることを考えれば、表現活動そのものを無意味にするようなものに限り表現の自由をみとめる、という結果となっては不当である。

社会権については、利益の享受主体として、限りのある資源分配の優先順位の上位に国民を置くことがみとめられるとしても、社会を現に構成している人びと（とりわけ租税を負担している人びと）を、生存の基本にかかわる領域に関してまで社会権の享有主体から排除することは、違憲の問題を生じうる。但し判例は、障害福祉年金の支給対象者から在留外国人を除外することは立法府の裁量の範囲に属する、としている（最判一九八九〔平1〕・三・二〔塩見訴訟〕）。

自由権や社会権については、それを外国人にみとめないことがどのような場合に違憲となりうるか、という文脈での問題であるが、参政権については、それを外国人にみとめることが国民主権の伝統的理解と牴触する、という意味で憲法問題が生ずる。近代国民国家の枠組を前提とする限り、国政についての選挙権・被選挙権を外国人にみとめることは国民主権原理と両立しがたいとしても、地域社会構成員としての性格に着目して、地方自治体の選挙につきそれらをみとめることは、一般的にいって、違憲の問題を生じないと解することができよう。在留外国人のうちでも永住者等であってその居住する地方公共団体と特別に緊密な関係を持つ者について、地方選挙の選挙権を与える立法措置を講ずることは憲法上禁止されていない、とした最高裁の判断がある（最判一九九五〔平7〕・二・二八）。

広義の参政権の中で公務就任権に関しては、現行法は、公権力の行使または国家意思形成の参画にたずさわる公務員については外国人は排除される、という考え方に基づいている。これについても、「公権力の行使……」を制限的に理解することによって、国民主権原理との調整をはかるという見地が必要である。公務職の種類によっては、問題を公務就任権という観点からでなく、職業選択の自由ないし平等というアプローチからとらえることが適切である。地方公務員の管理職選考試験につき、外国籍の職員の受験を拒否したことを、憲法一四条一項に反するとした高裁判決があった（東京高判一九九七〔平9〕・一一・二六）が、最高裁は、「公権力行使等地方公務員の職とこれに昇任するに必要な職務経験を積むために経るべき職」に関して、管理職への昇任を国民に限って可能とすることを、憲法に反しないとした（最大判二〇〇五〔平17〕・一・二六）。

一〇〇　外国人の出入国　国際法上、外国人の出入国は、原則として国家の自由な規律に任せられている。入国については、憲法は一般的には何も定めていないと解される（最大判一九五七〔昭32〕・六・一九）。出入国管理及び難民認定法は、上陸拒否事由を列挙し（五条一項）、法務大臣に広い裁量権を与えている（同一四号）。

外国人の入国に関連して、特に、庇護権が問題となる。国際慣習法上で問題とされる庇護権とは、本国で政治的迫害をうけている者に庇護を与えた国家がそのことによって国際法上の責任を問われないという意味での、国の権利である（いったん庇護を受けた者については、迫害の待つ国に送還してはならぬという、ノンルフルマンの原則がある）。他方、より広い範囲のものをカヴァーしうる「難民」を対象として、難民条約（一九五一年採択、日本は一九八一年に批准）が成立している。第二次大戦後、個人の亡命権ないし庇護請求権を憲法で定める例が出てきた（フランス一九四六年憲法前文、同一九五八年憲法五三条ノ一、イタリア憲法一〇条三項、とりわけドイツ基本法一六a条――但し、EU域外地域からの大量の難民が日常化する中で、これらの条項の効果は、EU諸国間での庇護申請非重複原則によって制約されている)。「全世界の国民」が「ひとしく恐怖……から免かれ」る「権利」を持つと定める日本国憲法前文は、出入国管理と難民認定にあたっての法務大臣の裁量を制約する可能性を、示唆する。

逃亡犯罪人引渡法(二条一号、二号)は政治犯罪不引渡原則を定める。政治犯不引渡が条約上の義務か慣習国際法上の義務かについては、見解が対立している(最判一九七六〔昭51〕・一・二六は、慣習国際法上の義務ではないという)。

外国人の出国については、外国移住の自由(二二条二項)は外国人にも保障されるという一般論をのべた判例がある(最大判一九五七〔昭32〕・一二・二五)。外国人の場合、出国の「自由」の実質は、実は再入国の自由があるかどうかによって左右される。この点について判例は、在留外国人は外国へ一時旅行する自由を憲法上保障されているものでない、としている(最判一九九二〔平4〕・一一・一六)。

〔問題状況〕

総司令部の憲法草案では、平等条項で〈All *natural persons* are equal before the law〉(一三条)

とのべ、また、特に、〈*Aliens* shall be entitled to the equal protection of law〉（一六条）とも規定していた。「法人の人権」に好意的で外国人の人権にそうでない憲法運用は、それと対照的な方向をむいていることになる。

「法人の人権」論は、ドイツ基本法一九条三項が「基本権は、その本質上内国法人に適用しうる限りにおいて、これにも適用される」とのべているのを、積極論の傍証としてひき合いに出すことが多い。しかし、この規定は、「法人の人権」が自明なことの証拠ではなく、自明でないからこそ憲法上の規定が必要であることの証拠というべきである。ドイツの場合でいえば、この規定があるからこそ、「最も重要な」「帰結」として、それらの団体が憲法異議を提起できるのだ、と説明されている（ヘッセ『ドイツ憲法の基本的特質』、初宿正典・赤坂幸一訳（成文堂、二〇〇六）一八七―一八八頁）。毛利透『民主政の規範理論――憲法パトリオティズムは可能か』（勁草書房、二〇〇二）は、ドイツ（と米国）の憲法状況に即した考察をふまえ、巨大法人の果たしている役割への日本の「自由主義者」の敏感さの欠如を問題にする。

「法人の人権」という定式を自明のように受け入れ、個人と集団とを一括的に国家からの自由の主体として位置づけ、基本権の私人間効力という枠組の中で個人に対する関係で場合によって優越させることにすらなる可能性に関して、後出**104**・**106**および196-198頁。法人――および団体一般――についての本書の基本的見方を批判的にとりあげるものとして、林知更『現代憲法学の位相――国家論・立憲主義・デモクラシー』（岩波書店、二〇一六）とりわけ第14章「憲法秩序における団体」。

第三節　憲法上の権利の妥当範囲

I　特別の法律関係

一〇一　特別権力関係　国家との関係で私人が持つ権利について、特別の法律関係にはそれが及ばないとされる問題場面と、私人間の関係にもそれが及ぶとされる問題場面がある。後者を憲法上の権利の私人間関係の問題としてつぎにとりあげ（104以下）、前者をここでとりあげる。

一般権力関係と違う「特別権力関係」という観念によって、一般の国民ならば持つ権利を法律によらずに制限できるとする考え方は、国会を「唯一の立法機関」とし、その国会の制定する法律に対する違憲審査の制度を設けた日本国憲法のもとでは、維持することができない。実際上も、公務員や国公立大学の学生や在監者についての権利の制約の問題を、「特別権力関係」という包括的な類型でひとくくりにしてとりあげるのは、適切でない。最高裁も、従来なら典型的な特別権力関係として扱われてよいはずの在監者の権利への制約の問題について、この観念を使っていない（最大判一九八三〔昭58〕・六・二二〔よど号ハイジャック新聞記事抹消事件〕）。

一〇二　部分社会論　国公立大学の学生に対する単位認定行為は司法審査の対象とならないと

のべる文脈で、「大学は国公立であると私立であるとを問わず……自律的、包括的な権能を有し、一般市民社会とは異なる特殊な部分社会を形成している」ことを指摘する最高裁判決（最判一九七七〔昭52〕・三・一五〔富山大学単位不認定事件〕）がある。この判決は、その部分社会論を説くにあたって、村議会の議員に対する出席停止処分が司法審査の対象とならないとした先例（最大判一九六〇〔昭35〕・一〇・一九）をあげている。ほかに、党員に対する政党の処分について裁判所の審査に限界があるとした判決（最判一九八八〔昭63〕・一二・二〇）も、この系列に属する。

部分社会論は、特別権力関係論とは違って、社会の自主的秩序の重視ということを標榜しているのであるが、その裏がえしとして、社会的権力からの自由の保障という要請に対して否定的に作用する。包括的な部分社会論ではなく、大学自治（国公私立の大学について）、地方自治（地方議会）、結社の自由（政党）というふうに、それぞれの対応する憲法上の価値に即した議論を組み立ててゆくべきである。最後の事例についていえば、政党や宗教団体の結社の自由が憲法上の価値として援用されるときには、それら団体の自由にさらに対抗する憲法上の価値として、個人の表現の自由や信仰の自由による、もう一段階での調整が必要となるはずである。

一〇三　公務員関係　公務員関係にある者について憲法上の権利の制約がどこまでみとめられるかという問題は、とりわけ、表現の自由と労働基本権についてとりあげられてきた。

表現の自由については、特に、国家公務員法（一〇二条一項）が「人事院規則で定める政治的行為をしてはならない」とし、人事院規則一四―七が広い範囲の「政治的行為」を定義した上で、違反に対し刑事制裁を科している（国公一一〇条一項一九号）点が、問題となる。

現業の郵便局員が勤務時間外に公営の選挙ポスター掲示場に、所属組合の支持する政党の候補者のポスターをはったことが刑事事件となった事例で、下級審は、そのような具体的事案に適用される限りで、国家公務員法一一〇条一項一九号は違憲となるとして、無罪判決を言渡した（適用違憲の項〔259〕を参照）のに対し、最高裁は、行政の中立とそれへの国民の信頼が維持されるという「国民全体の共同利益」の重要性を強調して、合憲とした（最大判一九七四〔昭49〕・一一・六〔猿払事件〕――表現の自由の項〔126〕を参照）。この問題には、法律による人事院規則への委任の限界という論点もあり、最高裁判決の反対意見は、その点をとらえ、無差別一体的な立法の委任だから違憲とする判断を示している（立法の委任の項〔224〕を参照）。

この問題は、「公務員の政治活動」という標題のもとに議論されることが一般化しているが、呼び名自体がミスリーディングであり、公務員たる個人の公務の場面以外での意見表明の自由の問題であるならば、それに対する制約は、「優越的自由」としての表現の自由への制約として、厳格な司法審査に服すべきはずである。政官界の密接な関連、高級公務員の選挙立候補のための事実上の準備活動などをどう規制すべきかは、別の問題である。

公務員ないし公企業の職員の労働基本権は、各種の法律によってきびしく制限されてきた。公的セクターの労働組合は、基幹産業（一九八〇年代以降の「民営化」以前の、交通・電信・郵便など）や世論形成への影響力の大きな部門（教育）にかかわるものだったと同時に、戦後日本の労働運動の中軸を担う勢力でもあったから、この争点は、政治の場面でも、司法の場面でも、はげしく争われてきた（労働基本権の項〔**163**〕参照）。

Ⅱ　憲法上の権利の私人間効力

一〇四　政治的抑圧からの自由と社会的専制からの自由　一九世紀段階で整備された近代憲法の権利保障体系にあっては、国家＝政治権力からの自由が中心に置かれ、私人間の関係は私的自治にゆだねるという考え方であった。実は、その段階に先行する市民革命期には、身分的中間団体＝社会的権力からの個人の解放を、国家によって確保するという局面があった（前出**84**）。遡って社会契約論の源には、「人は人にとって狼」（ホッブズ）だからこそCommonwealth＝国家を創出する、という考え方があったはずである。二〇世紀に入って、ある意味ではふたたび、私的自治が実質的な不自由と不平等をもたらすという状況に当面して、社会的権力からの自由の回復という課題が、意識されることになる。

労働基本権は、権利類型そのものが、私人間の労働関係への国家＝法の介入を意味した。もっぱら国家に対する権利として扱われてきた平等や自由権についても、私人間の差別取扱いや思想の自由の侵犯が問題となる。

社会的権力からの自由の問題は、二重の意味で切実である。第一は、権力の正統性にかかわる。

政治権力＝国家は、建前上、選挙によってコントロールできるはずのものであり、窮極的には主権者意思をその正統性根拠として持ち出すのであるが、社会的権力は建前上もそのような正統化理由を持たないからである。

第二は、侵害の質にかかわる。国民の意思で権力が構成されるようになった段階で自由がなお必要なのはなぜかについてJ・S・ミル『自由論（一八五九）』（後出115）は、政治権力＝国家による抑圧（political oppression）からの自由の擁護とともに、社会的権力による専制（social tyranny）、すなわち個性の形成を阻止しようとする社会の傾向そのものからの自由の重要さを力説し、前者にくらべて後者は、「刑罰により支えられてはいないが、はるかに深く生活の細部まで浸透し、精神そのものを奴隷化する」、としたのであった。

この課題に対応するためにどのような法的構成をとるべきか。それが、憲法上の権利の私人間効力、あるいは基本権の第三者効力の問題である。

一〇五　第三者効力論と state action 理論　法的構成として、人権の私人間効力を憲法自身が定める例はないわけではない（一九七五年ポルトガル憲法一八条一項、一九九九年スイス連邦憲法三五条三項）が、多くの場合には、裁判の場面で対処が求められることとなる。違憲審査制の二つのモデルとなってきたドイツとアメリカ合衆国では、それぞれ、その点についての実例のつみ重ねがある。

ドイツでは、「基本権の第三者効力」の名のもとに問題がとりあげられ、端的な無効力説と直接効力説の中間に位置する間接効力説によって解決がはかられてきた。それによれば、憲法は価値中立的な秩序ではなく、憲法制定権者の根本的な決断としての価値体系なのであり、民事裁判官が直接に適用するのは私法の規定だとしても、その規定は、基本権の法的内容をとりこんだものとして扱われなければならないのである。加えて、「人間の尊厳」を「不可侵」とし、その「尊重」「保護」を「すべての国家権力の義務」とする憲法上の文言（ドイツ連邦基本法一条）に即して、「人間の尊厳」のための国家の「保護義務」というアプローチが、強力な効果を追求している。

アメリカ合衆国では、なんらかの形で私人の行為を公権力の行為と同視する state action の法理が、大きな役割を演じてきた。その中には、(1)私的行為そのものの性質をとらえてそこに公的性格をみとめる、という手法（会社が私有する private town の街頭での宗教文書の配布の禁止、など）と、(2)私的行為を公権力に関係づけるという手法がある。国有財産の理論（公有の建物の一部を賃借して営業している食堂が差別取扱いをしたときなど）、国家援助の理論（補助金や免税措置の形の援助を得ている私人について）、特権付与の理論（特権付与を前提として経営している運輸業などについて）、などである。私的な行為が裁判事件となり、裁判所で是認されて司法的に執行されたときに、その判決を違憲の国家行為として上級審で争える、ということに着目した、司法的執行の理論と呼ばれる説明もある。これらの法技術は、一連の権利保障立法（civil rights acts）が整備されてくると、それに応じて役割が相対化されるという関係にある。

一〇六　私人間効力についての裁判例

日本国憲法下の運用はどうか。試用期間がすぎたのち本採用を拒否された者が、会社側の措置を平等と思想の自由に反するとして争った事件で、最高裁は、これらの憲法条項を「そのまま私人相互間に適用ないし類推適用」すべきではない、としたうえで、民法一条、九〇条や不法行為に関する規定等を適切に運用すれば「私的自治の原則を尊重しながら、他面で社会的許容性の限度を超える侵害に対し基本的自由や平等の利益を保護し、その間の適切な調整を図る方途も存する」とのべて、間接効力説の枠組を示した（最大判一九七三〔昭48〕・一二・一二〔三菱樹脂事件〕）。この枠組のもとでしかし、本件で原告の主張する思想信条の自由や平等よりも会社側の「営業その他広く経済活動の自由」を重く見た「調整」をした点は、二重の基準（後出110）の理念を逆むきに応用したものというべきであろう。

学則に違反して政治活動をしたとして退学処分を受けた私立大学学生の主張を斥けた判決（最判一九七四〔昭49〕・七・一九〔昭和女子大事件〕）は、右記の一九七三年判決を引用して直接的効力説を否定しているが、そうであるとしても、国からの補助を受けて公的性質を持つ私立大学についての一般論としては、直接効力説を否定するだけで憲法上の権利の妥当可能性を否定することは、できないであろう（この判決は、国公私立を問わず大学が学生を規律する包括的権能を持つとして、部分社会論のアプローチ（前出102）にも言及している）。

間接的効力説の枠組をとったにしても、精神的自由や平等の保障のために「適切な調整」をすることができるはずであるが、裁判例は必ずしもそうなっていない。そうした中で、女性について男性よりも早い定年制を定めた就業規則を民法九〇条によって無効とした判決（最判一九八一〔昭56〕・三・二四（日産自動車事件））は、憲法一四条一項を民法規定の解釈の中にとりこんで、平等侵害に対する救済を与えた例である。

事実行為による権利侵害が問題となっているときは、不法行為に関する規定（民法七〇九条など）の解釈運用を媒介として間接効力説の枠組を生かすことが考えられる。ほかにアメリカ流の state action の法理の適用の可能性が検討されよう（「パブリック・フォーラム」論という形でこの問題に言及した補足意見がある――最判一九八四〔昭59〕・一二・一八伊藤正己補足意見）。

〔問題状況〕

日本で、世論調査や報道のされ方を見ると、「人権侵害」「人権問題」というとき、公務員による侵害よりは、職場や居住地域などでおこる日常的なことがらのことを考えるのが、むしろ一般の意識のようである（例えば、インターネット上に公表されている「司法統計」（二〇二〇年五月）によれば、二〇一九年に全国の法務局で受理した人権侵犯事件のうち、私人等による二〇万三五七〇件に対し、公務員等によるものは一三九〇件となっている）。しかし、そのような問題にこたえるための憲法理論上の対応が学界共通の課題として認識されるようになるのは、一九七〇年代に入ってからのことであった。基本的人権の成立、進化、変容を資本主義の歴史と関連させて総括的にとらえようと意図した総合的研究（『基本的人権』全五巻、東京大学出版会、一九六八―六九）に接した経済史研究者は、基本的人権をひとえに対国家的権利とする法学界の伝統の歴史性に注目した議論としてむしろ解釈論的な論文がただひとつあるだけだったこと（芦部信喜「私人間における基本的人権の保障」第一巻所収）に、注意をうながした（岡田与好『独占と営業の自由――ひとつの論争的研究』〔木鐸社、一九七五〕）

間の法関係を主題とする芦部論文に岡田が積極的に反応したのは、そこに、公序としての営業の自由（「「営業の自由」と「独占」および「団結」」前出『基本的人権』第五巻に初出）が問題となる場があったからであった。ところが憲法学が人権の私人間効力という問題場面を共有するようになるとかえって、個人と集団とをひとしなみに権利主体として扱う「法人の人権」という定式化が素直に法学界に受容され続けることとなった（前出**98**）。

「利益集団多元デモクラシー」を強く警戒するローマ法学者・木庭顕は、団体の自由と個人の自由を並置してきた法学界の一般的状況に対し、「要するにホッブズが、見逃され」た、と的確な批評を加える（『現代日本公法の基礎を問う』〔勁草書房、二〇一七〕一一四頁）。

ホッブズの図式は前近代＝私的権力を解体して近代＝個人を摘出し、ロック＝国家からの自由への途を開く。その図式が相対的にせよ他国よりも強くあてはまるフランスが、人権の私人間効力という表現になじみを知らないできたのは、問題の存在自体が、市民革命期の反結社主義という公序設定によって解決ずみとされていたからであった（前出**84**）。「「社会権力」を法学的カテゴリーに昇格させるべきでない」と説く木庭の主張は、基本権私人間効力論を ready-made の定式として受け入れるときに落ち込む陥穽への注意を促す意味を持つ。

実際、私人間の権利侵害をすべて「人権問題」とする扱い方は混乱に導く。生命の権利への侵害に対する殺人罪、財産権侵害に対する不法行為法などは、人権の私人間効力という論理の媒介を必要とするまでもなく、民刑事法によって整備されてきた。「犯罪被害者の人権」という言い方にしても、その用語法が、本来の人権問題の焦点を拡散させるおそれに、留意しなければならない。内閣総理大臣の信教の自由を「天賦人権の最たるもの」（盛岡地判一九八七・〔昭62〕三・五――この判決は仙台高判一九九一〔平3〕・一・一〇によって斥けられた）とする人権観念の拡散――というより転倒――は、その延長線上にある。「九・一一」（二〇〇一年）以後の世界で「テロリズムからの安全」が何より強調されて監視社会化への傾向が肥大し、近代社会が標榜してきた「安全」（ホッブズ）と「自由」（ロック）の均衡（前出**14**）が失われる危険が大きくなっているが、「安全」がもっぱら私人からのありうべき侵害に対して向けられると、ここでも、人権観念の濫用に当面することになる。

もともと法学の対象領域に属する基本的人権についての学際的研究の中で経済史家岡田により提起された「営業の自由」論（後出269-270頁）を、法学プロパーにとって重要と受けとめる感度は当初大きくなかった。そのような学界一般の傾向に対し、A＝国家による自由（一八世紀）とB＝国家からの自由（一九世紀）という二つの営業の自由を考える提唱（『社会科学研究』二三巻一号〔一九七一〕所収の樋口書評）は、岡田の問題提起を法学に着地させようとしたものだった。そのことによってかえって不分明にされたAについての認識を本来の居場所に戻すべし、との意味を持つ批判（中島徹「経済的自由」『新版体系憲法事典』杉原泰雄編、青林書院、二〇〇八）は適切であった。批判の前提には、中島のかねての財産権研究があった（『財産権の領分――経済的自由主義の憲法理論』（日本評論社、二〇〇七）。

阪本尚文「経済史学と憲法学――協働・忘却・想起」（恒木健太郎・左近幸村編『歴史学の縁取り方』〔東京大学出版会、二〇二〇〕一一七―一四三頁）は、岡田営業の自由論、そして二宮宏之のアンシャン・レジーム＝フランス革命史学との継続的応答を梃子として「徹底して「個人」に拘ることを決断した樋口」が、「比較憲法体系の基盤を比較経済史学的段階論から国制史的類型論へ移動させ」てきたこと、その「転回」が「比較経済史学からの断絶」を意味しないこと、を解読する。二宮については、なお私の『時代と学問と人間と』（青林書院、二〇一七、一二五―一三〇頁）。

部分社会論は、帝国憲法下の裁判の際に、国家権力の統制に対する学問と大学の自立と自律を主張する文脈で、刑事被告人の側から提起されていた。河合栄治郎事件の弁論がそうである（『河合栄治郎全集』第二一巻〔社会思想社、一九六九〕所収の公判記録・第二回公判の項を見よ）。治安維持法を適用しようとする裁判所に対して主張される部分社会論と、日本国憲法の裁判による適用を排除しようとする部分社会論は、同じ論理構造を持ちながら、自由の確保という要請に対する効果としては、正反対の役割を果たすこととなる。

第四節　権利保障の限界

I　実体上の限界——「公共の福祉」条項の意味

一〇七　権利の二段階画定か一段階画定か　憲法は、「この憲法が国民に保障する基本的人権」を、「侵すことのできない永久の権利」（一一条、九七条）としている。しかし、権利を語ることは、同時に、「どこまでがその権利なのか」という問いを必ず伴なうこととなる。その際に、「何をしてもよい自由」をまず想定し、それに対する制約という形で権利の限界を論ずる見地（いわば権利の二段階画定）と、何をする自由なのかはそれぞれの歴史社会のあり方に対応する輪廓を持っているはずだ、と考える見地（いわば一段階画定）とがありうる。それは、「公共の福祉」の理解の仕方の違いにも、反映することとなる。

個々の権利条項以外で「公共の福祉」という文言が出てくるのは、憲法一二条と一三条であるが、そのうち一二条は国民の道義的義務に言及したものとされ、一三条についてその法的意味が問題とされる。大別して、第一の考え方は、一三条の「公共の福祉」が、原則としてすべての憲法上の権利にとっての制約根拠となる、とする。それに対し第二の考え方は、一三条は「公共の福祉に反しない限り」国民の権利について「最大の尊重を必要とする」としているのであって、積極的な制約根拠をそこからひき出すことはできない、とする。

憲法史・憲法思想史をふまえているのは、第二の考え方のほうである。「公共の福祉」というシンボルは、啓蒙専制君主によって好んで援用された（「人民の福祉は最高の法」salus populi, suprema lex）が、近代立憲主義の確立期には、いったん憲法史の表舞台からすがたを消した。この観念が再登場するのは、社会経済的領域での積極国家化に伴なって経済的自由を制約するという文脈でのことであった（ワイマール憲法一五三条三項）。日本国憲法が個々の権利条項としては経済的自由（二二条一項、二九条二項）についてだけ「公共の福祉」による権利制約の可能性を定めていることの意味は、そのような背景のもとではじめて、十分に理解されるはずである。

もとより、「公共の福祉」という観念がいったん消失していた時期にも、「自由とは、他人を害しないすべてのことをなしうることである」（一七八九年宣言四条）とされていた。このことは、「権利の内在的制約」という言葉で説明されることが多い。近代立憲主義確立期の権利のあり方を基準とする憲法学からすれば、その段階で確立した経済的自由に対して現代型の制約が課されるようになった状況（例えば憲法二九条二項、二二条一項）は、権利の外側からの制約と見られるのに対し、ここでは、「内在的」という言い方があてはまるだろう。実際、「自由」といっても、のっぺらぼうのものではなくて、それぞれの歴史社会のあり方に対応する輪廓を持ったものなのである（財産権が「神聖不可侵」とされた時代にも、個人の尊厳という価値を否定する人身売買契約や、等価交換の原則を否定するような暴利を伴なう金銭消費貸借は、法的保護を受けなかったように)。

一〇八　二つのアプローチの機能的な接近と原則的な相違

しかし判例は一貫して第一の立場、「公共の福祉」がすべての憲法上の権利の制約根拠となるという考え方をとってきた。

とりわけ初期の最高裁判決は、「公共の福祉」を持ち出すことによって一切の論証を省くような型のものであった(例えば、「新憲法の保障する言論の自由は……立法によっても妄りに制限されないもの」と言いながら、「新憲法下における言論の自由といえども……常に公共の福祉によって調整されなければならない」とした最大判一九四九〔昭24〕・五・一八)。それに対し、各人に平等に権利を保障するための調整原理としての「自由国家的公共の福祉」と、社会的観点から権利を実質的に保障するための調整原理としての「社会国家的公共の福祉」を区別する学説が提唱された(宮沢)。

この、二種の「公共の福祉」という考え方は、憲法史の背景(前出**18**・**107**)を実質的にとりこんでいる。「自由国家的公共の福祉」とは、「公共の福祉」観念が消失した段階でも存在していたはずの、権利の内在的制約のことであり、「社会国家的公共の福祉」とは、「公共の福祉」観念が再現したときに担わされていた意味あいを反映しているからである。その後の判例を見ると、この二重「公共の福祉」観念を言葉としては受け入れていないが、立法裁量の審査の場面で、審査の基準として「二重の基準」論に言及するという形で、反応を示した(後出**110**)。

このようにして、「公共の福祉」についての二つの理解の仕方は、かなりに接近したものとなっているが、二つのアプローチが意味する原則的な違いと、それに対応する一長一短は、やはりそれとして重要である。

第一の考え方は、さまざまな主張に、ともかくも引き算以前に「権利」としての可能性を論理的にみとめることとなるが、その反面、「自由」と「公共の福祉」を、いわば没歴史的にふくらませ、「何をしてもよい自由」（殺人や脅迫の「自由」！）をいったん想定した上で、歴史的背景をぬきとられた「公共の福祉」を、憲法上の権利一般の制約のマジック・ワードとして導き入れることに、結びつきやすかった（死刑を合憲というために、公共の福祉に反する場合には「生命に対する国民の権利といえども、立法上制限ないし剝奪されること」を憲法一三条が「当然予定している」、とする最大判一九四八〔昭23〕・三・一二）。

そのようなアプローチの仕方を斥けるのが第二の考え方であり、一応の（prima facie）権利という想定をみとめた上でそれへの制約を論ずる、という構成を否定するから、近代立憲主義の核心に置かれてきたはずの権利についてのバーゲニングを拒否して、それを擁護するのに適している。しかしその反面、さまざまの新しい社会的要求に対応する主張を、いきなり「そもそも権利でない」として切りおとすことに結びつく可能性がある。

これらの利害得失を考慮した上でなお、立憲主義の核心を「調整」対象とすることなしに擁護しよう、とする見地に立つならば、第二の立場が採られるべきであろう。

II　手続上の限界——立法裁量

一〇九　比較衡量論　一九六〇年代後半になって最高裁は、「公共の福祉」一方的優位型の判決理由からぬけ出す方向を見せはじめる。

それはまず、比較衡量論として現われた。公務員等の労働基本権の制約の憲法適合性が争われた事件で、「労働基本権を尊重確保する必要と国民生活全体の利益を維持増進する必要とを比較衡量」するという見地から、合理的必要最小限度の制約でなければならない、とした上で、公共企業体等労働関係調整法（当時）違反の争議行為にも、労働組合法上の刑事免責が及ぶと判断した（最大判一九六六〔昭41〕・一〇・二六〔全逓東京中郵事件〕）。取材の自由と公正な裁判の実現という憲法上の要請との間の比較衡量を説き、結論としては後者を優先させた判断も、この時期に出ている（最大決一九六九〔昭44〕・一一・二六〔博多駅ＴＶフィルム提出命令事件〕）。

権利保障の必要と権利制約の必要とをともかくも比較衡量の秤にのせるこの議論は、「公共の福祉」を一方的に強調する議論にくらべれば、権利保障にとって可能性を提供するものといえる面があるが、これらの二つのものを同じく秤にのせること自体、立法府の裁量を広くみとめる方向に傾斜してゆくことになる。

一一〇　二重の基準　無限定的な立法裁量論に歯どめをかける意味を託されて、基準設定のこころみが示されるが、その代表的なものが、「二重の基準」(double standard)論である。

「二重の基準」の法理は、アメリカ合衆国の判例の中で形成されてきた。一九三〇年代の「オールド・コート」がニュー・ディール立法を違憲とする一連の判決を下したのに対し、「賢明でない法律を法令全書から除くには、裁判所へのアピール(訴え)ではなく、投票箱と民主政の過程へのアピールによるべきだ」(一九三六年の一判決のストーン裁判官反対意見)という見地が主張され、しかし同時に、そのような考え方が最高裁の多数意見を占めるようになると、「投票箱の過程そのものを阻害するような立法」に対しては、裁判所はそれを厳しい基準で審査すべきだ、という趣旨が説かれた(一九三八年の一判決の脚注として、ストーン執筆にかかる)。その後、「二重の基準」論は、一方で、二分法に対して中間的な基準の設定が提唱されるなど、より精密化してゆくとともに、他方では、精神的自由——特に表現の自由——をより厚くその侵害から保護することの根拠をめぐって、論議が深められてきている(表現の自由について後出**121**)。

「二重の基準」論は、経済的自由に対する社会的観点からの制約をみとめるとともに、精神的自由や平等についての制約を最小限にとどめよう、とする効果の点でも(実体的な面)、精神的自由や平等の確保のためには、選挙によらない司法権が決定的な役割を果たすことを回避すべきでない、とする点でも(手続的な面)、アメリカ的意味でいう「リベラル」の思想を反映していた。だからこそ、そのような思想傾向に対して、経済的領域でも精神的領域でも徹底した「極小国家」を説く立場(liberal の徹底を求める意味での libertarian)が対抗的に主張されたが、それは、経済的自由の回復と伝統的価値の復権を主張する、逆「二重の基準」論ともいうべき立場に道を開いた。経済的自由の強調（neoliberal）と思想・表現の自由の制約（illiberal）の組合わせである〔前出18〕。そのような中にあっても、実定法運用の技術として、「二重の基準」論は、妥当な線引きのための基準としての生命力を保ち続けてきた。

最高裁は、経済的自由への制約を定める立法の合憲性が争われた事件では、「個人の経済活動の自由に関する限り、個人の精神的自由等に関する場合と異なって」、それへの制約は憲法が予定し許容するものだ〔最大判一九七二〔昭47〕・一一・二二〔小売市場許可制判決〕〕、とのべることによって、二重の基準の考え方を援用している。しかし、「精神的自由等」を制約する立法がこの判決の直後に問題になった事例で、最高裁は、二重の基準論に言及することなく、合憲の判断を下してきた〔労働基本権につき最大判一九七三〔昭48〕・四・二五〔全農林事件〕、表現の自由につき最大判一九七四〔昭49〕・一一・六〔猿払事件〕〕。数少ない最高裁の法律違憲判決のうち、「精神的自由」の制約立法が違憲とされたことは、まだない。なお、結論において合憲とされているが、精神的自由の規制の憲法適合性が争われた事案で、最高裁が二重の基準論に明示的かつ肯定的に言及した例がある〔最判一九九五〔平7〕・三・七〔泉佐野市民会館事件〕〕。

最高裁によってともかくもふり分けられた「経済的自由」の領域と「精神的自由等」の領域のそれぞれの中で、どのような審査基準が用いられ、それがどのような判断を導き出す効果をもたらしているかは、それぞれについて後述する。

〔問題状況〕

本文でのべた、憲法上の権利の二段階画定アプローチと一段階画定アプローチの違いは、遡ると、権利論をその限界の問題として扱うか、権利内容そのものの吟味の問題として扱うか、という基本的な選択にもつながる。二段階画定アプローチからすると、自由はいったん「何をしてもよい」ものとされるから、それを制約する側のほうを論ずることが、主題とされる。憲法施行後のはやい時期に、「公共の福祉」の実体は何であるべきか、を論ずる形でおこなわれた一連の正義論は、その現われであった（例えば、末川博編『基本的人権と公共の福祉』〔法律文化社、一九五七〕がある。特に、法哲学の側からの議論として、同書所収の、木村亀二「法の理念としての公共の福祉」）。その後、憲法訴訟論のなかでの審査基準論に関心が集中した形となるが、それも、憲法上の権利を、それに対する制約の側からとりあげるということを、意味した（但し今度は、実体法的制約ではなく、手続法的制約である立法裁量の範囲を画定するという仕方で）。

それに対し、一段階画定アプローチは、憲法上の権利そのものを積極的に根拠づける、という方向から議論を建てることとなる。そこでは、「何をしてもよい自由」ではなくて、最初から、なんらかの意味で――まさにそこが実際には問題となるのだが――公共の関心事として主張できる内容を持った自由が、問題となる。

一九七〇年代からアングロ・サクソン世界でさかんに議論されるようになり、その後ヨーロッパの論壇、思想界でも大いに関心を刺戟するようになってきた規範的正義論は、そのような自由の積極的根拠づけの議論として、意味を持つ。今日の規範的正義論を代表するロールズ（一九五〇―六〇年代にかけての彼の論説八篇の訳書として、『公正としての正義』（田中成明編訳、木鐸社、一九八四））は、平等な自由の原理と、彼のいう格差原理――社会経済的な不均等は、最も不利な状況にある人びとの利益の最大化のためになるように配置されなければならない、とする原理――とを二本の柱とした正義論を展開し、それに対応するアメリカ社会の一定のコンセンサスに裏づけられて、合衆国最高裁の「リベラル」な判例を正統化する役割をひきうけてきた。そのような社会的前提を持たない日本で、規範的正義論を深めてゆくことは、容易でない課題である。それだけに、憲法上の権利の擁護を、「権利への制約を制約する」というアプローチに終始するのでなく、権利を積極的に根拠づけるアプローチからもおこなってゆくことは、きわめて重要なはずである。奥平康弘『なぜ「表現の自由」か』（東京大学出版会、一九八八）は、その標題どおり、「なぜ」を問うことを通し、表現の自由を素材として、その方向を展望しようとする意味を持つ。

「公共の福祉」をめぐる憲法解釈の分岐は、憲法制定当初から今日まで、入りくんだ様相を呈している。その簡潔な整理と検討として、長谷部恭男『憲法』（新世社、第七版二〇一八）第5（章）2（節）を見よ。

本文（**107**・**108**）での「公共の福祉」についての記述を前提とした上でのことであるが、ここで問題を出しておきたい。新自由主義の立場に立つ改憲論（前出149頁以下）は、現行憲法の二二条一項から「公共の福祉に反しない限り」を端的に削除し、一二条、一三条、二九条二項の「公共の福祉」を

「公益及び公の秩序」に変え、二一条にも同じ文言を組み入れようとする。こうして、これまで改憲論の有力な部分が権利制限を正当化するキーワードとして濫用してきた「公共の福祉」をみずから手放し、「公益」と「公の秩序」を掲げてあからさまな私益を大っぴらに追求しようとしている。そうした状況の中で、「公共の福祉」という文言に、経済的自由に対する制約を通して社会的公正をめざすという、本来の規範意味を託す可能性を考える前提が成り立ちつつあるのではないか。その文脈で、個人の自己決定（一三条第一文の「個人として尊重される」こと）という決定形式をもってしても手をふれてはならぬ「人間の尊厳」（前出43・44頁）という実質の存在を、同条第二文の「公共の福祉」という文言が示している、と受けとめるのである。

第二章　権利の保障——各論的問題

第一節　古典的権利に関する諸条項——その一

I　平　等

一一一　個人の尊厳に基づく平等　人権の中核的価値である個人の尊厳は、当然に、諸個人の平等を要請する。この自明のことがらをあえて想起する必要があるのは、日本国憲法の掲げる平等が、「みんな同じ」の強制を意味するのでなく、諸個人ひとりひとりの個性の発揮を可能にするものだということを、明確にするためである。

従ってまた、憲法一四条一項は、平等権を保障する条項であると同時に、個人の尊厳から流出する他の憲法上の権利にとっての包括的原則をも提供している。その意味で、一四条一項は、具体的な場面に即しての平等を定めた他の諸条項（一四条二項、三項、一五条三項、二四条、二六条、四四条）にとっての原則規定であり、また、広く他の権利条項にとっての原則規定ともなっている。

憲法一四条の侵害は、実際、憲法上の他の権利侵害を同時にひきおこしているのが普通である。議員定数配分の対人口比不均衡は、憲法一四条違反と同時に投票権（一五条）の侵害を、教育上の差別は、一四条違反と同時に教育をうける権利（二六条）の侵害を、社会保障上の差別は、一四条違反と同時に生存権（二五条）の侵害をしているのでないか、がそれぞれ問題となるようにである。しかし、競合的に権利侵害を問題にできる場合でも、争うことによって確保しようとする価値の違いは無視できない（例えば、尊属殺重罰規定について一四条違反を争って旧家族制度の道徳に基づく不均等取扱いを問題にするのと、三一条違反を争って刑罰の適正性を問題にするのとの違い）。違憲審査制の運用上でいえば、経済的自由の制約立法と「精神的自由等」の制約立法とについて「二重の基準」が適用される場合、平等侵害立法は後者に属するものとされ、その審査には厳格な基準が適用される。そのうえ、憲法一四条後段の列挙事由の意味を特に重視する見地に立てば（後出113）いっそう、一四条違反で争うことの固有の意味があることとなる。

もっとも、憲法一四条違反を争う場面それ自体で、経済的自由にかかわる事項についての平等が問題となっているのか、それとも「精神的自由等」にかかわる事項についての平等が問題なのかによって、その段階でまた「二重の基準」の適用が問題とされるであろう。

一一二　絶対的平等と相対的平等、機会の均等・条件の平等・結果の平等　平等については、いくつかの場面で、憲法一四条の規定の意味が問題となる。

まず、それは、もっぱら法適用を拘束する法適用の平等にとどまらず、立法権をも拘束する法内容の平等を意味する。つぎに、事実上の差異をも考慮に入れない均一取扱い（しばしば絶対的平等と呼ばれる）を意味するのでなく、事実上の差異をも考慮に入れて異なった取扱いをすること自体を排除しない（しばしば相対的平等と呼ばれる）。そのような異なった取扱いが一四条で禁止された差別となるか、合理的な不均等取扱いと見てよいかが、具体的に争われることとなる。

さらに、公権力による不均等取扱いの禁止によって機会の平等を確保すれば十分なのか、機会の平等を実質的に確保するために条件の平等を整備し、さらにすすんで結果の平等を実現するための公権力の措置までが要求されるのか、という問題がある。

結果の平等を実現するために形式的には不均等な取扱いを公権力がおこなうこと、さらには、私人間でそうするように国家（法律）が求めることは、不平等の積極的解消措置（affirmative action）の問題として議論される。人種や性別のゆえに系統的に不利な取扱いがおこなわれてきたという背景があるところで、就学や就業などの場合で層ごとの枠を設けて過渡的な優遇措置をとることは、社会的にきわめて意義のある効果を持つ。しかし、憲法論の基本から言えば、それは、「どこまでなら一四条に反しないか」という問いをもふまえつつ決定されるべき性質のものとなる。

一一三　禁止される差別事由の列挙の意味　憲法一四条は、法の下の平等を定めた前段をうけ、後段で特に、「人種、信条、性別、社会的身分又は門地により、政治的、経済的又は社会的関係において、差別されない」としている。一四条一項後段で挙げられた差別理由が単に例示的なものにすぎないと考える見方（最高裁は、例えば親子の関係は「社会的身分」にあたらないとした上で、特にことわりなく尊属傷害致死重罰規定と本条との関係を論じた〔最大判一九五〇〔昭25〕・一〇・一一〕）に対し、後段は不均等取扱いの禁止が原則であるような事項を列挙したものと解する見方がある。そこで列挙されている理由が、その人みずからの意思で左右できないことがら、あるいは、その人みずからの意思で選びとった人格の核心にかかわることがらであることに照らせば、個人の尊厳という窮極的価値を中心に組み立てられている近代憲法の体系の中で、それらを理由とする不均等取扱いは原則的に許されない差別となる、と考えられる。この考え方は、違憲審査の運用上、そのような不均等取扱いを定めた法令には合憲性の推定がはたらかず、合憲とする側がその理由を論証する挙証責任を負う、とする主張に結びつく。そのような考え方を前提にすると、後段の列挙事項それぞれの意味を明らかにすることが、重要となる。

ここで「人種」とは、狭義の人種（遺伝的な諸特徴によって区別されるヒトの集団）だけでなく、民族ないしエスニシティ、すなわち、人種・言語・宗教・文化などの特徴による共通性を持つ社会的集合をも含む。「門地」とは家柄・家格を指し、「性別」とあわせ、これらを理由とする不均等取扱いは、「生まれによる差別」となる。

「生まれによる差別」ではなくとも、「社会的身分」、つまり一定の否定的・消極的な社会的評価（スティグマ）を与えられている社会的な地位にいることを理由とする不均等取扱いもまた、その人の意思によっては左右できないことがらによって個人の尊厳を侵すことになる。

その人みずからが選びとり、「自分が自分であること」の中心部分を形づくっている精神のあり方が「信条」であり、宗教上の信仰だけを指すのではない。

憲法は一四条一項で差別禁止事由の列挙の中に「性別」を挙げているが、そのほかに特に、二四条で、家族生活の場合での両性の平等に言及している（後出**154**）。

一一四　裁判例　最高裁の数少ない法律違憲判決のうち、憲法一四条一項に関するものが二種類ある。

最高裁は、尊属傷害致死重罰規定（刑法二〇五条二項）につき、子の親に対する道徳的義務を特に重要視したものであって不合理な差別ではないとし（最大判一九五〇〔昭25〕・一〇・一一）、尊属殺重罰規定（同二〇〇条）についてもその判断を踏襲していた（最大判一九五〇〔昭25〕・一〇・二五）が、のちになって判例を変更し、尊属殺重罰規定を、憲法一四条一項に違反するとした（最大判一九七三〔昭48〕・四・四）。この判決は、尊属への報恩という道義を維持するためという立法目的そのものは是認した上で、刑法二〇〇条が法定刑を死刑または無期懲役に限っている点で、立法目的達成のための必要な限度をはるかに越えているから違憲だ、としている（それゆえ、刑法二〇五条二項については、この判決の後も合憲とされていた〔最判一九七四〔昭49〕・九・二六〕が、その後の法改正で削除された）。しかし、七三年違憲判決に付された六裁判官の「意見」が主張しているとおり、尊属殺・尊属傷害重罰規定は、それを設けること自体、一種の身分制道徳の見地に立つものであって、個人の尊厳と人格価値の平等に反するものと考えなければならない。

もう一種の例は、衆議院と参議院の議員定数配分を定める規定（公職選挙法別表）と選挙権平等の関係についてのものである。衆議院議員の定数配分について、最高裁大法廷の最初の違憲判断例（最大判一九七六〔昭51〕・四・一四）は、各選挙人の投票価値の平等は憲法の要求するところであるが、他の政策目的との関連で調和的に実現されるべきだ、とした上で、一対五となっていた選挙区による投票価値の較差が選挙権平等の要求に反するものになっていたのに合理的期間内に是正されていなかったと判断し、選挙区割りと定数配分は不可分一体をなしているので全体として違憲としつつも、選挙は違法と宣言するにとどめ、無効としなかった。この判決では、平等の要求に反するかどうかを判定する基準較差が示されなかったため、その後の同種訴訟について一般の関心は、その点に集中的に向けられた。

その後、最高裁は二〇〇九年の選挙についての訴訟で、いわゆる一人別枠方式のもとで選挙区間の最大較差が一対二・三〇四となっていたことを、投票価値の平等に反する程度に至っていたと判断したが、合理的期間内に是正がなされなかったとは言えないとして、違憲とはしなかった（最大判二〇一一〔平23〕・三・二三）。一人別枠方式とは各都道府県に一小選挙区を配当した上で人口比例配分に基づき小選挙区の数を定める方式であるが、この判決は、その方式が平等に反する程度に至っているとし、「できるだけ速やかに……一人別枠方式を廃止し……投票価値の平等の要請にかなう立法措置を講ずる必要がある」と指摘していた。その措置が実現されないままにおこなわれた二〇一二年一二月の選挙について提起された一連の訴訟で、二〇一三年三月、全国一六の高等裁判所で判決が出され、そのうち一四の事例で違憲（だが選挙無効とはしない）、あるいは平等違反の違憲状態（だが合理的期間内に是正がなされなかったとはいえない）が宣言されただけでなく、二つの裁判所では違憲ゆえに選挙無効、という判決が言い渡された（広島高判二〇一三〔平25〕・三・二五および広島高裁岡山支判二〇一三〔平25〕・三・二六）。それに対し最高裁（最大判二〇一五〔平27〕・一一・二五）は、衆議院に設けられた検討機関で制度見直しの検討が続いていることに言及し、合理的期間内に是正がなされなかったとは言えないとのべ、違憲とはしなかった。

選挙権が憲法上の権利の中でも枢要の地位を占めることからすれば、本来、各選挙人の投票価値は均等であるべきであり、普通選挙の原則（一五条三項）の内実を左右するだけに、合理的でやむをえない理由（行政上の区画のできる限りでの尊重、など）がある場合でも最大較差一対二を越えることはできない（一人が二人分以上の影響を行使してはならない）、と考えるべきである。

この問題は、選挙権論、議会制論の場面でも重要であり（それぞれの項目〔166・181〕を参照）、また、これら違憲判決が選挙を違法と宣言するにとどめ、無効とはしなかった点を含め、違憲審査の運用上の問題をも提起した（違憲審査制の項目〔260〕を参照）。

参議院議員の議員定数配分については、最高裁は、初期（最大判一九六四〔昭39〕・二・五）から一貫し、かつ、衆議院議員の定数配分規定についての違憲判決のあとも、最大較差一対五・二六をいちじるしい不平等でないとした判決（最大判一九八三〔昭58〕・四・二七）以来、合憲判断をくり返してきた。その際最高裁は、参議院の特殊性を強調し、「事実上都道府県代表的な意義ないし機能」に言及している（「代表」論の観点から見た問題点は〔180〕）。

その後、最高裁は、一対五の較差について違憲状態が生じているが是正のための相当期間をすぎていたとは断定できないという判断を示しながらも、都道府県を単位とする定数設定を改めるなど現行制度の仕組み自体を見直す立法措置の必要に言及した（最大判二〇一二〔平24〕・一〇・一七）。それを受け公職選挙法別表第三で「鳥取県及び島根県」と「徳島県及び高知県」をそれぞれ一つの選挙区とする改正がなされた（いわゆる「合区」）あとの選挙で生じた最大較差一対三・〇八につき著しい不平等でないとした最高裁判決が出ている（最大判二〇一七〔平29〕・九・二七）。

Ⅱ　精神的自由

1　総　説

一一五　なぜ自由が必要か　人間の精神活動、特に思想とその表現の自由を、国家からの自由として確保することは、近代憲法の権利保障体系の核心部分を形づくってきた。

このような自由を擁護する主張は、一九世紀イギリスを代表する知識人ジョン・スチュアート・ミルの『自由論（一八五九）』（塩尻・木村訳、岩波文庫）によって、首尾一貫した形で展開されている。何より彼は、第一に、権力が民主主義的になってからでもなお自由がなぜ必要なのか、という形で問題を出している。――「政府が国民と完全に一体であって、国民の声と考えられるものと一致しない限りは、いかなる強制権も行使することを欲しないという場合」ですら、それが「最善の政府」であっても、そのような権力による強制は、「世論に従って行使せられる場合にも、世論に反対して行使される場合と同様に有害であり、あるいは、それ以上に有害である。かりに一人を除く全人類が同一の意見をもち、唯一人が反対の意見を抱いていると仮定しても、人類がその一人を沈黙させることの不当であろうことは、かりにその一人が全人類を沈黙させうる権力をもっていて、それをあえてすることが不当であるのと異ならない」。

第二に、ミルは、人類の可謬性から説きおこし、それゆえに、自由を、私的なことがらとしてでなく、人類社会の存立と発展のために不可欠の公的な意味を持つものとして示した。――「意見を抑圧しようとしている人々は、……不可謬ではない。かれらは、その問題を全人類のために決定し他のあらゆる人々が判断する手段を排除する権威を、なんらもっていない」。「相反する意見を十二分に最も自由に比較した結果として出てきたものでない限り、意見の一致は望ましいものではなく、また、人間が現在よりもはるかに、真理のすべての側面を論議しうるようになるまでは、意見の相違は害悪ではなくてむしろ為めになることである」。「原理は論ずべからざるものであるという暗黙の慣習の存在しているところ……では、われわれは、……国民一般の高水準の精神的活動力を見出すことは望めないのである」。

そして第三に、以上のようなことを主張するにあたって、無神論をひき合いに出して異端の自由を説くところまで徹底していた。「キリスト教徒が、無神論は誤謬であり社会の解体を促す傾向があると確信しているように、マルクス・アウレリウスも、キリスト教について同じことを信じていた」。「結局において正統的な結論に帰着しないような一切の探求を禁止することによって……最大の損害を被るのは異端者でない人々であって、異端に陥ることを恐れるあまりに、その人々の精神の発達がすべて束縛され、その理性の活動が脅かされるのである」。

一一六 優越的自由 思想とその表現の自由を権利保護体系の中でも特に重くみる考え方は、アメリカ合衆国憲法の運用の中で強調されている。合衆国憲法修正一条の諸自由、とりわけ表現の自由を「優越的自由」とし、違憲審査運用の場合で「二重の基準」論によってそれを特に保護しようとする方向である。そのアメリカでも、知る権利やアクセス権の主張にこたえる形で一定の国家干渉が積極的に評価されてくる中で、それをメディアの表現の自由の侵害という文脈でとらえる見地と、個人の表現の自由をむしろ促進するという文脈でとらえる見地が、交錯する。加えて、さまざまの形態の差別的言論に対抗する見地から、言論が政治的に適正（politically correct = PC）であるべきだという主張が出されてくると、保守派がPCに反対して自由擁護派にまわり、リベラル派が、表現の自由の優越的地位を再検討しようとするものと、古典的な自由擁護を貫ぬこうとするものに分かれる、という入りくんだ状況を呈している。

ヨーロッパ大陸では、「優越的自由」という考え方は、法制度およびその運用上必ずしも優越的でない。積極目的を持つ国家干渉としては、表現の多元性の確保を標榜して新聞の独占・寡占を規制する立法が、表現の自由の要求するところとされ、消極目的の国家干渉としては、性差別や人種差別を禁止する立法による表現規制がおこなわれる。よりすすむと、憲法擁護の観点から反憲法的表現活動への規制の制度化がおこなわれる。

日本は、例えば人種差別撤廃条約を批准しない理由として、表現の自由との抵触を挙げていた（一九九五年になって批准したときも、日本国憲法下の表現の自由の保障と抵触しない限度において条約上の義務を履行する、との留保をした）。その限りでは、アメリカの「優越的自由」重視型に属するかのようであるが、しかし、「優越的自由」であるはずのものを保障するためにであっても、最高裁は、法律規定を違憲とすることには慎重であり続けている。

2　思想・良心の自由

一一七　憲法一九条の総則的意義と各則的意義　憲法一九条の定める思想・良心の自由は、一切の精神的自由の論理的な前提であり、それらが問題とされているときには、必然的に、同時に問題とされているという関係にある。

一九条が固有の意味を持つのは、つぎのような場面でのことである。

第一に、特定の考えの強制を禁止する。第二に、沈黙の自由を保障する。第三に、思想に基づく不利益取扱いを禁止する。いずれにしても、「思想・良心」は、それぞれの人の内心を構成する論理的・倫理的な特性を形づくるもの、と解すべきであり、個々のことがらについての好悪の情や、事実の知・不知などをすべて含むわけではないが、ひとつの社会の常識的な目からいえばどうでもよいと思われることだからといって、一九条の保護から排除してしまってはならない。

謝罪広告の強制を憲法一九条違反でないとする判例（最大判一九五六〔昭31〕・七・四）は第一点にかかわるが、文字どおり「謝罪」という倫理的態度を公にすることを強制するような様式と内容であれば、違憲と考えるべきである（藤田裁判官の反対意見）。企業者が労働者の採否決定にあたり労働者の思想・信条を調査し、そのためにその者からこれに関連する事項につき申告を求め、その申告内容を本採用拒否という効果と結びつけることを、私企業について違法でないとした最高裁判決（最大判一九七三〔昭48〕・一二・一二）は、第二点と第三点にかかわる。労働力の質と直接かかわりのない事項についての申告を求め、それを本人にとって不利益な取扱いの理由とすることは、公権力の行為であれば直接に思想・良心の自由の侵害であるし、私企業の行為であれば、公序良俗に反して違法という評価を加えるべきものであろう。教育現場での国旗国歌の扱いをめぐる教師の思想・良心の自由の侵害については、第二点と第三点のほか、具体的な状況の文脈によって第一点も問題となるであろう（後出**158**）。

法に従うこと自体がその人の思想・良心に反する場合に、法に従わないことを、思想・良心の自由によって根拠づけられるか。さまざまの場合で問題となる可能性があるが、とりわけ、裁判官の良心の問題（後出243）と、抵抗権ないし市民的不服従の問題（前出48）がある。

3　信教の自由と政教分離

一一八　国家からの宗教の解放と宗団からの個人の解放　憲法二〇条一項前段と同条二項は、信教の自由それ自体を保障する。それは、内心の自由としての信仰の自由、外形に現われる行為としての礼拝・布教の自由、信仰にかかわる結社の自由（これらをしない自由を含めて）、などから成る。他方、二〇条一項後段、同条三項は、政教分離を定める（ほかに、八九条が、財政の面から、政教分離を規定する）。

信教の自由と政教分離は、密接な関連にあるが、両者はまた、別のことがらでもある。

第一に、国教制度を設けながら、宗教的寛容の制度によって信教の自由を保障する、という方式もありうるからである。それに対し、日本国憲法は、先行する帝国憲法のもとで国家神道によっておこなわれていた祭政一致のあり方を否定するために、政教分離によって信教の自由を確保するという方式を採ったのである。

第二に、政教分離は、場合によっては、宗教団体——あるいは、それと一体化した個人——の信教の自由を制約するという効果を持つ。歴史上、政教分離は、一方で、政治からの宗教の解放によって、政治権力の支配から魂の自由を確保するものとして、国家からの宗団の自由を意味するとともに、他方では、宗教からの政治の解放によって、個人の自律と批判の自由をつくり出すという役割を託され、宗団からの国家による自由を意味した。後者にあっては、政教分離は、宗団の自由に対抗してでも貫ぬかれるべきものとして、自己主張する。それと対照的に、殉職自衛官を合祀した護国神社という宗教法人の信教の自由を重視し、合祀を違法として争った妻のほうに「寛容」であれと説いた最高裁判決（最大判一九八八〔昭63〕・六・一）は、政教分離の射程を限定的に解したこととあいまって、信教の自由と政教分離の対抗的関係をそれとは自覚せずに設定した上で、政教分離よりも宗団の自由を優位に置いたものとなっている。

欧米で政教分離が近代憲法の成立を前提とした上で争われるときは、教育の場面がその舞台となることが多い。その際、社会の多教派の宗教が教育の場面に持ちこまれることを公権力の側が拒否する（政教分離派）のに対し、「親の信教の自由」「親の教育の自由」が対抗する（反・政教分離派）、という図式があてはまっていた。政教分離は、そこでは、多数派の信仰（キリスト教社会での新・旧教の対立状況を背景に）に対抗して公権力（国家）が個人の擁護をひきうけることを意味するのであり、しかも、それは、もともと立憲主義の精神的基盤のひとつをなしていたに違いない信仰（神のみに服従する個人の良心の自律）に対抗してのことなのであって、いわば、生みの親からも意識的に距離をとるという、論理的緊張にみちた硬質のいとなみなのである。その後、近年では、社会の少数派の信仰、例えばキリスト教社会でのイスラーム教に対する関係で、信教の自由対政教分離という形で問題が提起されるようになってきている。

日本でも、そうした状況に対応する例として、社会の少数派が主張する信教の自由に対し、多数派＝公権力の側が政教分離を援用するという構図が、裁判の場面で争われた。信仰上の信念ゆえに必修科目の剣道実技を受講しなかったために原級留置のすえ退学処分を受けた高等専門学校生徒とその親の訴えについて、最高裁は、代替措置につき検討することなく退学処分をした校長の措置を、裁量権の範囲をこえる違法なものとする際に、代替措置をとることが政教分離違反となるという学校＝国側の主張をしりぞけ、代替措置がその方法、態様のいかんを問わず政教分離原則に違反することはない、と判示した（最判一九九六〔平8〕・三・八〔神戸高専事件〕）。

　市有土地を町内会に神社施設の敷地として無償で利用に供していることを、憲法八九条の禁止する公の財産の利用提供にあたり、ひいては憲法二〇条一項後段の禁止する宗教団体に対する特権の付与に該当する、とした最高裁の判断が出ている（最大判二〇一〇〔平22〕・一・二〇〔空知太事件〕）。判決は神社の氏子集団を町内会とは別個の社会的実体を持つ宗教団体として位置づけ、それへの特権提供を憲法二〇条一項後段に反するとした。同時に、訴訟で争われていた神社施設の撤去という論点につき、氏子集団の信教の自由に「重大な不利益」を及ぼすことへの考慮から、本件利用提供の違憲状態を解消するための適切な手段が神社施設の撤去以外にないか、審理を尽させるために職権で原判決を破棄し、原審に差戻した。原審（札幌高判二〇〇七〔平19〕・六・二六）が市の行為を違憲とする際に憲法二〇条三項（政教分離）との関係をきめ手としていた（第一審札幌地判二〇〇六〔平18〕・三・三も同じ）のに対し、最高裁は氏子集団の信教の自由という論点を出すことによって判決主文を導き出した。それ自体は、戦中戦後にまたがる神社の法的地位の変動を勘案した解決の示唆にとどまる。但し、政教分離を貫ぬくことによって生じる信教の自由との間の緊張関係という、一般的射程を持つ問題がそこには潜在している。

一一九　国家神道と政治の分離　日本国憲法の政教分離は、憲法制定のいきさつからして、何より、国家神道と政治（そして教育）の分離の問題であった。旧憲法二八条は「安寧秩序ヲ妨ケス及臣民タルノ義務ニ背カサル限ニ於テ信教ノ自由」を保障していたが、国家神道が国教的な地位に置かれていた。神宮・神社は公法人、神官・神職は官吏であり、一般の宗務行政は文部省の所管とされたのに対し、神道に関しては内務省神社局（のちに神祇院）の所管とされていた。公の儀式としておこなわれる宗教行事に官公吏は参列する義務を負わされ、一般国民にも、神社参拝が強制された。そうしたやり方を通して、神権天皇制への崇拝と、一九三〇―四〇年代には極端な国家主義的排外主義（「神国日本」「神洲不滅」）が、おしひろめられた。憲法論としては、神社への信仰は「臣民タルノ義務」とされ、さらにまた、「神社は宗教にあらず」（この命題は、旧憲法末期に、神社を文字どおりの国教として強制しようとする主張が強くなると、そのこととの関係ではむしろ相対的に仏教など他の宗教の自由をまもる方向にはたらくこととなる）と説かれた。

「宗教の自由」の確立を求めたポツダム宣言の受諾のあと、総司令部による国家神道禁止指令（一九四五〔昭20〕・一二・一五）、天皇の人間宣言（一九四六〔昭21〕・一・一）は、政教分離を確認する重要な意味を持つものとなった。そのように、憲法の政教分離は何より国家神道にむけられたものなのであるが、その国家神道は、立憲主義とはもともと異質のものであり、そこで政教分離を貫ぬこうとすることは、論理的な緊張を強いることがらでないはずである。しかし、日本社会に伝統的とされる多重信仰の風土の中で、政教分離の要請は、「そう堅いことをいわずとも」という雰囲気にのみこまれやすい状況にある。

一二〇　裁判例と政治実例　市体育館の神式地鎮祭への公金支出を違法とし、市長に損害の補塡を求めた住民訴訟で、最高裁は、原告の請求をみとめた原審の違憲判決〔名古屋高判一九七一〔昭46〕・五・一四〕を破棄し、憲法二〇条三項が禁じている宗教的活動とは、その目的が宗教的意義を持ち、その効果が宗教に対する援助、助長、促進または圧迫、干渉等になるような行為をいい、この基準にてらせば市体育館の建設に際しての神式地鎮祭はそれにあたらない、とした〔最大判一九七七〔昭52〕・七・一三〔津地鎮祭訴訟〕〕。最高裁は、そのような目的・効果基準をあてはめる際に、「一般人及びこれを主催した市長以下の関係者の意識」ではそれを世俗的行事と見、「さしたる宗教的意義を認めなかったものと考えられる」と説明しているが、それに対しては、藤林長官を含む五裁判官の反対意見があり、とりわけ藤林追加反対意見は、「宗教的少数者の人権」の重要性を力説している。

目的・効果基準は、福祉・教育・文化などの領域での援助目的の公金支出と政教分離の関係を論ずる場面では、一定の有用性がありうるとしても、それを、宗教的行事そのものへの公金支出の憲法適合性判断に用いることは、適切でない。そのうえ、「一般人」の意識を基準のあてはめにあたって重視することは、政教分離の意味をまったく骨ぬきにすることになる。それは、政教分離によって保護されるべきものが「宗教的少数者の人権」だから、というだけではない。政教分離という制度そのものが、多数者に属する個人自身のためにこそ、「宗教的多数者」からの政治の解放を眼目としていたことを考えれば、そこに「一般人」＝多数者の意識を持ち出してはならないからである。

殉職自衛官の妻が、隊友会による護国神社合祀申請の取消と、宗教的人格権の侵害に対する慰籍料の支払を求めた訴訟で、原告の請求を基本的にみとめた第一審（山口地判一九七九〔昭54〕・三・二二）、第二審（広島高判一九八二〔昭57〕・六・一）判決に対し、最高裁（最大判一九八八〔昭63〕・六・一）は、原判決を破棄して、第一審判決を取消し、原告（被上告人）の請求を棄却した。

最高裁判決は、まず、護国神社合祀という行為にかかわった主体が持つ公的意味を二重の意味でそぎ落し、宗教法人という私人としての神社と原告との関係として、問題をとらえた。合祀申請は隊友会という私的団体の単独行為であり、そのうえ、原告の法的利益が侵されたかどうかは、申請行為ときり離した「合祀それ自体」を問題にすればよい、と構成したからである。加えて、補足意見、意見では、訴外の、故人の他の近親者の「信教の自由」に言及して、いっそう、ことがらを、普通の私人の間の問題としている。

そうすることによって、判決は、護国神社という私人の「信教の自由」に対して原告が「寛容」であれ、と説いているのであるが、もともと、信教の自由には、国家からの宗団（宗教法人）の自由とともに、宗団からの個人の自由という契機が含まれていたはずであり、そして、まさにそれを保護する意味を持つものが、政教分離だったはずである。

判決の論理の本筋からすれば、ことがらは憲法二〇条三項の政教分離の問題でない、として処理したはずなのであるが、他方では、判決は、合祀申請の過程で隊友会に協力した自衛隊地連職員の行為を問題とする際、先例を引いて目的・効果基準を援用し、憲法二〇条三項にいう宗教的活動に当たらないという判断をもしている。この点に関しては、「目的」をどの次元でとらえるかが問題となる。

申請によってしようとしたこと自体を問題にするなら、それは、殉職者の霊を祭神として祀ることにほかならず、宗教的意義にみちた行為といわなければならない。申請のねらいを問題にするなら、判決のいうとおり「隊員の士気の高揚」であり、それは、たしかに、宗教的ではない。しかし、もともと、政教分離は、政治権力と宗教との結合を否定するものである以上、政治上（軍事上）の「目的」のために政治が宗教を使うことは、目的効果基準以前のことがらとして、政教分離に違反するというべきである。一九四五年八月以前に、戦争遂行と「士気の高揚」という「目的」のために靖国・護国神社が動員されたような事態を否定することこそ、憲法二〇条三項の制定の趣旨だったはずである。

現在は一宗教法人である靖国神社を「国家護持」のものにしようとする運動があり、一九六八年に第六一国会に議員立法として「靖国神社法案」が提出されて以来、一九七三年まで五回にわたって提出されたが、どれも廃案となっている。一九七三年には、衆議院を通過したのち、参議院で廃案となったが、この段階で、特に、「特定の教義をもち、信者の教化育成をする等宗教活動をしてはならない」（法案五条）という規定の意味が推進派によって問題とされての廃案であったことが、重要である。たしかに、この案は、それを厳格に解するなら、「神社」という名称にもかかわらず、推進派が求めているものとは大きく離れた建前のものになるであろう。しかし、場所・建物・名称を戦前と共通にした施設である以上、実際には、この条項は、戦前言われた「神社は宗教にあらず」という説明の再現になることのほうが、可能性が大きい。

その後、一九八五年に、中曽根内閣によって、はじめて、首相・閣僚の靖国神社公式参拝がおこなわれ、その際、内閣官房長官の私的懇談会として設けられた「閣僚の靖国神社参拝問題懇談会」の報告書（一九八五・八・九）は、最高裁判例にいう目的効果基準を援用し、「政教分離原則に抵触しない何らかの方式による公式参拝の途があり得る」とのべていた。東京国際軍事裁判によるいわゆるA級戦犯が祀られていることを問題にした近隣諸国からの公式・非公式の反応に当面して、中曽根首相は翌年から公式参拝をとりやめた。

地方公共団体からの靖国神社・護国神社に対する玉ぐし料・供物料の支出が政教分離原則に反するかどうかについて、地裁段階での判断は分かれていたが、その点を違憲とすると同時に、首相等の公式参拝は違憲であるからそれを要望する地方公共団体の議会の議決を違法であるとした（但し、議決の違法を理由とする原告の請求そのものはしりぞけた）高裁判決が確定していた（仙台高判一九九一〔平3〕・一・一〇）。その後、最高裁は、靖国神社の例大祭等に対する県知事による玉ぐし料の奉納を、目的・効果基準にてらして違憲とした（最大判一九九七〔平9〕・四・二〔愛媛玉ぐし料訴訟〕）。この判決の結論は十五人中十三人の裁判官によって支持されたが、目的・効果基準そのものに対する疑問が、高橋・尾崎裁判官それぞれの意見および園部裁判官の意見の形で示されている（関連して後出**210**）。

内閣総理大臣の靖国神社参拝を問題とする訴訟は数多く提起されてきたが、地方自治法による住民訴訟の場合と違って、原告が直接に政教分離違反を争う枠組が備わっていない。政教分離の論点に言及する下級審判決もあった（公式参拝を憲法二〇条三項の宗教的活動に該当する疑があるとしつつ、それによって直ちに国民個人の信仰の自由が侵害されたとはいえないとした、大阪高判一九九二〔平4〕・七・三〇など）が、最高裁は、政教分離の憲法判断にふれることなく、他人が特定の神社に参拝することによって自己の心情ないし宗教的感情が害されたとしても、それを被侵害利益として損害賠償の対象とはできない、としている（最判二〇〇六〔平18〕・六・二三）。

政教分離に関する判例が採用する目的・効果基準の適用を前提としたとしても、この基準の最初の適用例であった地鎮祭の問題と、靖国神社・護国神社の問題との間には、憲法上の評価にとって大きな違いがある。後者にあっては、日本人の思想・良心を支配し続けてきたものからの解放を可能にし、祭政一致と軍国主義的排外主義を否定するという、日本国憲法の基本そのものが問題となっているのだからである。

政教分離は、天皇条項との解釈についても、大きな問題を提起する。とりわけ、憲法七条一〇号の「儀式を行ふこと」、および、国事行為以外になんらかの天皇の公的行為(「象徴としての行為」「公人としての行為」など)をみとめる立場にとっては、それらの行為をおこなうことについて、問題となる。

一九八九年二月二四日に、昭和天皇の「大喪の礼」が国事行為として挙行されたが、その際、皇室の宗教行事としての「葬場殿の儀」と、場所・時間の点で分別が不十分なままおこなわれたことが、問題とされた。一九九〇年に、国事行為としての新天皇の「即位の礼」(一一・一二)と、皇室の伝統的宗教行事としての「大嘗祭」(一一・二二〜二三)は、分けておこなわれたが、大嘗祭への公費(宮廷費)の支出の憲法適合性が問題とされた。これら一連の問題についての政府の基本的説明は、「憲法の趣旨に沿って、かつ皇室の伝統等を尊重」する、というものであった。帝国憲法下でこそ適合的でありえた「皇室の伝統」を、日本国憲法と「かつ」という並列の関係で重視することは、政教分離が現行憲法の基本的要請としてとり入れられていることからしても、背理である。

4 表現の自由

(1) 表現の自由の優越性

一二一 「民主的政治過程=表現の自由」と「個人のアイデンティティ=表現の自由」 権利の体系の中で精神的自由を重視する立場は、違憲審査の際の判断基準として、「二重の基準」という考え方を採る。この考え方は、最高裁によっても言及されているが、肝腎の精神的自由を保障するためには適用されていない（前出110）。その点は別として、「二重の基準」をとることの根拠をめぐる議論を、精神的自由への制約が違憲審査の際に問題にされることが多い表現の自由について、検討してみよう。

表現の自由の重要性は、民主的政治過程にとって死活の意味を持つ、ということを根拠として主張されることが少なくない。そして、実際、「投票箱へのアピール」を機能不全にする表現規制は、民主的政治過程による是正の可能性自身を封じてしまうものだから、「裁判所へのアピール」の場面で特にきびしく審査されなければならない、という説明は、説得的である。最高裁も、「主権が国民に属する民主制国家」で表現の自由が「多数意見（の）形成」にとって特に重要な意味を持つことを、（「もとより無制限ではなく」と続けてのことではあるが）指摘している（最大判一九八六〔昭61〕・六・一一〔北方ジャーナル事件〕）。

しかし、国民主権と多数意見形成の観点からの説明だけでは、表現の自由にとって重要な要素が、切りおとされる可能性がある。現に、ある高裁判決は、表現の自由の保護をうけるべき活動について、その公表に関心を持つであろう国民の数が少ないから「公共性が一段と低い」、と判定した（東京高判一九八七〔昭62〕・一二・二五〔レペタ訴訟〕）。こうして、「他人が何であろうと自分自身が言いたいから言う」という要素を重く見る見地からは、自分の言いたいことが他人への呼びかけとして民主的政治過程で意味を持つかどうかにかかわりなく、自分のアイデンティティへのこだわりこそが、表現の自由の優越性を支えるものとされる。

こうして、「民主的政治過程＝表現の自由」という見地と、「個人のアイデンティティ＝表現の自由」という見地とを、両方ふまえた観点が必要となる。前者だけならば、その社会で到底「多数意見の形成」に参画できないような物の考え方、珍奇と見られる主張が切りすてられる可能性が大きい。後者だけならば、「自分が言いたい」というだけで、際限のない私事暴露の商品化が、「表現の自由」そのものの価値を引き下げるのに貢献することにもなるだろう。

一二二　表現の自由についての憲法判断の諸基準　「二重の基準」論の母国アメリカでは、その考え方を具体化する諸技術が、表現の自由を素材として定式化されている。日本の最高裁判決では、「二重の基準」が表現の自由を保護するために効果的に使われた実例がないが、学説上は、おおよそつぎのような、中仕切りの議論がある。

第一に、事前抑制、および、過度に広汎、または不明確な規制については、文面上無効とするアプローチがとられる（関連して合憲限定解釈の技法につき後出**258**）。第二に、表現内容の規制（違法行為の煽動、性表現、名誉毀損の表現、などをそれとして規制対象とするもの）については、「明白で現在の危険」を防止するという限度でだけ、規制が許容される。第三に、表現の時・所・方法の規制については、「より制限的でない選択」（less restrictive alternative＝LRA）が可能なのにそれをとらなかったときは違憲、という判断基準が適用され、立法目的と目的達成のためにとられた手段の双方について、審査がおこなわれる。

これらの基準のうち、例えば、第二点については、「それなら〝無害〟な、つまり効果のとぼしい表現活動だけが許されるということになるのか」という疑問、第三点については、どの次元で「時、所、方法」を問題にするのかによってその基準を適用することの効果が違ってくるという問題点（「戸別訪問という〝方法〟での選挙言論を規制するだけだ」、ととらえる見方に対し「戸別訪問についてはどんな〝方法〟も禁止しているではないか」という反論が可能である、など）を、指摘することができるが、基本的には、表現の自由の規制の憲法適合性を審査する場合の類型化としては、妥当なものと考えられる。

(2) 集会・結社の自由

一二三　集会の自由　憲法二一条一項は、「集会、結社及び言論、出版その他一切の表現の自由」を保障する。広義の表現の自由の中で、集会の自由は、一方で、その自由の行使が物理的な意味での性質上、制約に服する必要がある点で、他方では、しかし、言論・出版という表現手段を十分には使いがたい一般の市民にとって特に重要な自由であるという点で、特徴がある。

集団示威行進（デモ行進）に対して、地方公共団体の条例（いわゆる公安条例）による規制が一般的に採用されているが、最高裁は、まず、届出制でなく一般的な許可制による事前抑制は憲法の趣旨に反するが、特定の場所・方法につき合理的な基準のもとに許可又は届出制のもとに置き、公共の安全に対し明らかに差し迫った危険が予想される場合には、その行為を許可せずまたは禁止しても違憲でない、という判断枠組を示した（最大判一九五四〔昭29〕・一一・二四〔新潟県公安条例事件〕)。その後、最高裁は、先例変更に言及することなく、実質上この先例の変更を含意する判決を出し、「許可」「届出」の概念ないし用語のいかんにかかわらず、また、不許可とすべき事情の存否の認定が公安委員会の裁量に属し、規制対象となる集団行動がおこなわれる場所に関し条例に包括的な定めしかなくとも、憲法に反しないとした(最大判一九六〇〔昭35〕・七・二〇〔東京都公安条例事件〕)。この判決は、「群集心理の法則と現実の経験」を援用するなどして、集団行動に対する強度の警戒的評価を前提にしている(判決が書かれた前後に、日米安全保障条約改定の承認案件をめぐって、一連の集団行動が政治過程の中で重要な役割を演じていた)。一九五四年判決の一般論を妥当とすべきであろう。

一九六〇年判例のもとでも、下級審段階で、判決のあるものは条例そのものを違憲とし(例えば京都地判一九六七〔昭42〕・二・二三)、あるものは条例の運用が違憲だとし(例えば東京地判一九六七〔昭42〕・五・一〇)、またあるものは、条例に基づいて公安委員会が付した許可条件に違反していないという事実認定を通して(例えば東京地判一九六七〔昭42〕・五・三〇)、それぞれ条例違反で起訴された被告人を無罪とする、などの技法が用いられている。

その後の公安条例事件の最高裁判決として、犯罪構成要件を定める条例の文言の明確性を争う主張に対し、不明確で違憲とはいえない、という判断を示したものがある(最大判一九七五〔昭50〕・九・一〇〔徳島市公安条例事件〕)。

一二四　結社の自由　日本国憲法のもとで、結社の自由との関連で問題とされたものとして、何より、破壊活動防止法がある。「暴力主義的破壊活動を行った団体に対する必要な規制措置」（同一条）を定めた同法は、占領下の団体等規正令を引きつぐ意味を持たされて一九五二年制定されたが、制定時に批判が多く、法律自身が、「いやしくもこれを拡張して解釈するようなことがあつてはならない」（二条）「いやしくも権限を逸脱して、……自由と権利を、不当に制限するようなことがあつてはならない」（三条）という規定を置いている。団体解散指定の手続が実際に開始されたのはオウム真理教に対するものであり、公安調査庁長官による解散指定の請求（一九九六年七月）を受けて審査のすえ、公安審査委員会は請求を棄却した（九七年一月三一日）。

近代憲法史の中で、結社の自由という主題は別格の意味を持ってきた（前出**16**・**83**）。結社の自由の憲法解釈論にとっては、近代的自由の体系の中で、結社の自由は決して自明のものとは目されてこなかったということ、明文の結社の自由条項が置かれている場合も、それは、直接には、結社をとり結ぶ諸個人の自由として理解されなければならないこと、が重要である。従って、結社の自由は、結社をとり結ばない自由をも論理的に含むものでなければならない。例えば、政党の法制化が、一定の基準を充たす政党に属さない個人の選挙活動・政治活動を制約する場合には、結社する自由を侵すものとならないかが、問題とされる必要がある。

憲法上の権利の主体の問題として無造作に「法人の人権」が語られる（前出**98**）反面、諸個人の結社する自由、諸個人が法人をつくる場面での憲法上の保障については、ほとんど論ぜられていない。「法人の人権」が個人の人権を抑圧する危険に無頓着であり、他方で、その法人になることができるかどうかをもっぱら立法政策の問題とする一般の理解は、諸個人の人権にとって、二重の意味で冷淡だというべきである。日本の現行法制で、法人設立の条件が厳しく、かつ、その運用も厳しい（そのために、民間の文化活動や人道的活動が、税の減免制等との関係で、困難に当面していた）ことこそ、結社の自由との関係で問題にされなければならない。そうした中で、市民運動を背景にした立法のこころみが、特定非営利活動促進法（一九九八）として成立した。その後、中間法人法（二〇〇二）を経て、二〇〇六年に、一般社団法人及び財団法人と公益社団法人及び財団法人それぞれについての法律が成立している。

(3) 言論・出版の自由と検閲禁止

一二五　検閲禁止と事前抑制禁止　言論・出版の自由について、事前抑制の禁止という一般的な原則が、具体的な形をとって現われるのが、検閲の禁止（二一条二項）である。事前抑制一般のうち「検閲」という形式を特定し、そのような形での事前抑制を全面的に禁止するということが、その趣旨であるから、公権力のある行為が検閲に当たるとされたなら、どこまでの検閲なら許されるかは問題とならず、例外なしに憲法に違反することとなる。

その点については判例もそのように解している。関税定率法二一条一項三号が「公安又は風俗を害すべき書籍、図画、彫刻物その他の物品」を「輸入してはならない」としているのを根拠として税関がおこなう、輸入禁止行為の憲法適合性が争われた事例で、最高裁は、検閲の禁止については公共の福祉を理由とする例外がみとめられない、としている（最大判一九八四〔昭59〕・一二・一二（税関ポルノ事件））。

そうであるだけに、ことがらは「検閲」の定義にかかわることとなる。上記判決は、「行政権が主体となって」（＝主体）、「思想内容等の表現物を対象として」（＝客体）、「その全部又は一部の発表の禁止を目的として」（＝目的）、「対象とされる一定の表現物につき網羅的一般的に発表前にその内容を審査したうえ、不適当と認めるものの発表を禁止すること」（＝態様）、というふうに限定的な「検閲」概念を採った。

主体の点で公権力一般でなく行政権としたのは、裁判所による事前差止めを「検閲」の問題から除外することによって、例外なしの検閲禁止を貫ぬく前提となりうるが、それ以外の点については、検閲概念をあまりに限定することによって、たいていの事例がそこから外れる効果をもたらすものとなっている。いわゆるポルノグラフィーの輸入禁止が問題となったこの事例でも、その表現物が外国ですでに発表ずみであるとか、一般貨物の審査の一環であって思想内容それ自体を問題にしたものではない、という説明に結びついている。

税関検査が検閲に当たらないという判決の立場からしても、二一条一項（事前抑制禁止の原則一般）との関係が問題となる。多数意見は、「風俗を害すべき」とはわいせつのことを意味するという限定解釈（合憲限定解釈については後出258）をすることによって、合憲としているが、不明確かつ広汎にすぎる規制として文面上違憲と考えるべきである（この判決の四裁判官の反対意見はそのような立場に立っている）。

教科書検定の不合格処分を違憲として争った事件で、検定が検閲に当たるかどうかが、重要な争点の一つとなり、歴史学者・家永三郎が原告となって、三次にわたる訴訟が提起された。教科書検定はその審査が思想内容に及ぶときは検閲に該当するとした地裁判決（東京地判一九七〇〔昭45〕・七・一七〔第二次家永訴訟〕――この判決は、当の制度それ自体は検閲に当たらないが、問題となった不合格処分は制度の運用を誤ったものとして違法となる、と判定した）に対し、検定に際し思想内容等に立ち入ることがあるとしても検閲に当たらない、とした高裁判決があり（東京高判一九八六〔昭61〕・三・一九〔第一次家永訴訟〕――この判決は、判決自身の教科書観・戦争観を端的に披瀝した上で、不合格処分を適法とした）、最高裁も、高裁判決を支持し、教科書検定は検閲に当たらない、とした（最判一九九三〔平5〕・三・一六〔同上〕）。思想内容等の審査にわたるものであっても検閲でない、とする考え方は、教科書としては出版できなくとも一般図書としては出版できるということを論拠にあげる。他の領域では「日刊紙としては刊行できなくとも単行本で出せるから」という議論が出ないことと比べると、この考え方は、教科書内容の決定権がなんらかの意味で検定者の側にあることを前提としていることになる（この点については、教育内容一般の決定権の問題とあわせ、「教育をうける権利」の項目〔**157**・**158**〕を参照）。

右の最高裁判決は、検定処分が文部大臣の裁量権の逸脱にあたるかどうかの論点について、検定当時の学説状況、教育状況についての認識や、検定基準違反の評価などにつき各検定の判断に「看過し難い過誤」がなかった、としていた。それに対し、一連の家永訴訟での最後の司法判断となった第三次訴訟の上告審では、最高裁は、原審東京高裁が違法とした南京大虐殺など三カ所の記述についての検定処分に加え、「七三一部隊」の記述の削除を求めた処分を、「看過し難い過誤」を冒したものゆえ違法とする判断を下した（最判一九九七〔平9〕・八・二九）。

　裁判所による事前差止めは、検閲に当たるか。選挙の立候補予定者を非難攻撃する雑誌記事に対し、名誉権侵害の予防を理由とする印刷禁止等の仮処分がみとめられ、裁判所により執行されたことを違憲として争った事例で、最高裁は、税関事件判決を引いて、裁判所による事前差止めは検閲に当たらないとした上で、それは事前抑制の一形態だから厳格かつ明確な要件のもとでのみ許容される、とした（最大判一九八六〔昭61〕・六・一一〔北方ジャーナル事件〕）。この判決は、当事者に表現内容の真実性等につき主張立証の機会を与えるべきことを「原則」としながらも、この事例が、口頭弁論を開き、または債務者の審尋をするまでもない例外的な場合に当たるとした。この「原則」を前提とするならば、例外を簡単に許しすぎていないか、疑問となる。

一二六　表現そのものの規制と限定的規制の二分法　表現の自由の制約に対する憲法適合性判断の際に、それを表現そのものの規制ではなく限定的な制約にすぎないとすることによって合憲判断を導く手法が、問題となる。公務員の個人としての政治的意見表明を一律に禁止し刑事罰を科することを合憲とした最高裁判決（最大判一九七四〔昭49〕・一一・六〔猿払事件〕後出**259**）は、行政の中立的運営の確保とそれに対する国民の信頼の維持という立法目的と、禁止される行為との間に合理的関連があり、また、禁止により失われる利益に比し禁止により得られる利益はさらに重要である、というに際して、失われる利益は単に行動の禁止に伴なう限度での間接的付随的制約にすぎない、という点を強調する。ここでは、「意見そのものの制約をねらい」とする禁止でなく、行動の弊害をねらいとする禁止にすぎぬということがきめ手とされ、意見を表明することまでが「行動」とされている。それに対しては、憲法二一条はもともと「意見そのもの」＝内心の自由ではなく、その表現という「行動」の自由を保障しているのだ、という反論が可能である。また、「純粋言論」対「行動」を伴なう「言論プラス」（例えば徴兵カードを焼くことによる反戦の意見表明）を対置し、後者については自由への制約が大きくともやむを得ぬという趣旨だとしたら、この事例で問題となった行為（公設の掲示場に選挙ポスターを貼った行為）は、そのような対置で論ずべき性質のものとはいえない。日常的生活では、ビラ配りの自由が大きな意味を持つが、防衛庁官舎でイラク派兵反対のビラを投函した行為が住居侵入に当たるかにつき、政治的意見表明のゆえに不可罰とした一審（東京地八王子支判二〇〇四〔平16〕・一二・一六）と有罪とした二審（東京高判二〇〇五〔平17〕・一二・九、最判二〇〇八〔平20〕・四・一一も同旨）がある。

選挙運動規制、例えば戸別訪問を一律全面禁止し刑事罰を科す公職選挙法の規定について、最高裁は、二一条は絶対無制限の言論の自由を保障しておらず、「時、所、方法等」につき合理的制限を加えることは違憲でない（最大判一九五〇〔昭25〕・九・二七）、としている。合憲論を多少くわしく敷衍するようになった、のちの判決（最判一九八一〔昭56〕・六・一五）では、選挙の自由と公正確保のための「付随的制約」であることが強調されている。前者は、行為そのものの禁止と一定態様の行為の禁止という区別に着目した議論であるが、およそ言論の自由一般を基準にすれば、戸別訪問禁止はそのひとつの「方法」の禁止にすぎないこととなろうが、一切の「時、所、方法」につき戸別訪問を一律禁止していると見るのが、素直というべきであろう。後者は、行為内容に着目した規制と、行為に伴なう弊害の防止という目的実現のための規制を区別するという見地からの議論であるが、弊害防止論によって優越的自由を、しかも選挙という民主制の統治過程の場面で制約することを根拠づけるのは、むずかしい。同種事件の判決（最判一九八一〔昭56〕・七・二一）で伊藤裁判官補足意見は、そのことを指摘し、選挙運動という一種の競争を公平におこなわせるためのルール設定という見地から、戸別訪問禁止の根拠をとらえ直すことを提唱する。いわば、弊害防止という消極目的規制の見地からは正当化しがたいような規制を、選挙の公平実現という積極目的規制という見方から組みかえて説明しようとする試みであり、職業の自由についての判例の考え方（後出**139**）を、表現の自由の領域にも導入しようという意味を持つ。さらにすすめば、自由に対する積極目的規制という説明を越えて、国家による実質的自由の促進という定式化にもつながる、大きな射程を持つ議論となる。

一二七　通信の秘密　憲法二一条二項後段は、通信の秘密を保障する。歴史的には、信書の秘密がその主な問題であった。信書の秘密保持につき定める郵便法九条の解釈として、封書だけでなく開封の書状、はがきも「信書」に含まれ、その内容のほか、発信人、あて先の住所、氏名も秘密とされるとした高裁判決がある（大阪高判一九六六〔昭41〕・二・二六）。電子通信装置と傍受装置の技術的発展に伴ない、通信の秘密の保護は、新しい局面に当面している。

(4) 表現の自由をめぐる新しい諸問題

一二八　新しい問題状況　表現の自由をめぐる新しい状況は、二つの座標軸によってとらえることができる。

第一は、①表現物の発出にとどまらず、②その前提としての情報収集、加えて、③表現物の受領の場面までが、視野に入ってくるようになったということである。古典的に理解された表現の自由は、もっぱら表現行為そのものについて問題とされてきた。今日では、情報の送り手と受け手の分離という状況に対応して、「知る権利」が問題とされるようになってくる。

第二に、①国家による妨害を排除する自由にとどまらず、②国家の積極的措置によって確保される権利という考え方が、表現活動についても問題とされるようになった、ということである。

二つの座標を交叉させると、六つの次元が成り立つ。国家からの自由という場面で、(1)情報の発出について、古典的な表現の自由、(2)情報収集について、取材の自由・取材源秘匿の自由、(3)情報受領について、例えば税関検査事件に含まれていたはずの、「外国では発表ずみ」で検閲禁止をクリアしたことになるのかという論点、があげられる。国家の積極的措置によって確保される権利、という考え方に対応して、(4)情報発出の場面で、表現主体への便益の提供（資材の提供、マスメディアへの公的援助〔租税上の優遇措置を含めて〕、アクセス権〔特定的に反論権〕など）、(5)情報収集の場面で、情報公開制度、(6)情報受領の場面で、マスメディアについての公平原則や、メディアの集中排除により情報の多元性を確保する制度、などが問題となる。このうち、日本で裁判の場面で憲法論として特にとりあげられてきたのは、(2)〔後出129〕と(4)〔後出130〕である。

(5)に対応する情報公開制度は、地方公共団体の条例が先導的役割を果たしてきたが、国の法律として、「行政機関の保有する情報の公開に関する法律」が、一九九九年に制定され、二〇〇一年四月から施行された。この法律は、「国民主権の理念」を掲げ、政府の諸活動を「国民に説明する責務」（一般に「アカウンタビリティ」と呼ばれる）を全うすることを目的としている（同一条）。

(6)の場面で(4)を問題にしたものとして、公立図書館職員が「独断的な評価や個人的な好み」によって図書を廃棄した結果、当該図書の著作者の思想・意見等を公衆に伝達する利益を不当に損ない、その人格的利益を侵害したとして、国家賠償法上違法となる、という判断例がある（最判二〇〇五〔平17〕・七・一四）。

一二九　報道の自由　取材の自由・取材源秘匿の自由について、最高裁は、憲法は証言拒否権を保障していないとのべる文脈で、消極的に言及するにとどまっていた（最大判一九五二〔昭27〕・八・六〔石井記者事件〕）が、のち、真実の報道は表現の自由に属し、そのための取材活動もみとめられなければならない（最大決一九五八〔昭33〕・二・一七〔北海タイムス事件〕）、報道機関の報道は「知る権利に奉仕するもの」であり、取材の自由は「憲法二一条の精神に照らし、十分尊重するに値する」（最大決一九六九〔昭44〕・一一・二六〔博多駅ＴＶフィルム提出命令事件〕）、取材のための行為は犯罪構成要件に該当しても正当行為とされる場合がある（最決一九七八〔昭

53〕・五・三一〔外務省秘密漏洩事件〕)、という、それぞれ一般論としての説示をするようになっていた。その後、最高裁は、民事訴訟法のみとめる証言拒否についての判断で、公正な裁判実現のために必要不可欠などの事情がない限り、取材源の秘密は保護に値するという判断を示した(最決二〇〇六〔平18〕・一〇・三)。

その反面、報道のための取材の自由を重視することによって、記者クラブ所属の報道機関の記者に対してだけ法廷でメモを取ることを許すことも、合理性を欠く措置でないとした判決(最大判一九八九〔平1〕・三・八〔レペタ訴訟〕)のように、「報道機関」=法人の自由優位の考え方が、個人の自由を相対的に軽視する方向に傾く場合がある。マスメディアが「第四の権力」と言われるほどの大きな影響力を持つ側面があるだけに、「報道機関」に特別の自由をみとめるという論理構成に対しては、その射程を限定することが必要である。

一三〇　アクセス権　国家の立入りを禁止するだけでなく、国家の積極的措置によって、流通する情報の多元性を確保する、という考え方は、きわめて重要である。国家干渉なしに思想の自由市場が維持できると考えることはむしろ「ロマンティック」だという見地からすると、人びとが情報の送り手として市場にアクセスできることを確保する制度が、「アクセス権」の名のもとに主張され、その特定的な形態として、一定の場合に無償で反論を公表できるための機会が提供されるべきだという、反論権が要求される。

政党を批判する他の政党の意見広告を掲載した新聞に対する、無料での反論掲載の請求をしりぞけた判決で、最高裁は、反論権の制度は名誉・プライヴァシーの保護に資するが、その負担が批判的記事の掲載を躊躇させ、表現の自由を間接的に侵す危険もある、と指摘した（最判一九八七〔昭62〕・四・二四〔サンケイ新聞意見広告事件〕）。

国家干渉によって思想の自由競争を回復するという考え方は、経済的自由について自由競争を回復するために、国家による・私的独占からの自由を確保する、という考え方と対応し、重要な問題を提起するものであり、その立法論としての当否を、出版メディアと電波・電子メディアそれぞれについて検討することが必要である。その際、国家による・実質的自由を強調する見地からは、そのような自由をも憲法二一条の表現の自由に読みこむというアプローチをとることが、論理上ありうるだろう。しかし、表現の自由については、その古典的意義を少しでもゆるめる結果になることをおそれるべきであり、そう考えるならば、問題はやはり「どこまでなら国家干渉による自由競争の回復のための措置が、憲法二一条に反しないか」という形で議論されるべきだということになる。

5　学問の自由

一三一　学問の自由条項の意義　憲法二三条は、学問の自由を保障し、そのコロラリーとして大学の自治をも定めたもの、とされている。その条項については、二つのことが重要である。

第一は、学問の自由条項が置かれていること自体の意味にかかわる。思想とその表現の自由一般が保障されていれば、学問の自由もその効果として当然に保障されるはずである。自由一般が必ずしも保障されていないところでこそ、大学教授の学問活動について特にその自由を保障する（例えば、検閲免除特権など）ことが、格別の意義を持つこととなる。そのような意味で、「大学の自由」によって宗教の拘束から自然科学と哲学を解放することが、ドイツ的伝統であった。大日本帝国憲法下では、学問の自由を保障する憲法条項はなかったが、思想と表現の自由の侵害が、大学教授の学問活動に関連する場面で、正面から争われることが多かった（京大事件、天皇機関説事件、矢内原事件など）のは、他の領域では表現行為の自由の侵害を争って社会的事件にすること自体が困難だった、という事情の反映であった。

憲法二三条の意義を、大学の教授その他の研究者にその研究結果を教授する自由を「一般の場合よりある程度で広く認め」るもの（最大判一九六三〔昭38〕・五・二二〔東大ポポロ座事件〕）とするのは、学問の自由条項がおかれた歴史文脈に引きずられたものであろう。日本国憲法のもとでは、思想とその表現の自由一般がすでに保障されているのであり、学問の自由もその一環をなしていると考えるべきである。むしろ、例えば、（旧）国立大学の教官が形式の上で国家公務員法上の規制のもとで「一般の場合より」強い制約下にあったのに対し、自由を回復するための文脈で、使われるべきはずのものであった。憲法二三条の固有の意味は、同じ判決がその点に関する限りではみとめているように、研究者の人事、大学の施設や学生の管理について大学の自治をみとめた点に求められる。一九九〇年代以降の「大学改革」によってすすめられているさまざまの新しい大学環境の変化（二〇〇三年成立の国立大学法人法ほか）についてはとりわけ、「とくに大学の教授その他の研究者の人事に関して認められ」てきた「伝統的」大学の自治（前出最大判）に反していないかどうか検討を要する。

なお、最高裁は、普通教育についても、「大学教育の場合と異なり」教師に「完全な教授の自由を認めることは許されない」という言い方で、ひとまず憲法二三条の問題として位置づけている（最大判一九七六〔昭51〕・五・二一〔旭川学テ事件〕）。この行論と対照させると、大学の研究者が一般の場合より「ある程度広く」教授の自由を持つという説示は、普通教育を「一般の場合」と考え、それとの比較を念頭に置いていたとも解される。そうであるならば、学問の自由条項は、教師の自由への制限を大学について解除するものとしてとらえられていることになるが、そのような理解は妥当でない。

一三二　学問の自由と大学自治の関連　第二は、学問の自由と大学自治との関連である。憲法二三条は、思想・表現の自由一般の重要な一環としての学問の自由を人権のひとつとして掲げ、それに仕えるべきものとして大学自治をも定めたと理解すべきである。歴史的には、大学自治が人権より先行し、国によっては、大学自身が「国の中の国」（imperium in imperio）と言われるような強固な権力主体として、ローマ教皇の権威と直結することにより王権や教会権力に対抗し、その内部では学問上の不寛容が支配した（中世パリ大学）。そうであるだけに、近代憲法下の大学自治が、学問の自由という上位の価値を確保するためのものであることを銘記することは、重要である。

一方で、学問研究とその発表にかかわるものであるかどうかを学問主体である大学自身が判定することが、大学自治の内容でなければならない。ポポロ座事件判決は、当該の演劇活動が「実社会の政治的社会的活動」に当たるとして警察官の立入りを適法としたが、この論理からすると、大学内の諸活動の性格を判定するために外部の権力の介入が常時許されることになり、判決自身がみとめている施設や学生の管理についての自治が、結局は否定されることになってしまう。

他方で、大学を構成する諸個人の学問の自由をかえって侵すために大学の決定が援用されるときに、国家権力に対抗するという文脈から離れて、部分社会の論理（前出102）が用いられることがある。ここでは、部分社会論に向けられる批判があてはまることとなる。

Ⅲ　経済的自由

1　「経済」的自由の意味

一三三　「経済」的自由の意味　経済的自由の保障規定として、憲法二二条一項と二九条が挙げられる。そのうち、職業選択の自由と財産権が「経済的」自由権に含まれることは、説明するまでもない。居住移転の自由は、その歴史的沿革からして、人びとを土地に縛りつけていた封建的生産関係をこわし、資本主義の生産関係をつくりあげるために決定的に大切だった、という意味で、経済的自由の側面が重視されるのである。帝国憲法発布のときにすでに、居住移転の自由を定めた旧憲法二二条の理解として、営業の自由を「含ム」（『憲法義解』）とされていたのも、その現われである。

居住移転の自由には、同時に、精神的自由、人身の自由としての要素があるし、職業選択の自由も、個人の生き方の中枢部分にかかわるものとして、精神的自由に深くかかわっている。財産権もまた、それが精神的自立を支える意味を持つ限りで、精神的自由と無関係ではない。しかし、憲法は、そのうえで、これらをまず経済的自由として位置づけているのである。個別の権利条項としては二二条一項と二九条二項だけが、「公共の福祉」を理由とする制約の可能性を明示的に規定しているのは、経済的自由を社会的公正の観点から制約する現代型憲法の特徴を示したものとなっている。

従ってまた、ひとしく「経済的」自由に分類されるものであっても、もっぱらその経済的側面だけを問題にすればよいもの（多くの場合、巨大法人の経済活動の自由）と、個人の生き方にかかわる人格的な要素を無視することができないもの（例えば、みずから働く農民の農地所有権）とでは、それらの制約の憲法適合性を判断する際の基準が、違ってきてしかるべきものとなるであろう。

一三四　経済的「自由」の意味――独占放任型の自由と反独占型の自由　二二条一項と二九条の問題の双方にまたがって、経済的「自由」の内容の歴史性を認識することが重要である。

「私的独占の禁止及び公正取引の確保に関する法律」（いわゆる独禁法）を、経済的自由への制約立法としてとらえる見地と、経済的自由の促進立法としてとらえる見地とが対立する。前者にしたがうと、独禁法の強化がどこまでなら公共の福祉の見地から許され、違憲とならないか、が問題となる。後者の見方からすると、独禁法を強化しないことが違憲状態をひきおこすことが、問題とされる。一方は、国家からの・形式的自由を経済的自由の本質とし（独占放任型の自由）、他方は、国家によって自由競争を確保する実質的自由こそを、経済的自由の精髄と考える（反独占型自由）。

独禁法自身は、「公正且つ自由な競争を促進」（同一条）することを立法目的に掲げ、自由促進立法としての自己定義をしている。歴史上も、西欧市民革命期の立法や判決による反独占型の法的解決は、営業制限の自由が契約の自由の帰結として主張されるとき、それに対抗する営業の自由として、――経済的自由に対する制約としてではなく――、自己規定をしていた。総じて、初期独占の打倒と自由競争の確保のための国家介入は、経済的自由主義の名において――その制約としてではなく――主張され、貫ぬかれたのであった。

かように、初期近代＝市民革命期には、自由競争を創出、維持する反独占型の主張が、経済的「自由」の歴史的内容であった。それに対し、一九世紀段階の枠組での法的思考を基準とすると、内容を捨象した「自由」がまず想定され、自由競争確保のための国家介入も、自由への制約として受けとられることとなる。憲法上の「自由」としては、後者の立場に立って説明するのが普通であるが、その場合にも、自由競争確保のための独占規制を、「公共の福祉」の名による経済統制一般の中に無自覚的に含めてしまうことなく、二つの「自由」の対抗図式の中で、その実質的意義を読みとることが必要である。

「自由経済」を自認して高度成長をとげた日本社会で、一方で売惜しみ、買占め、土地ころがし、系列取引、インサイダー株取引の「自由」が氾濫し、他方で、その日本が、「自由経済」の基本ルールに従っていないという批判が海外から寄せられていた。「自由経済に反する」として独禁法の強化に反対する主張と、「自由経済」の名のもとに独禁法の強化を要求する主張が、交叉してきた。そうした中にあるだけに、経済的「自由」の二義性につき自覚した上での憲法論が、求められている。

2　財産権

一三五　憲法二九条一・二・三項の相互関係　憲法二九条は、財産権という用語を使い、狭義の所有権に限らず、物権、債権、無体財産権ほか財産価値を有する権利を、包括的に保障対象としている。

憲法二九条一項は財産権を「侵してはならない」とし、同条二項はその「内容」を「法律で……定める」としている。前者は、特に所有権を念頭に置いてそれを「不可侵かつ神聖」の権利とした一七八九年宣言一七条を、後者は、「財産権は義務を伴う。その行使は同時に公共の福祉に役立つべきである」としたワイマール憲法一五三条を、それぞれ連想させる。これら二つの規定は、経済的自由主義と社会的制約思想という歴史的段階を反映しているが、日本国憲法二九条というひとつの条文にとりこまれたとき、どのような論理的整合関係にあるものとして説明されるのか。

ひとつの見方は、二九条一項と二項を、いわばその歴史的性格のままに、矛盾したままでとらえ、その矛盾を三項が調整する、というふうにとらえる。しかし、一七八九年宣言一七条も、所有権を「神聖不可侵」とした上で、「事前かつ正当な補償」のもとでそれを奪うことができるとしていたのであり、財産権への現代的制約の問題を、そのような損失補償制度一般と同視してしまうのは、正しくない。

二九条一項と二項は、それらの間の関係だけで両立可能なもの、と見なければならない。その際、二項に従って法律で定められたものが一項で「侵してはならない」とされる、という理解は、財産権を憲法上保障することの意義をなくしてしまうから適切でない。一項と二項の両立を説明する技術として、「制度的保障」の観念が用いられることがある。一項が私有財産制という制度を保障し、二項がその中身を定める、というのである。

この観念がドイツで主張されたとき、それは、法律の留保という制度枠組を前提とし、立法権による侵害から制度の中核部分をまもることをねらいとすると同時に、基本権保障と違ってそれ自体は権利でない、と説くものであった。その首唱者によれば、職業官僚制、大学自治制、地方公共団体の自治権などが「真正の制度的保障」とされ、財産権については、「制度的保障」としてとらえることが疑問とされていた（この点に関連して問題とされるべき重要な論点として後出267・268頁以下）。

日本国憲法下でも、この観念について語られることが少なくない。二九条一項のほか、二〇条三項（政教分離）、二一条二項（検閲禁止）、二三条（大学自治）などが、例として挙げられているが、これらの例に共通な特徴をきわ立たせるものとして「制度的保障」という観念を用いなければならない必然性にとぼしい。政教分離、検閲禁止、大学自治が、それぞれ、信教の自由、表現の自由、学問の自由の保障に仕える制度として理解されるという限りでの共通性であって、「制度的保障」の原義に照らした特性を共有しているわけではない（しかも、政教分離の場合について言えば、それが宗教集団——およびそれと一体化した諸個人——の信教の自由と対抗関係に立つ場面で問題となることがあることについて、前出118）。

それに対し、二九条一項については、あえて「制度的保障」としてそれを解し、社会的観点からの制約を目いっぱいまで推進するという効果に結びつけることには、それとして固有の意義がある。その際にも、二九条一項は財産「権」という定式化を明確にしているのであるから、私有財産制の中核部分、すなわち、人格的自由と内面的な関連を持つ財産については、憲法上の権利として保障されていると見なければならない。

二九条一項で保障されている財産権の中核的部分は何かという議論の立て方（内容アプローチ）と、二九条二項の公共の福祉の要請からどこまで財産権を制約できるか、という観点（制約アプローチ）のうち、これまでは、主として後者の場面に議論が集中し（「公共の福祉」についての前出107以下の説明を参照）、財産権の性格論そのものの吟味は十分になされてきたといえない（経済的「自由」の二義性についての認識が必ずしも明確でなかったのは、そのひとつの現われである）。

持分価格二分の一以下の森林共有者からの分割請求を禁止する森林法一八六条の規定につき、最高裁は、森林の細分化を防止して森林経営の安定化をはかるという立法目的との関連で、その規制の必要性と合理性がみとめられないから違憲、と判断した（最大判一九八七〔昭62〕・四・二二）。憲法二二条一項の自由につき判例が採っていた積極目的規制と消極目的規制のふり分け論（後出139）に照らせば、この問題は積極目的規制とされ、立法府の裁量が広くみとめられたはずであろうが、この判決は二分論にまったく言及していない。この判決で注目されるのは、共有物分割請求権について、単独所有の原則性を強調することによって、それが「民法において認められるに至ったもの」という説示にすぐ続けて、「したがって」「分割請求権を共有者に否定することは憲法上、財産権の制限に該当」する、とのべていることである。ここでは、民法上の特定の権利が、憲法上の権利性を備えるものとして受容されている。

書留郵便物の取扱いについて損害賠償を限定していた郵便法六八条、七三条（二〇〇二年改正前のもの）を、憲法一七条のみとめる立法裁量の範囲を越えて違憲とした最高裁判決（最大判二〇〇二〔平14〕・九・一一）があり、違憲判断によって保護された利益の性質に即して、ここでもあげておく（後出150）。

一三六　条例による財産権規制　憲法二九条二項が財産権の内容を「法律で」定めるとしているところから、条例による規制が憲法上可能かどうか、問題となる。

この条項の意味を、精神的自由への制約と対比して、法律によれば政策的制約も可能だとする趣旨にとらえるならば、憲法九四条の条例が、九三条で直接選挙により選出される地方公共団体の議会で制定されるものであることに照らして、積極に解することができる（最大判一九六三〔昭38〕・六・二六〔奈良県ため池条例事件〕）。

一三七　正当な補償　憲法二九条一項と二項がそれとして両立可能だとして、三項による補償を必要とすることなく両立可能な場合と、補償が伴なってはじめて両立できることとなる場合とが分かれる。補償の根拠は、特別の犠牲は補塡されなければならないという考え方であるが、何をもって「特別の犠牲」と見るかが、問題となる。私有財産を公共のために用いる目的に着目して、政策的規制（例えば環境保全）は補償を要しないが災害防止のための規制（例えばため池の堤塘での耕作等の禁止）は補償を要する、とする考え方、規制の程度の問題として、財産のそれまでの用途を根本的に変えなければならないような規制は補償を要する、とする考え方などがありうる。どちらにしても、「特別の犠牲」の比較基準をどこに置くか（農地という財産権の種別のなかで「特別」か、土地というより一般的な種別のなかで「特別」か、など）によっても、結論が分かれる。

判例は、ため池の堤塘で耕作等を禁ずることによって、財産権の行使がほとんど全面的に禁止される結果となる場合につき補償不要（前出、奈良県ため池条例判決）、農地改革の場合につき補償必要（後出、農地改革訴訟）、としている。

憲法二九条三項は、私有財産を「公共のために用ひる」ときに補償を要するとしている。ここで「公共のために」とは、直接公共の用途に供する場合だけでなく、公共の利益に仕える目的で用いられる場合を含む（最判一九五四〔昭29〕・一・二二）。「用ひる」とは、私有財産の剝奪と制限の場合両方を含む。

補償は、「正当」でなければならない。自作農創設特別措置法による農地買収が「正当な補償」かどうか争われた事例で、最高裁は、その時の経済状態において成立することを考えられる価格に基づき、合理的に算出された相当な額を言うのであって、必ずしも右の価格と完全に一致する必要はない、とのべた（最大判一九五三〔昭28〕・一二・二三）。この判決は、二九条三項の意味について、完全補償説でなく相当補償説に立った先例と目されてきた。しかし、農地改革が占領下に「憲法外に於てなされた」（井上、岩松裁判官少数意見）という担い手の点でも、前近代的な日本農村の地主制を改革して自由な諸個人をつくり出し、日本国憲法存立の前提を整えるものだというその歴史的性格から言っても、この判決を一般的に相当補償説の先例とするのは適切でない。現に、土地収用法上の損失補償について、最高裁は、「完全な補償」、すなわち、収用の前後を通じて被収用者の財産価値を等しくするような補償が必要だとしている（最判一九七三〔昭48〕・一〇・一八）。

直接に憲法二九条三項に基づく補償請求も、可能と考えるべきである。最高裁は、河川附近地での砂利採取の許可制が損失補償に関する規定を伴なっていなくとも違憲でない、とのべる文脈で、可能説を示唆している〔最大判一九六八〔昭43〕・一一・二七〕。予防接種の副反応による身体障害を「特別の犠牲」としてとらえ、憲法一三条後段、二五条一項の趣旨に照らし、二九条三項を類推適用して、国に損失補償を求めることができる、とした一審判決があった〔東京地判一九八四〔昭59〕・五・一八〕が、第二審はその考え方を否定した〔東京高判一九九二〔平4〕・一二・一八〕。

3　職業選択の自由

一三八　憲法二二条一項の意味　憲法二二条一項は「職業選択の自由」を規定しているが、それには、狭義の選択の自由と、それをおこなう自由の両方が含まれる。最高裁は、「いわゆる営業の自由」〔最大判一九七二〔昭47〕・一一・二二〔小売市場事件〕〕、「職業の自由」〔最大判一九七五〔昭50〕・四・三〇〔薬事法事件〕〕の保障を含むとしている。

憲法二二条一項の保障する「営業の自由」「職業の自由」として、国家からの・形式的自由を考え、それに対する公共の福祉の観点からの制限がどこまでなら違憲でないか、が憲法論として問題とされてきた。まさにそのような自由によって放任される結果として生ずる独占に対抗して、自由競争の回復を求める要求が、もうひとつの営業の自由〔国家による・実質的な、反独占型自由）として主張される（前出134）。

一三九　裁判例　憲法二二条一項に関連する事例で、最高裁は、二重の基準論に明示的に言及してきた（前記の、小売市場事件の合憲判決と、薬事法事件の違憲判決）が、その際、「経済活動の自由」に関してさらにその内部での区分けの論理として、消極目的規制と積極目的規制の二分論を提示している。

薬局開設距離制限に関する薬事法の条項を違憲とした判決（最大判一九七五〔昭50〕・四・三〇）は、その規定を、自由な職業活動が社会公共に対してもたらす弊害を防止するための消極的警察的な規制としてとらえ、より緩やかな規制によってはその目的を達成できないとみとめられる場合にのみ合憲とされるという基準をあてはめ、違憲判断を導き出した。それに対し、小売市場開設の許可制については、経済的劣位に立つ者を保護するための積極的な社会経済政策の実施の一環としてとらえ、立法府が裁量権を逸脱し、その規制措置がいちじるしく不合理であることが明白な場合に限って違憲とされる、という基準を適用して、合憲としていた（最大判一九七二〔昭47〕・一一・二二）。

この二分法は、経済的自由の規制について「合理性の基準」をあてはめるとした上で、その内部で、消極目的規制については「厳格な合理性の基準」（精神的自由の規制のうち、時・所・方法の規制についての「より制限的でない手段の選択」の基準と同じ効果を持つ）を、積極目的規制については「明白の原則」を、それぞれ採ることを意味する。「積極目的規制」を社会経済政策上の目的を持つ規制一般に広げて理解すると（判例のいう「国民経済の円満な発展」「社会経済の均衡のとれた調和的発展」という定式は、そのような一般化への傾向を助長する）、既存業者の保護を含めて、ほとんどすべての目的が、それに含まれてしまうことになるだろう。積極目的規制を、憲法上の根拠（二五条、一三条）による説明が可能な弱者保護という視点にしぼるならば、それについて立法者の裁量を広くみとめることは、妥当であろう。

目的の判定にあたって、表むきの立法目的ないし表むきの意義づけを問題にするか、本音の立法目的ないし実際の効果を問題にするかによって、憲法適合性の判断が左右されることがある。憲法二二条一項の問題についての初期の判例は、公衆浴場法による適正配置規制を、浴場の偏在・濫立によって生ずる国民保健・環境衛生上の弊害を防止するものととらえながら、それを合憲とした（最大判一九五五〔昭30〕・一・二六）が、目的二分論をあてはめれば、消極目的規制にあたり、合憲と判定することが困難なはずのものであった。のちの事例では、最高裁は、同じ問題で、公衆浴場業者の転廃業の防止と健全で安定した経営というねらいをいわば正面から認定することによって、積極目的規制にふり分け、合憲としている（最判一九八九〔平1〕・一・二〇）。

Ⅳ　身体の自由

1　居住移転、外国移住、国籍離脱の自由

一四〇　居住移転・外国移住の自由　居住移転の自由（憲法二二条一項）は歴史上、経済的自由としての大きな役割を持つものだった（前出**133**）。そのときでも、職業身分制と土地への緊縛とからの開放が、精神的・政治的自由の解放にとって決定的な意味を持つものだったことは、言うまでもない。今日の世界で、独裁下にある人びとにとって、居住移転の自由の要求がどれだけ切実な意味に充ちたものであるかを見ても、ことがらは明瞭である。

外国移住の自由（憲法二二条二項）は、外国旅行の自由を含む。移住（出国）の自由は、再入国の自由をも含むと理解すべきである。

「著しく且つ直接に日本国の利益又は公安を害する行為を行う虞があると認めるに足りる相当の理由がある者」に旅券発給を拒否できると定める旅券法一三条一項五号につき、最高裁は、「明白かつ現在の危険」ある場合にだけ拒否できるという主張をしりぞけて、公共の福祉のための合理的制限だから合憲とした（最大判一九五八〔昭33〕・九・一〇）。人権に抗する「国益」の考慮が優先しやすい領域だけにいっそう、行政府に広い裁量をみとめる運用は違憲と考えるべきである。

日本に居住する外国人について特に、再入国の自由との関係で、外国移住の自由が問題となる（前出100）。

一四一　国籍離脱の自由　国籍離脱の自由（憲法二二条二項）は、近代立憲主義の想定する国家が、自然的共同体でなく、諸個人の意思によってとり結ばれたものなのだ、という思考（前出14）を反映している。

2　奴隷的拘束・苦役からの自由

一四二　特に徴兵制の問題　奴隷的拘束、すなわち個人の人格主体性と両立できぬほどの身体の拘束の禁止を定める憲法一八条は、憲法が私人対公権力の関係だけでなく私人間にも直接適用される典型例である。

憲法一八条は、「その意に反する苦役」、すなわち強制的な労役を、刑罰の場合を除いて禁止する。徴兵制は、制度設計いかんによって憲法九条だけでなく本条にも違反することになる。

3　法定手続の保障

一四三　罪刑法定主義　憲法三一条が「何人も、法律の定める手続によらなければ、その生命若しくは自由を奪はれ、又はその他の刑罰を科せられない」としていることの射程については、議論がある。

第一に、刑罰を科す手続は、法律で定められなければならない（刑事手続を法律で定めることと、最高裁判所の規則制定権（憲法七七条）の関係については、後出239）。

第二は、刑罰を科す実体法が法律で定められなければならない、という罪刑法定主義（nulla poena nullum crimen sine lege）を意味する。

法律以外の法形式によって刑罰を定めることができるかについては、政令（憲法七三条六号）、条例（九四条）に関して、それぞれ問題となる（後出224・229）。

法律の規定が不明確・広汎であるときは、法律によって定めたものと言えないから、憲法三一条違反とされなければならない（条例等の法形式が問題になるときも同じ）。

最高裁は、公安条例の「交通秩序を維持すること」という規定を「殊更な交通秩序の阻害」を禁じたもの（最大判一九七五〔昭50〕・九・一〇〔徳島市公安条例事件〕）、青少年保護育成条例の「淫行」を性行為一般をいうのでない（最大判一九八五〔昭60〕・一〇・二三〔福岡県青少年保護条例事件〕）、というふうに解釈することによって、処罰の範囲が不明確でないから合憲、という判断を導いている（刑事事件でないが、関税定率法二一条一項三号が輸入禁制品としてあげる「風俗を害すべき書籍、図画」をわいせつ文書のことだとし、文言の明確性に欠けるところはない、としている（最大判一九八四〔昭59〕・一二・一二〔税関ポルノ事件〕））。その反面、最高裁は、違法とされる争議行為の範囲について限定解釈をして無罪の結論を出す判例の手法を否定し、そのような限定解釈を、「罪刑法定主義に反するおそれすらある」（最大判一九七三〔昭48〕・四・二五〔全農林警職法事件）としていて、その首尾一貫性についての説得力に欠ける。

一四四　due process of law　第三に、憲法三一条は、刑罰の手続・実体が適正でなければならないという要請までを含むか。

アメリカ合衆国憲法修正五条、一四条が連邦および州の行為につき、due process of law（法の適正な過程）によらなければ生命、自由、財産を奪われないとしていることとの関連が、憲法三一条の解釈に際しても意識されてきた。

連邦法律の内容を明示に規律する権利条項がない領域（例えば平等）について、また、州法律の内容を規制する憲法条項が少ないことから、修正五条、一四条は、憲法運用上、枢要の役割をひきうけてきた。アメリカの場合は「財産」が保護対象として明記されているために、社会政策的立法を抑止するはたらきがあることが争点とされたが、日本国憲法三一条は、「刑罰」に関する規定であるから、その点は事情が違う。また、アメリカでは、「実体的 due process 理論」による運用がプライヴァシーの保護などに大きな力を発揮する反面、それが裁判官の裁量を広くしすぎるという側面が批判され、毀誉褒貶の渦中に置かれることになったが、その側面は、日本国憲法のもとでは、主として一三条の解釈の場面で問題となり、三一条がそこまでの問題をかかえこむようにはなっていない。

憲法三一条が、法律内容の適正までも要求すると解釈するのに、特に難点はない。比較的くわしい権利条項を備えた日本国憲法のもとでは、この意味で三一条違反が問題とされるときは、同時に他の条項違反でもあることが多い。

三一条違反の論点が特に主要な意味を持った事例として、関税法違反に伴なう附加刑の問題として、最高裁は、その犯罪に関係する船舶、貨物で情を知った第三者の所有にかかる物の没収は、その第三者に事前に告知・弁解・防禦の機会を与えないままでそれをすることは三一条（および二九条）に反して違憲だとした（最大判一九六二〔昭37〕・一一・二八〔第三者所有物没収違憲判決〕）。

三一条違反が固有の問題となる可能性を示したものとして、最高裁は、同条違反の主張を簡単に排斥しながらであるが、「罪刑の均衡等からいって著しく不合理で、到底許容し難いもの」であれば三一条違反となるという、一般論としての枠組を示している（最大判一九七四〔昭49〕・一一・六〔猿払事件〕）。

憲法三一条の保障は、身体の自由を拘束する行政手続に及ぶか。行政手続についても、それが刑事手続でないとの理由だけで、そのすべてが三一条の保障の外にあるわけではないとしながら、行政処分の相手方に常に事前の告知、弁解、防禦の機会を与えることは必要でない、とした最高裁判決がある（最大判一九九二〔平4〕・七・一〔成田新法事件〕）。

4　その他刑事手続上の保障

一四五　逮捕・抑留・捜索に関する保障　憲法三三条は逮捕につき、三四条は抑留・拘禁につき、三五条は捜索につき、身体と住居の不可侵の原理に基づいて、法的保障を定める。

身体の拘束には裁判官の発する令状を必要とするという原則のもとで、逮捕状（刑訴一九九—二〇四条）、勾引状・勾留状（同六二条）、鑑定留置状（同一六七条）が、制度化されている。

一四六　拷問と残虐刑の禁止　憲法三六条は、拷問と残虐な刑罰を「絶対に」禁ずる。同条との関係で、特に、死刑の憲法適合性が問題とされてきた。最高裁は、死刑の執行の方法等がその時代と環境において人道上一般に残虐とみとめられる場合には憲法に違反するが、死刑そのものが直ちに残虐な刑罰に該当するとはいえない、とした（最大判一九四八〔昭23〕・三・一二）。立法論の問題として、今日、少なくない諸国で、死刑が廃止されている（EU基本条約は死刑の廃止を規定し、それを加盟の条件としている）が、それらの国でも、世論一般は死刑制度を支持していたのが普通であり、「残虐」性の判定にあたっても「一般」の意識を基準とすることはできないはずである。

一四七　刑事被告人の権利　刑事被告人の権利に関連して、憲法は、公平・公開・迅速な裁判と当事者主義（三七条）、黙秘権（三八条）、事後立法の禁止、一事不再理と二重危険の禁止（三九条）について規定する。

「迅速な裁判」に関しては、十五年余にわたって公判期日がまったく開かれなかった事例について、迅速な裁判を受ける被告人の権利が害されたとみとめられる異常な事態として、直接憲法三七条一項に基づいて、免訴の言渡しをした例がある（最大判一九七二〔昭47〕・一二・二〇〔高田事件〕）。

憲法三七条二項、三項は、刑事被告人の証人審問権、弁護人依頼権を保障する。刑事訴訟の措置として、訴訟の主導権を当事者に与え、裁判所は攻撃・防禦の主体となる両当事者を平等に扱うという、当事者主義をとることが、憲法上の要請となる。三七条一項が「公平な」裁判所というときは、それゆえ、当事者主義の意味での「公平」さを含むこととなる。

黙秘権を定めた憲法三八条一項の保障は、刑事手続そのものだけでなく、実質上、刑事責任追及のための資料の取得収集に直接結びつく作用を一般的に有する手続にも、ひとしく及ぶとされている（最大判一九七二〔昭47〕・一一・二二〔川崎民商事件〕）。

憲法三八条三項は、本人の自白だけを証拠として有罪とされないことを、定めている。公判廷での自白があるときは補強証拠なしに有罪とすることができる、というのが最高裁の三八条三項解釈であった（最大判一九四八〔昭23〕・七・二九）が、刑事訴訟法（一九四九年一月一日施行）三一九条二項は、「公判廷における自白であると否とを問わず、その自白が自己に不利益な唯一の証拠である場合には、有罪とされない」と明記した。共同被告人または共犯者の自白については、それだけで補強証拠なしに有罪とされることはない、と解すべきである（最大判一九五八〔昭33〕・五・二八〔練馬事件〕は、反対に、共犯者・共同被告人も、被告人本人との関係では被告人以外の者だとして、被害者その他純然たる証人と本質を異にしない、とした）。

一四八　刑罰不遡及、一事不再理、二重危険からの自由　罪刑法定主義のいう「法律なければ刑罰なし」の原則の一場面での現われが、事後立法の禁止（または刑罰不遡及）であり、憲法三九条は、実行の時に刑罰の対象となっていなかった行為について刑事上の責任を問われない（前段前半）、と定めている。

同条は、すでに無罪とされた行為につき刑事上の責任を問われない、として、一事不再理の原則をも定め（前段後半）、また、すでに確定判決によって有罪とされた行為について重ねて刑事上の責任を問われないとして、「二重危険」禁止の原則を定めている（後段）。

〔問題状況〕

人権を、その歴史的・思想史的脈絡に沿って、人一般としての個人の権利としてとらえるところから出発し、また、個々の解釈論に際してもそこに立ちもどることを基本におく、というこの本の見地からすると、制度的保障の観念は、各論での応用可能性を問う以前のところで、重要な意味を持つ主題である。この観念がとりあげられるとき必ず言及されるカール・シュミットが「真正の制度的保障」として挙げているもの（前出**135**）は、どれも、国家と諸個人の間に介在する「制度」（例えば、政教分離ではなくて、むしろ反対に、教会という制度の公法上の地位を保障すること）であった。そうしてみると、もともと、そこでのinstitutionelle Garantieとは、「何かを制度的に保障するもの」というより、「制度を保障すること」だと見るべきであろう。その意味で、シュミット自身の用語の訳語としては、「制度的保障」でなく「制度保障」がふさわしい（石川健治『自由と特権の距離〔増補版〕』〔前出45頁〕は端的に、「制度体保障」という訳語を用いる)。そうしてみると、他方で彼がフランス革命の「偉大さ」と近代憲法にとっての典型性に執着し、それが中間団体を徹底的に排撃することによって politische Einheit（政治的統一体＝集権的国家）を実現したことの意味を何より重視した（前出20）、ということとの整合性が、問題とされなければならない。彼の主著『憲法理論』の原文索引が「憲法—具体的秩序」の項目に対照させている本文の箇所は、ほかならぬ、政治的統一体とともに存在する絶対的意味の憲法の叙述にあてられている。「具体的秩序」が中間諸集団を制度保障によって位置づける思考であるとしたならば、それは、「政治的統一」への執着とどう接合するのかが、問題となる。

もとより、個人を論理上の出発点として想定する近代立憲主義にとって、それに先行する中間諸団体は、異物というべき性質のものであった。しかしまた、特権身分集団の要素が伝統として残存することによって、国家による権力の原則的独占に対抗する自由の拠点ともなってきた（前出16参照）。司法権の独立や大学の自治は、そのような認識のもとで、その積極的意義と（場合によって生ずる）問題性が論じられる必要がある。

思想良心の自由と信教の自由につき渡辺康行『「内心の自由」の法理』（岩波書店、二〇一九）は、防御権の自由と客観法規範（政教分離）それぞれにつき憲法適合性審査の技法を区別して精緻化することを提唱する。

自由権のうちでも特に枢要な地位にあるとされてきた表現の自由について、それが「有象無象の生活領域」に関する権利主張と同列に置かれることによって「足を引張」られるのを峻拒し、同時に、

「社会を知的なものに仕立て上げる」（ボリンジャー）ものとして、表現の自由に積極的な意義づけを与えようとするのが、奥平康弘『なぜ「表現の自由」か』（前出207頁）である。その見解は、限定的人権観（前出**87**）、および、権利の一段階画定アプローチ（前出**107**）、さらに、規範的正義論による権利内容の積極的根拠づけ（前出206・207頁）と結びつくものとして、人権の原理論にとって大きな意味を持つ。その反面、奥平自身が問題点として指摘するのを忘れていない点であるが、こうした「内容重点的な物の見方」は、ある種の表現物を頭から「表現の自由の世界から放逐」することになる危険、また、国家が表現内容に関心を持つようにいわばさそい水を向けることになる危険を、あわせはらんでいる。

大学の自由として特化されている場合であれ、表現の自由一般の中に包摂されている場合であれ、学問の自由は、「真理の探究」という特に強い正統化理由を持ってきた。しかし、科学技術の急速な発展、とりわけ、原子力などの大規模技術からはじまって、生命倫理の問題を提起する医療技術の目ざましい展開を前にして、先端科学技術の法規制が、あらためて、学問の自由の内容についての憲法論――「なぜ『学問の自由』か」の問い――の必要を呼びおこしている。公法学の分野からのこの問いへのアプローチとして、早い時期に保木本一郎『遺伝子操作と法――知りすぎる知の統制』（日本評論社、一九九四）以下の連作が出されていた。関連する最近のものとして、寺田麻佑『先端技術と規制の公法学』（勁草書房、二〇二〇）がある。

経済的自由についての本文の記述は、経済史学者・岡田与好による「法律学批判」の示唆に負うところが大きい（特に、『経済的自由主義――資本主義と自由』東京大学出版会、一九八七、および没後公刊された『競争と結合――資本主義的自由経済をめぐって』蒼天社出版、二〇一四)。西欧の市民革命によって追求された「営業の自由」が、何よりも、反独占型自由の貫徹による自由競争の公序の確保を意味する――従って、契約自由の名のもとで放任される独占形成の自由に、敵対することを本質とする――、という歴史的事実に注意を喚起することにはじまった「営業の自由論争」は、国家からの・形式的自由と、国家による・実質的自由の対置の意味をあらためて吟味することを促した。それは、まず、狭義の経済的自由をめぐる議論の域を越えて、労働力取引の独占を確保する法制としての労働基本権保障の意義、公教育の成立と教育の自由の対抗関係、宗団からの個人の解放を意味するものとしての政教分離の意義など、各論諸分野で法律学の通説的理解に挑戦し、「自由」の意味をあらためて問い直した。つぎに、直接に言及された各論諸分野の問題を越えて、「自由」の二つの意味の対置は、国家=政治権力からの自由の問題に加えて、社会的権力からの自由の問題の重要さについての認識を触発し、「法人の人権」論、部分社会論、人権の私人間効力論がそれぞれに含む論点を、統一的に憲法論の体系の中に位置づけるべきことを示唆した。さらに、この「法律学批判」は、「法律学」の側から、近代法学の体系は国家からの自由を中心に組み立てられてきているのだという――それ自体としては正当な――反論をひきおこすことを通して、かえって、そのような法律学の「常識」が持つ歴史性を自覚させることを可能にした。とりわけ、一九世紀段階の西欧の法思考体系の輸入としてはじまった日本の近代法学は、国家から
の自由という問題場面の成立に先行していたはずの「自由」についての問題意識、すなわち、市民革命を担った主体による国家への自由と、それを前提としてはじめて語ることのできる国家による社会からの自由という問題意識が、稀薄だっただけに、

このことは重要であった。なお、岡田営業の自由論による問題提起の重要性を法学界に受けとめさせようとした私の当初の論理構成の仕方に対する中島徹の批判につき、前出197-198頁を参照。

先行する身分制集団からの国家による個人の解放という段階をヨーロッパのようには経過する必要のなかったアメリカで、近年になってあらためて、立憲主義にとっての国家の役割についての指摘がなされていることについて、阪口正二郎『立憲主義と民主主義』（前出164頁）による「積極的立憲主義」をめぐる検討を見よ。

身体の自由、なかでも刑事手続の中での自由（捜査段階のそれを含む）は、ことの性質上、憲法上の他の権利類型を問題にすることを可能にする前提そのものにかかわるが、これまで、長い伝統を持つ刑事法学にその検討がゆだねられてきた形であった。それに対し、「刑事手続を支える理念の転換を重視し、憲法の立場から下位法やその運用のあり方を検討しよう」としたものとして、杉原泰雄『基本的人権と刑事手続』（学陽書房、一九八〇）がある。

第二節　古典的権利に関する諸条項——その二

1　裁判を受ける権利

一四九　裁判請求権の本質的性格　「国家からの自由」として考えられた一連の諸権利とは違った意味で、「古典的」といってよい諸権利がある。ドイツ系の公権論は、公法上の請求権として権利体系を考えたから、まさにその「中心」に、「個人の利益のために国家の積極的給付を求める請求権」がある、と説明した。国務請求権として類別されるものが、そうである。

自己の利益のために裁判官を動かすことができることこそが「人格の本質的要素」（G・イェリネック）だとする考え方は、古い歴史を持っている。もともと、近代的意味での「立法」（後出**231**）という観念自体が成立していなかった社会では、裁判こそが権力の集約的な表現の場であったから、それだけに、右のことには、大きな意味が含まれている。

憲法三二条は、「裁判所において裁判を受ける権利」を定める。自己の権利または法的利益が不法に侵害された者は、裁判所に対し、その主張に法的判断を下し、必要な救済の措置をとることを請求する権利を持つ。民事事件についてだけでなく行政事件についても、裁判請求権を憲法上みとめたものと解される（後出、司法の項目〔**233**〕を見よ）。

刑事事件の裁判については、「裁判を受ける権利」は、裁判所の裁判によってでなければ刑罰を科せられない保障を意味する。憲法三七条は、自由権としての側面から、「公平な裁判所の迅速な公開裁判を受ける権利」を保障している。

2　国家賠償請求権

一五〇　国家無責任から国家責任へ　公権力の違法な行使によって損害が生じたときにも、かつて、「国家無責任」「主権免責」の原則が、損害賠償の可能性を否定していた。近代立憲・法治国家の進展とともに、損害賠償制度が整備されてくることとなる。旧憲法のもとでは、非権力的活動から生じた損害については、民法の規定に従って、国・公共団体の賠償責任をみとめるようになった（一九一六年の大審院判例）が、権力的活動については、一貫して、「この所民法入るべからず」とされてきた。

憲法一七条によって、公務員の不法な行為によって損害を受けた者は、権力作用・非権力作用のいかんを問わず、賠償を求めることができることとなった。また、その場合に国または公共団体自身に賠償責任が課せられることとなった。一般法としては、国家賠償法が適用される。他方、国・公共団体がおこなう純粋な私的経済取引などによって生ずる私法関係については、民法をはじめとする私法の規律に従って、賠償責任が問われる（この点は、戦前からそうであった）。

損害賠償に関する法律規定が違憲とされた例として、書留郵便物の損害賠償を郵便物の亡失・

毀損の場合に限定し、請求人を郵便物の差出人と受取人に限るとしていた郵便法の規定が、憲法一七条に反するとされた（最大判二〇〇二〔平14〕・九・一一〔前出135〕）。また、国家賠償訴訟という形で立法不作為の違憲性が争われた事例についての最高裁の判断が示されている（後出168・256）。

3 刑事補償請求権

一五一　適法な裁判による損失への補償　憲法四〇条は、抑留・拘禁された後、無罪の裁判をうけた者が国にその補償を求めることができることを定める。刑事裁判に、手続としては違法な点がなく、公務員に故意・過失がなかった場合にも、それによって受けた損失を補償するという制度である（刑事補償法）。公務員に違法な行為があったときは、そのことに対し憲法一七条の損害賠償請求権がみとめられるから、刑事補償請求権と競合して主張されることとなる。

4 請　願　権

一五二　請願の現代的意義　憲法一六条は、請願権を定める。「請願をしたためにいかなる差別待遇も受けない」という規定は、自由権的効果にかかわるが、国務請求権の側面についていえば、国家機関は、請願を受理し、誠実に処理しなければならない（請願法五条、六条はその趣旨を定めたものである）。

国民主権、およびその具体化としての普通選挙制のもとで、みずから決定的な影響力を行使できるはずとなった国民にとって、請願という行動の意義はうすれたかに見えた。しかし、表現の自由と組合わせになった国会への請願行動は、一種の直接民主主義的要因を政治過程に導入する意味を持つものとして、その役割が再評価されるようになっている。

〔問題状況〕

イェリネックの公権論は、公法上の請求権の体系として組み立てられ、その「中心に、個人的利益のために国家の積極的給付を求める請求権」が置かれている（前出91）。彼にとって、「自己の利益のために裁判官を動かしうる」ことが、「人格の本質的要素」とされていたのである。そればかりでなく、彼の公権論が請求権の体系として構成されていること自体、「消極的地位」＝自由それ自身が、自由権とされるためには、「積極的地位」に対応する裁判請求権の裏づけを得なければならないということに、つながってゆくであろう（当時、違憲審査制はないから、行政裁判所による権利保護の能否が問題となる）。そこには、裁判的方法による担保があるときだけ「権利」を語ることができる、という定式化が持つ積極的意味と、他方で、「まだそうでない」ものを切りすててしまう危険（前出92）とが、すでに示されている。

第三節　現代的意義を持つ諸条項

Ⅰ　社会的諸条項

1　総　説

一五三　現代国家の積極的役割と社会権　日本国憲法は、家族（二四条）、生存（二五条）、教育（二六条）、労働（二七、二八条）などの領域での国家の積極的役割の承認を前提とする諸規定を、置いている。職業選択の自由と財産権について、「自由」保障という定式化を前提としながら、「公共の福祉」によるそれへの制約を明示的に定める形で国家の積極的な役割を含意する規定を置いているのとあわせて、現代型憲法の特徴を、そこに見出すことができる。

憲法史上、ワイマール憲法を原型とするこの現代的特徴は、第二次大戦後に、一般化する。国家からの自由として定式化された古典的諸権利に対して、そのような現代的特徴に対応する諸権利は、社会権という類型化で理解されている。国家からの自由＝国家の不作為の要求を中心とする自由権に対して、国家による作為を要求する社会権を対置することは、もとより、有益な対比というべきであるが、二つの点に注意が必要である。

第一は、社会権とされるもの自体の中に、自由権の要素があるということの意味について。——例えば、団結権は、団結する自由が基礎にあって主体的なものとなるのであり、しかも、団結する自由は、団結しない自由を論理的に含まざるをえないとすれば、団結権の現代的意味の核心である団結強制を、ただひたすら一面的に強調することはできないはずである。

第二に、社会権の重要さを強調することによって自由権の意義を軽視することになってはならない。「人たるに値する生存」を掲げたワイマール憲法の一面が、ナチス独裁の「生存配慮」と対応していることを見のがしてはならない。「福祉をおこなう国家」を「福祉国家」と呼ぶならば、それは日本国憲法のえがく国家像そのものである。しかし、「時代遅れ」の自由主義を非難するという文脈で「現代福祉国家」が持ち出されたことがある。例えば、『憲法調査会報告書』（一九六四）は、そのような言葉づかいをした上で、こうのべていた。——「この立場から、国民の社会的責任を明らかにし、個人の権利・自由の行きすぎを是正しうるよう、権利、自由に対する制約を明らかにするために〔憲法の〕改正を要すると主張する見解が多数の見解である」。

その後、状況は一転し、「新自由主義」（前出**18**・**19**）への流れの中で、こんどは生存権、社会権と福祉国家の「時代遅れ」性を言う主張が力を得てきた。

2　家族に関する規定

一五四　個人の尊厳と両性の平等　憲法二四条の家族に関する規定は、個人の尊厳と両性の平等が家族生活の場面で確保されるべきものであることを定める、という仕方のものになっている。

旧憲法下の「家」の制度は、強度に家父長的な性格を持ち、個人の自律を妨げる最大の障害であった。それは、民法上の制度であると同時に、教育勅語によってめざされた「忠、孝一本」の道徳の言葉どおり、臣民の私生活と公的生活を通ずる支配秩序の基底を形づくっていた。西欧の伝統にあっては、「家」は、政治権力の一元的・全面的支配に対抗する可能性を持つ楯として、個人の自由の側に立つ役割をひきうける場面があった。だからこそまた、政治権力の側では、「家」を解体してアトム的な社会構成員をつくり出すことによって支配を貫ぬこうとする局面があったのである。それと反対に、一九四五年以前の日本社会では、「家」は、政治的権力のいわば下請けとして、個人を圧迫するはたらきを演じた。そのような「家」の制度を解体し、個人の尊厳（それは今日では当然に両性の平等をも要求する）を核心とする日本国憲法のもとでふさわしい公序を家族生活に強制する、という意味を持つのが、憲法二四条である。この趣旨に従って、戦後、民法の親族・相続篇の大改正（一九四七年）がなされた。

憲法二四条は、そのような意味で公序の強制を意味し、その効果として、そのような公序に合致する家族を保護すべきことをも含意する。結婚退職制を女性の労働者の「結婚の自由」をいちじるしく制約するものとした裁判例（東京地判一九六六〔昭41〕・一二・二〇）も、家庭を「国家社会の重要な一単位」として見る判決文の文脈の中で、そのように理解することができる。

一五五　近代憲法にとっての家族　家族や母性の保護という関心をワイマール憲法（一一九条

以下）のように正面に出しているかどうかは別として、現代型憲法が家族に言及するのに対し、それに先行する時代には、家族への憲法上の言及は一般的でない。しかし近代憲法にとって家族が特別の意味を持ってきたことは、重要である。旧体制を解体するために中間団体の解体を徹底して標榜したフランス革命期にも、家族は、にもかかわらず個人主義社会の中で独自の意味を託されていた。あらゆる中間団体の排除にもかかわらず、ほとんど唯一の例外として位置づけられた家族は、個人の自律と整合的なはずのものとして、その自律を承認されていたのである。

憲法二四条は、何より、旧家族制度を否定して近代家族の理念を憲法上の公序として設定する意味を持ったが、他方では、「個人の尊厳」に言及——近代憲法の窮極の理念としての「個人」にいわば総論的に言及した一三条のほかにあえてここで一箇所——したことによって、近代西欧家族の「個人」が実は家長個人主義（前出44頁、後出298頁）と言うべきものだったことへの、批判的見地を含んでいる。家族の問題について「個人」を徹底的に貫ぬこうとすれば、二四条は、後述するワイマール憲法の家族保護条項とは対照的に、近代家族解体の論理をも含意したものとして読むことができるだろう（もっとも、「両性」の本質的平等とのべている点で、同性の結合による「家族」を憲法上の公序として想定することについて一般的な一致が見られるまでにはなっていないが）。

嫡出子と非嫡出子との法定相続分における区別（民法九〇〇条四号ただし書前段）を法律婚の尊重の観点から平等違反でないとした大法廷多数意見（最大決一九九五〔平7〕・七・五）と、出生につき責任のない非嫡出子を差別するものとした五裁判官反対意見（同上）との対立は、古典的近代家族のあり方と個人とのどちらに重点をおくかの家族観の違いを反映していた。その後、同条項については、(その裁判で争われていた相続開始時点の)平成一三年七月当時において合理的根拠を失い憲法一四条一項に違反していた、とする最高裁の判断が出ている(最大決二〇一三〔平25〕・九・四)。

加えて、女性についてだけ六か月の再婚禁止期間を定めていた民法七三三条一項を違憲とする判決が出された(最大判二〇一五〔平27〕・一二・一六)。この判決は、女性の再婚後に生まれた子につき、父性の推定の重複を避け父子関係をめぐる紛争の発生を防ぐという立法目的には合理性があるとした上で、一〇〇日を越える禁止部分を違憲とした(違憲性が国会にとって明白ではなく国家賠償法上の違法はなかったとして上告は棄却)。

その一方で最高裁は、「夫又は妻の氏」を称すべきことを定め夫婦同氏を義務づけている民法七五〇条については、氏の変更を強制されない憲法上の自由の主張を否定した(最大判二〇一五〔平27〕・一二・一六)。判決は夫婦同氏規定を合憲とする理由の中で、家族を「社会の自然かつ基礎的な集団単位」と認定している。家族についてのその表現は国際人権AB両規約の文言にほぼ対応する(移民・難民問題という場面ひとつを見ても家族条項が国際関係ゆえにこそ持つ特別の意味に留意する必要があるがそれはさて置き)が、判決文ではあえて「集団」単位という二字がつけ加えられている。多くの人びとの日常生活の中で受け入れられてきたそのような家族観がかりに社会通念だとしても、それを裁判所の判決が、憲法二四条二項に明記されている「個人の尊厳」との緊張について説明することなしに確認してしまっている。他方で、帝国憲法の発布を前に早世した明治の法制官僚・小野梓が『国憲汎論』（著者の没後一八八三―八五年公刊）を論ずるにあたって「民法こそ法制の第一基礎」とのべ、「独立自治の良民を以て組織するの社会」は「一団の家族を以て其基礎となす社会」ではなく、「衆一箇人を以て基礎となす社会」でなくてはならぬとして、戦後民法改正をすでに先どりしていた。法律家層による二つの対照的な家族観が、今なお私たちの前で競り合っている。

ワイマール憲法の家族条項は、婚姻を「家族生活および民族の維持・増殖の基礎として」「憲法の特別の保護を受ける」（一一九条一項）としていた。このような現代型憲法の家族への関心は、家族それ自体の重視を意味するとともに、家族構成員の保護のための国家介入をも意味する。さらにそれは、家族の動揺・崩壊というきわめて今日的現況のもとで、国親思想（parens patriae）の現代版としての問題性、すなわち、その反法治主義的側面をも、問題としなければならない（前出**96**参照）。

3 生存権

一五六　生存権の権利性と裁判例　「健康で文化的な最低限度の生活を営む権利」を保障した憲法二五条は、まず、社会権に関する原則的規定として、一方で、経済的自由への「公共の福祉」による制限の実質的な根拠を提供するとともに、他方で、社会権として類型化される諸権利の基礎を示すものとして、それらに関する諸条項についての解釈基準としての意味を持つ。最高裁判決も、「労働基本権の保障の狙い」について憲法二五条に定める生存権の保障を基本理念とする、とのべている（最大判一九六六〔昭41〕・一〇・二六〔全逓東京中郵事件〕）のは、後者の点をみとめたものである。

憲法二五条に定める権利そのものについては、何より、生存権の「権利」性が問題となる。一般には、違憲審査の場面で裁判所の判断基準となりうるかどうか、という点について、プログラム規定説、抽象的権利説、具体的権利説の三分類に沿った議論がおこなわれてきた。

プログラム規定説は、その呼び名からして、ワイマール憲法下での議論に由来する。ワイマール憲法は「人たるに値する生存」の理念を掲げることによって、社会権の原型を指示したが、そこでは、「権利」という用語は用いられていなかった。そのような状況のもとで形成されたプログラム規定説をそのまま憲法二五条の理解に持ちこみ、「権利」と明記した条項を、およそ裁判上援用できないとすることは、適切でない（もっとも、プログラム規定説も、裁判規範性を否定するのであって、違憲という評価を下す基準となること自体を否定するものではない）。

抽象的権利説は、国民の「権利」が国の「義務」に対応することをみとめるが、その権利が抽象的にとどまるとする。具体的権利説のうちいちばん積極的な説は、憲法二五条を根拠として立法の不作為の違憲確認訴訟を提起できるというところまでを主張する。この両説の中間には、いろいろのニュアンスを持つ説が分かれる。

憲法二五条に関して初期のリーディング・ケースとして扱われた、食糧管理法が同条に違反しないとした判決（最大判一九四八〔昭23〕・九・二九）は、プログラム規定説によって先例として引用されることが多かったが、食糧統制違反に対する刑罰規定の憲法適合性が争われたこの事例は、二五条の社会権的側面についての先例として適切なものではなかった。つぎに、生活保護法に基づく厚生大臣の保護基準が憲法二五条に反することを問題とした訴訟で、最高裁は、第一審原告の死亡によって訴訟は終了したという判決を下し、その傍論で、「念のため」として、厚生大臣の広汎な裁量をみとめたが、そのことは、憲法との関係で裁量を越える場合がありうることを想定している限りで、プログラム規定説でなく、抽象的権利説に属することを意味する（最大判一九六七〔昭42〕・五・二四（朝日訴訟））。児童扶養手当（一九七三年同法改正以前）と障害福祉年金の併給禁止規定の憲法適合性が争われた事件について（最大判一九八二〔昭57〕・七・七（堀木訴訟））、本論の形で、立法者の広汎な裁量を承認する判断を示した最高裁判決も、そのように理解される（この判決は、福祉受給の平等にかかる論点についても、簡単に、立法裁量を容認している）。

三分類法でいえば、最高裁は抽象的権利説をとっていることとなり、他方、具体的な権利説に入るものの中でも、立法不作為を国家賠償請求によって争うという可能性をみとめること自体は裁判実務上も受け入れられている（後出**256**）ことを考えあわせると、三つの類型のどれにあたるかという議論の建て方そのものが、必ずしも適当でない。

こうして、つぎのような諸局面それぞれについて、生存権の「権利」性を問題にする方向が選ばれるべきであろう。

①生存権の自由権的効果を求めること、②憲法二五条を具体化する法律の存在を前提として、その法律を根拠としておこなわれた行為の法律適合性を問題にする場面で、憲法二五条を援用すること、③法律そのものの憲法適合性を争うこと、④法律がない場合に、立法不作為の憲法適合性を問題とすること。

4　教育を受ける権利

一五七　近代憲法史の中の「教育」　教育を受ける権利（憲法二六条）は、社会権のひとつとして、現代的なものとして位置づけられる。人間に値する生存を確保する前提（人権論）としても、主権者＝国民の一員としての自立した判断と行動を可能にするためにも（統治機構論）、教育のひきうける役割は、憲法にとって決定的に重大である。だからこそ、実は、近代憲法は、現代的段階を待つまでもなく、教育に無関心であることはできなかった。

近代憲法確立期に、教育をめぐる憲法論は、屈折した形で現われる。国民の意思を背景とする公権力が公教育を創出し、それを通して、近代憲法に適合的な公序を形成しようとする（「自由への強制」）のに対し、そのような公権力に対抗する方向で、「教育の自由」が主張され、それはしばしば、親の「信教の自由」の形をとる。公権力が政教分離を掲げて共和主義教育を貫ぬこうとし、教育の自由を掲げてそれに抵抗するカトリック教会との間ではげしい闘争が展開した、一九世紀末から二〇世紀初頭にかけてのフランスの状況は、その典型例である。アメリカ合衆国で、公立学校の設置自体が修正一条と衝突する（親の自由を侵害）、という仕方で議論が出されるときの脈絡は、それと共通している。

一五八　裁判例　日本国憲法のもとで、教育の問題は、違憲審査制の運用の場面でも、はげしく争われてきた。

教科書検定訴訟（検閲との関連で、前出**125**）で、検定の際の不合格処分を違法とする原告の側からは「国民の教育権」、被告・国の側からは「国の教育権」という観念が強く主張され、この二つの観念のどちらを採るかは、下級審段階での判断の分かれ目ともなった（「国民の教育権」に言及するものとして、東京地判一九七〇（昭45）・七・一七〔第二次家永訴訟〕、「国の教育権」を語るものとして、東京地判一九七四（昭49）・七・一六〔第一次家永訴訟〕）。最高裁は、学力テストを通しての教育内容の統制の違法性が問われた事件について、これら二つの教育権論を、どちらも「極端かつ一方的」とした判決（最大判一九七六（昭51）・五・二一〔旭川学テ事件〕）で、親の自由、私学教育の自由、教師の教育の自由をそれぞれ肯定すると同時に、教育内容に対する国の正当な理由に基づく合理的な決定権能がある、とし、その際、「子どもが自由かつ独立の人格として成長することを妨げるような国家的介入」は、憲法二六条（および一三条）に反することとなる、という枠組を示した。

「国の教育権」の限界を画す一般論として、右の判断枠組は、受け入れることができるであろう。憲法二六条の保障する「教育」とは、そのようなものでなければならない、ということになる。他面で、誤解をおそれずにいえば、公教育の存在とは、なんらかの「国家的介入」を意味するのであり、「自由かつ独立の人格」の形成こそがその目的にほかならない。

日本国憲法のもとで「国民の教育権」が語られるとき、具体的には、教師や親の自由が主張される。そこでは実は、公教育がその掲げる理念から逸脱するのに対し、あるべき国家介入＝公教育を代位するものとして、教師の「自由」が「国民の教育権」の名のもとに主張されているのである。そこでは、「自由」の主張という形式がとられていても、公権力からの自由という普通の図式とは違い、教育を受ける権利の内容要求として構成されている。

それに対し、欧米で「教育」が憲法問題となるときの一般的構図は、公権力が正当な国家介入としての教育の担い手となり、それに対抗して、親（ないし親を代位するものとしての教師、私立学校）が自分の宗教的信条に従って教育する自由を主張する、という形のものとなる。そのような「自由」の主張者は社会の宗教的多数派（フランスでのカトリック教）でありながら、それに対して政治的多数派＝公権力が政教分離を貫ぬこうとする、という場合もあれば、宗教的少数派が、少数派集団の権利として自己の教育の自由を主張する、という側面（アメリカでの少数派セクトの信仰ゆえの義務教育の免除の主張）もある。いずれにしても、そこで見られる、公教育の理念に対する親の自由という対抗図式の中では、公教育が親の自由に対抗して子どもの利益を代弁する、という構図が見られる可能性があり、子ども自身の自己決定をどこまでみとめるべきかという、「子どもの権利」をめぐる論争も、重要なかかわりを持つこととなる。親の信念に従って日曜を信仰の日としたいとする主張と、日曜日に参観授業をしようとする公教育との間の対立（具体的なひとつの事例として、東京地判一九八六〔昭61〕・三・二〇）や、信仰上の信念ゆえに必修科目の剣道実技を受講しなかった生徒と、その生徒を退学処分にした学校側の対立（前出118）の意味は、そのような入りくんだ構図の上で読みとられなければならない。

その後、学校間の競争を促進し学校を「選ぶ自由」を語る方向での教育の規制緩和の主張が、現場での教育活動そのものに対する権力的規制の強化と並行して——しばしば同一の説き手によって——説かれるようになる。そうした中で、国旗掲揚と国歌斉唱の指導に関する学習指導要領のもとで、起立、斉唱、伴奏等の義務を教職員に課す都教育委員会通達と職務命令が出され、違反者に懲戒処分が課されているが、通達が各学校の裁量の余地をほとんど残していないことを、教育基本法一〇条一項の「不当な支配」にあたるとし、懲戒処分をしてまで命令に従わせることは思想良心の自由を侵害するとした下級審判決があった（東京地判二〇〇六〔平18〕・九・二一）。その後最高裁は、職務命令に従わなかった職員への懲戒処分のうち戒告を適法とする一方で、減給と停職については「慎重」な「考慮」が必要として処分を取消した（最判二〇一二〔平24〕・一・一六）。この判決は「「君が代」や「日の丸」に対する否定的評価」を教職員「個人の歴史観ないし世界観」によるものとしてとらえた上で判断しているが、戒告も取消されるべきとした宮川裁判官の反対意見は、問題とされた教員の行為を「教育者としての教育上の信念に起因」するものとして受けとめている（傍点は著者）。この論点については、先行する事例（最判二〇〇七〔平19〕・二・二七）での藤田裁判官の反対意見が、問題とされるべき思想・良心とは、教師自身の歴史観ないし世界観それ自体であるよりは、学校の公的儀式の場での公的機関による参加者への強制そのことに対する否定的評価に基づく教師としての信念ではないか、という考え方を示していた。まことに、公教育の公共性という観点からするとき、教師の「教育者としての」、教師なるがゆえの信念に反することを見すごすことができぬという場面での自由こそ、肝腎の論点だというべきであろう。

なお、「不当な支配」という文言は、基本法の二〇〇六年改正によって、違った文脈の中に置かれることとなった。旧一〇条一項が「教育は、不当な支配に服することなく、国民全体に対し直接に責任を負つて行われるべきものである」としていたのに対し、新一六条は「教育は、不当な支配に服することなく、この法律及び他の法律の定めるところにより行われるべきもの……」としているからである。

5　労働に関する諸権利

一五九　勤労の権利　憲法二七条一項は、勤労の権利を定める。自分自身の勤労によって生活するという自己責任を原則とする社会で、就業の機会が得られるよう国の施策を求め、他方で保険制度などの整備を求めるという場面で、勤労の権利の社会権としての側面が現われる。勤労の権利については、生存権と同様の意味で、その「権利」性が問題となる。職業安定法、雇用対策法、雇用保険法などの法律が制定されている。

一六〇　勤労条件の基準法定　勤労条件の基準を法律で定めることを定めた憲法二七条二項は、財産権への公共の福祉のためにする制限を定めた二九条二項と対応する。財産権保障は、所有権のコロラリーとして契約の自由を意味するが、労働力の所有者＝売り手と買い手の間の契約については、特に国家が介入して、契約の自由を制限し、勤労者にとって一定の水準を維持することがめざされることとなる。労働基準法、最低賃金法などの法律が制定されている。

労働条件改善のための国家介入は、初期資本主義のもとで年少者とりわけ児童の労働条件が非人道的に劣悪だったことの是正からはじまった。憲法二七条三項が児童の酷使の禁止を定めているのは、そのような歴史的背景を反映し、第二項の趣旨を児童について特に明白にしたものである。

一六一　労働三権　憲法二八条は、団結権、団体交渉権、争議権を保障する。普通、労働三権と呼ばれるものである。勤労者が自分たちの労働条件をみずから改善し、健康で文化的な生存を確保するためには、団結して労働組合を組織し、団体交渉の主体となり、交渉をすすめる際の手段として、労働力の提供を集団で拒否することができなければならない。それらの諸局面に対応するのが、団結権、団体交渉権、争議権である。

労働条件の改善のために団結するということは、労働力の個々の売り手による自由競争を制約し、労働組合が労働力取引の当事者として独占的地位を持つということにほかならない。そのような意味を持つ団結権が、近代憲法の体系の中でどんな位置を占めるかを明確にすることは、重要な事柄である。

市民革命期には、営業の自由と労働の自由の名のもとに、反・団体主義が強調された(親方の団結と労働者の団結の両方を刑事罰で禁止したフランス革命期のル・シャプリエ法がその典型)。産業革命以降になると、労働者の団結の刑事罰からの解放が労働運動によってたたかいとられ、「ひとりですることが自由な事柄は、集団ですることもできる」という論理によって、それが法的に受け入れられることとなる。

現代憲法は団結を法的に保護し、そのことによって、労働力取引について売り手の独占を保障することとなるが、この段階になると、他方で営業独占に対しては、独占を規制して自由競争を回復する方向がめざされる。このように、労働力取引の場面と営業の自由の場面では、労働者の団結＝独占保護法制と企業の独占禁止法制という、対照的な内容を持つ制度が登場するのであり、この組合わせが、産業先進国に共通のものとなる。だからこそ、逆の組合わせ、すなわち、団結の弾圧と独占の放任という組合わせを否定することが、戦後改革の中心課題となったのであり、それはまさに、労働組合運動の解放と財閥解体によって推進されたのであった。

その後、その組合わせは、一九八〇年代から各国で時間差を伴ないながらふたたび逆方向に向かう。労働力取引の自由化と独占禁止法制の緩和である（前出18）。

一六二　団結強制をめぐる問題　団結権の保障は、なんらかの程度での団結強制の要素を含むが、団結する自由を否定するものとなってはならない。ユニオン・ショップ協定による組合加入強制は、労働者の組合選択の自由および他の労働組合の団結権を侵す場合には許されない（最判一九八九〔平1〕・一二・一四〔三井倉庫港運事件〕）。また、労働組合が、その統制に反して公職の選挙に立候補した組合員を処分することは、統制権の限界を越えるものとして違法とされる（最大判一九六八〔昭43〕・一二・四〔三井美唄労組事件〕）。

憲法二八条を受けて、労働組合法は、労働基本権の行使に関連して、刑事免責（同法一条二項）、民事免責（八条）、不当労働行為の制度（七条）などを定めている。

一六三　公務員等の労働基本権　憲法二八条の意味が争われたのは、特に、公的部門の勤労者の労働基本権についてであった。日本では、警察・消防の職員については労働三権ともに否定され、非現業の公務員については、団体交渉権と争議権が否定され、現業公務員、地方公営企業および（旧）公社の職員については、争議権が否定されてきた。これらの法制の憲法適合性が多くの場面ではげしく争われたが、日本では労働運動の中核を公的部門の組合活動が担ってきたこと、賃金その他の労働条件の決定に際し公的部門での実績が少なくない影響力を及ぼしてきたことからして、ことがらは、公的部門の勤労者の利害を越えた意味を持ってきたのである（前出103）。

初期の最高裁は、公務員（以下、公的部門の勤労者を含む）が「全体の奉仕者」（憲法一五条二項〕であることを理由に、簡単に違憲論をしりぞけていた〔最大判一九五三〔昭28〕・四・八〕。第二期の画期となったのは、一九六六年の重要な判決〔最大判一九六六〔昭41〕・一〇・二六〔全逓東京中郵事件〕〕であり、憲法一五条を根拠として公務員の労働基本権をすべて否定することは許されず、「実定法規の適切妥当な法解釈をしなければならない」として、郵政職員のした争議行為に、郵便物不取扱いの罪を定めた郵便法七九条一項は適用されないとした。公務員の争議行為を刑事罰から解放しようとするこの方向は、地方公務員法の争議行為禁止規定〔地公法三七条一項〕と罰則規定〔同六一条四号〕を、それぞれ憲法二八条の趣旨に合うように限定的に解釈し、違法性の強い争議行為について特に違法性の強い争議あおり行為だけを処罰するものだとした判決〔最大判一九六九〔昭44〕・四・二〔都教組事件〕〕によって、決定的となったかに見えた。

しかし、この第二期は短いエピソードに終わり、一九七三年には、ふたたび刑罰による争議行為禁止が合憲とされることとなる。その画期となった判決で、最高裁は、憲法に適合するように法令を限定解釈するという手法を否定した〔この点につき後出**258**〕が、とりわけ、公務員の勤労条件は国会の法律、予算によって決まるのであるから、公務員が政府に対し争議行為をすることは的外れであって、国会の議決権を侵す、という説明をするようになった〔最大判一九七三〔昭48〕・四・二五〔全農林警職法事件〕〕。この先例を援用しながら「財政民主主義」論を特に展開するものとして、最大判一九七七〔昭52〕・五・四〔全逓名古屋中郵事件〕〕。

公務員の労働条件についての国会法定主義ないし財政民主主義は、公務員の争議行為を全面一律に禁止し違反に刑事罰を科す法令を合憲なものとして説明するには、不十分である。使用者としての国（その背後には納税者としての国民が考えられよう）はひとつの利害関係人にほかならず、国民主権＝国権の最高機関・唯一の立法機関としての国会、というもうひとつの像を援用して、対立する立場にある利害関係人の労働基本権を否定してしまうことは、背理である。

Ⅱ　新しい諸権利

1　包括的権利条項としての憲法一三条解釈

一六四　幸福追求権　憲法の権利保障規定は、その憲法が制定された時代を反映して、それぞれの権利を列挙している。必ずしも憲法改正や新憲法の制定によるまでもなく、憲法解釈を通して、新しい権利が憲法上の存在と目されるようになることは、少なくない。アメリカ合衆国憲法修正九条は、「この憲法に一定の権利を列挙したことをもって、人民の保有する他の諸権利を否定しまたは軽視したものと解釈してはならない」と定めている。

憲法一三条後段による「生命、自由及び幸福追求の権利」への言及が、そのような文脈で問題とされる。この権利は、まず、他の列挙された諸権利の意味を補完するものとして、いわば、他の権利条項＝特別法に対する一般法の関係に立つと見ることができる。特に、自由権に属する諸権利との関係でそうであり（社会権については二五条も同様な意味を持つことが考えられる）、例えば、職業選択の自由についての経済的自由としての側面だけでなく、一三条と関連づけることによって、人格の自律という要素を読みとることができるだろう。

つぎに、新しい権利類型をひき出すための手がかりとして、幸福追求権が援用される。古典的な自由権に加えて社会権が登場し、自由権自体についても、国家からの自由だけでなく私人間の自由、妨害排除だけでなく国家による積極的措置などの側面が問題とされるようになる、という展開の延長線上にあって、今日的課題への対応の中から要求される新しい諸権利（人によっては自由権、社会権につぐ「第三世代の人権」と呼ぶもの）を憲法上根拠づけることは、重要な意味を持っている。しかしその反面、「人権のインフレ化」による価値下落現象がおこる危険性、裁判官の主観的な判断の余地を過大にするおそれ、などの問題点をも考慮に入れなければならない。国家からの自由として新しい権利類型を承認するという場合には、そのことによって公権力への制約が強まる効果を生ずるだけであるが、他の私人への強制の要素を含む権利が創出されるときには、特に慎重な考慮が必要となる。

最高裁は、憲法一三条を「公共の福祉」による憲法上の権利の制約のための根拠規定として重視する、という文脈の中でのことであるが（そのことの問題性として、前出107・108）、「生命、自由及び幸福追求に対する国民の権利」をひとまず広く理解する。未決勾留中の者の喫煙に関して、「喫煙の自由」について、「一三条の保障する基本的人権に含まれるとしても」公共の福祉のための制限に服する、とのべている判決はその一例である（最大判一九七〇〔昭45〕・九・一六）。

2　いくつかの権利

一六五　裁判例　最高裁判決の中で、多少とも明確な権利類型の設定をみとめる方向にあるものとして、警察官によるデモ参加者の撮影が許される限度内のものであったとした判決で、一般論として、承諾なしにみだりに容貌・姿態を撮影されない自由を、「これを肖像権と称するかどうかは別として」といいつつ憲法一三条の「趣旨」からみとめられる、としたものがある（最大判一九六九〔昭44〕・一二・二四〔京都府学連デモ事件〕）。

人格権としての名誉権に基づき、名誉侵害行為の差止めを求めることができるとした判決では、「名誉の保護（憲法一三条）」と「表現の自由（二一条）」という二つの憲法上の権利の衝突、という定式化をしている（最大判一九八六〔昭61〕・六・一一〔北方ジャーナル事件〕）。

区役所が弁護士会からの照会に応じて特定個人の前科を通知した行為を、過失による違法な公権力の行使とみとめた判決で、前科等は人の名誉・信用に直接かかわる事項であり、「みだりに公開されないという法律上の利益」を持つ、としたものがある（最判一九八一〔昭56〕・四・一四）。この判決に付された補足意見（伊藤裁判官）では「プライバシー」という用語が明示的に使われているところから、実質的には、プライヴァシーの権利という類型をも――憲法一三条論としてではないにしても――、最高裁はみとめていたと見てよいであろう（下級審では、早い時期からプライヴァシーの権利への言及がなされていた。プライヴァシー侵害を理由として損害賠償の請求をみとめた東京地判一九六四〔昭39〕・九・二八〔『宴のあと』事件〕、プライヴァシー侵害を理由として映画の上映差止めがありうるという判断枠組を示した東京高決一九七〇〔昭45〕・四・一三〔『エロス＋虐殺』事件〕）。

その後、小説の登場人物として同定される、公的立場にない者の、公共の利益にかかわらないプライヴァシーにわたる事項に関して、その小説の公表の差止めを求めることができるとした例がある（最判二〇〇二〔平14〕・九・二四）。また、大学が学生に提供を求めた学籍番号、氏名、住所、電話番号を本人の意思に基づかずにみだりに他者に開示することを、プライヴァシーを侵害する不法行為にあたるものとした例がある（最判二〇〇三〔平15〕・九・一二）。住民基本台帳法に基づいてネットワークに生年月日などの個人情報を接続された住民から、プライヴァシー侵害を理由とする訴訟が相次ぐ中で、自己情報コントロール権を憲法の保障するプライヴァシー権の重要なひとつであるとした上で権利侵害をみとめたもの（大阪高判二〇〇六〔平18〕・一一・三〇）と、権利侵害をみとめなかったもの（名古屋高裁金沢支判二〇〇六〔平18〕・一二・一一）と高裁の判断は分かれたが、最高裁は権利侵害をみとめなかった（最判二〇〇八〔平20〕・三・六）。

私人間の紛争場面のことであれ、まして公権力の行為についてであれ、高度情報社会化がすすみ、同時に営利本位の大量伝達手段が成長している今日の環境の中で、プライヴァシー保護は、自己情報コントロールの手段として、ますます重要な意味を持つものとなっている。

「他人に知られたくない個人の情報」（前出、伊藤補足意見）を法的に保護することが、プライヴァシー権の核心であるが、一方では、人格権の中でのより古典的な名誉権、他方では、より新しい主張を含む自己決定権との関連が、問題となる。

名誉は、社会的な評価を受ける場面でその侵害が問題となるものだとすれば、プライヴァシーは、社会的な評価にさらされないことを内容とする点で、対照的である。権利の救済が問題となるとき、事実の争い方に、この両者の間では、性質上の差がある（その事実を明らかにされたくないからこそ、プライヴァシー侵害を主張するのである）ことからすれば、両者は明確に区別すべきものであろう。

他方で、主として問題とされてきたプライヴァシーが、社会関係からの自由を本質的要素とするものだったとすれば、その後、自己の生き方（ライフ・スタイル）に基づいて他人と社会関係をとり結ぶ権利の主張が、プライヴァシーの名において提出されるようになる（妊娠中絶、同性愛、髪型等々）。いわば、「かくすもの」としてのプライヴァシーに対し、自己主張の権利、自己決定権としてのプライヴァシーである。この点でも、両者の性質の差を簡単にひとくくりしないようなプライヴァシー概念の設定が、求められる。

産業の発展と消費社会の高度化に伴なって、環境破壊が深刻な問題を提起するようになり、良好な自然環境を享受する権利が、「環境権」として具体的な訴訟の中で主張されることが少なくない。その主張の中で人格権として構成できる部分については、そのような形で承認されていると言えるが、「環境権」そのものについては、下級審段階でこの概念に肯定的に言及する例がある（仙台地判一九九四〔平6〕・一・三一）としても、判例形成にまで至っていない。「景観利益」

の保護については、最高裁の判断が出ている（最判二〇〇六〔平18〕・三・三〇）。

〔問題状況〕

西欧近代法を担った個人が、実際には、旧ヨーロッパ的伝統によって自律を裏づけられた家族を前提とした家長という、「強い個人」だったのに対し、物的基盤や制度の裏づけを持たない「弱い個人」が、どのようにして「権利のための闘争」の主体となることができるか、という難問は、人権論の根本にかかわる（前出44・45頁）。かつて、「弱い個人」たるプロレタリアートの権利主体性を支えるべきものとして、団結の意義が強調された。いま、フェミニズムや「子どもの人権」論の側からの――それ自体として正当な――主張が、家族の動揺という現象と一種の共振現象をおこしており、そのような中で、一部では、かえって、共同体の復権の必要が論じられている。しかし、ことがらの根本は、「弱い個人」がみずからの主体性を強めながら、相互に連帯をとり結ぶ、という正道の外にはなく、個人の主体性の確立がむずかしいから「団結」や「共同体」を援用するというのでは、解決にならないだろう。

社会権条項として挙げられる二五条（生存）、二六条（教育）、二七・二八条（労働）に共通して、国家のひきうけるべき役割と私人の側で演ずべき能動性とがどう交わるか、という論点があり、「上からの社会権」に対して「下からの社会権」を対置することは、重要な意味を持つ（中村睦男『社会権法理の形成』有斐閣、一九七三）。もっとも、「下からの社会権」を説くことは、国家による積極的給付への要求を強めることと矛盾するものでないことも、強調する必要がある。一九六〇年代に「福祉国家」シンボルを掲げて「国家からの自由」の制限を正当化しようとしたと同じ政治勢力が、一九八〇年代に入って、「小さな政府」と「自助努力」を強調して、こんどは「福祉国家でなく福祉社会を」と言うようになってきただけに、いっそうそうである（「下からの社会権」論に共感を示しながら、生存権論における給付請求という側面の法論理的開拓の重要さを強調するものとして、大須賀明『生存権論』日本評論社、一九八四）。

　生存権の場合は、慈恵的な社会政策（「ムチ」と併用される「アメ」）としての側面と、主体的な権利要求の成果としての側面の対照が、典型的に現われる。それに対して、労働の場面では、本来は、労働運動法の領域の権利（憲法二八条の労働三権）が基本であり、それを補う形のものとして労働保護法（二七条）が位置づけられることによって、「下から」の運動の主体性が強調されるはずであった。しかし、労働運動の力量の十分でないところでは、労働組合の活動の場面で社会的権力としての経営に対抗することができず、選挙過程での圧力団体活動を通し、政治権力を媒介として、立法による労働保護を追求することが、相対的に重要な地位を占めるようになる。一九九〇年代以降の労働環境の激変の中で、かねて労働法領域での個の自己決定の重要性を説いて集団主義的生存権偏重の傾向を批判してきた労働法学者が、あらためて、自己決定と国家法による規制を適切に組み合わせる方向を展望しようとしている（西谷敏『規制が支える自己決定——労働法的規制システムの再構築』法律文化社、二〇〇四）。

教育の領域では、事情はさらに複雑となる。①憲法二六条をもっぱら狭義の社会権としてとらえる立場は、国家の積極的役割を、物的条件の整備だけに限定し、教育内容についてはすべて国家からの自由にゆだねることとなる（国家からの教育の自由をも二六条の中に読みこむか、それとも、二六条と対抗する二一条をもっぱら援用するかは別として）。それに対して、二六条を公教育の根拠規定と見る立場からは、教育内容への関心を論ずる際に、同条が援用される。そして、その局面の内部で、②「上からの」見地＝「国家の教育権」に対し③「下からの」見地＝「国民の教育権」が対抗する、という図式が成立する。後者はしばしば、親や教師の教育の「自由」という名のもとに提出されることがあるが、それは、国家からの自由を本気で要求しているのではなく、あるべき「国家」ならばそう決定すべき教育内容を、現在の「国家」にかわって主張しているのである。教育基本法が民主・平和・真理という価値を掲げてきたことの中に、教育内容保障の意味を読みとろうとする場合、それは何よりはっきり現われるし、それに対して、国家からの自由をより貫ぬこうとする側は、それをあくまで訓示的規定と読むことになる（＝①）。「上からの」「国家の教育権」論（＝②）に対抗するという場面では、これら二つは共通の立場に立つが、両者のよって立つ前提の違いは、教育の憲法論にとって原理的な問題にかかわっている。現に、例えば教科書検定訴訟では、②と③が正面からぶつかり合い、その際、③はしばしば①と共同して②に対抗した。その対抗の持つ日本での意味は大きく重要であるが、論理的には、①対②③の対照の憲法論上の意義を見のがすことはできない。

一九九〇年代以降のいわゆる新自由主義による教育領域での規制緩和の主張（＝④）は、②③に対抗して国家からの教育の自由を言うという意味を持つ。教育の自由は、欧米の歴史に即して見れば、親が自分の信念に沿って子どもを教育する自由であり、親の信教の自由と重なっていたが、日本ではそのような事情は少なく（公教育＝政教分離と教育の自由＝親の信教の自由とが対立する、という現われ方〔前出118〕は例外的である）、日本でこの型の主張は、経済力を背景した親の自由という内実を持つ（公立義務教育の学区制廃止の主張など）。

教育権論争と「教育の自由」に関して、特に西原博史『自律と保護――憲法上の人権保障が意味するものをめぐって』（成文堂、二〇〇九）は、立憲主義と民主主義の論理の緊張の循環を、あらためて問題とする。渡辺康行『「内心の自由」の法理』（岩波書店、二〇一九）は、教育現場における内心の自由、および政教分離と信教の自由（特にその緊張関係）の問題につき、裁判例のクリティークを通して解析する。

第四節 「市民」の権利

一六六 参政権の性格 「参政権」ということばには、国民から見て他者が最終的な決定権を持つ（＝君主主権）政治に「参与」するという語感が含まれているが、国民主権下では、国民主権原理の中核部分を各人の権利の観点から定めたもの、という性格のものとなる。憲法一五条一項が「公務員を選定し、及びこれを罷免すること」を「国民固有の権利」としているのは、そのようなものとして理解することができる。

国民主権と参政権＝権利のそのような関係は、一七八九年の「人および市民の諸権利の宣言」の構成に、あざやかな形で反映していた。「人」権（droits de *l'homme*）＝人一般の自然権として「自由」「所有」「安全」「圧制への抵抗」の四種類が挙げられ（二条）、他方で、自然権の保全を目的とする「政治的結合」の中での「市民」（*citoyen*＝もともとはポリス構成員）の権利として、「一般意思の表明」としての法律の形成に参与する権利（六条）が定められている。この用語法は、ルソーが、主権主体を全体として見たときに〈peuple〉＝人民、主権の行使に加わる各人に着目したときに〈citoyen〉＝市民と呼んだ語法につながっているが、参政権が「人権」でなく「市民の権利」とされたのは、その持つ意味が重要でないからでなくて、その反対であった（前出20)。「市民」とされたものの範囲は、ルソーのモデルだった古代デモクラシーでは武装した男性市民、フランス革命の時点では納税と居住の要件を充たした男性市民に限られていた。日本国憲法では、「成年者による普通選挙」を定めた一五条三項によって、選挙権を持つ者の範囲が決められている。その反面、選挙権を持たない者（成年に達しない者）もまた、主権の担い手である国民の中に包含され、直接・間接に選挙を通して構成される国家機関の行動に影響を与える可能性のある地位にある、と考えられるべきである（政治的意見の表明や請願権の行使）。

一六七　公務員を選定罷免する権利と直接投票　憲法一五条一項は、広義の公務員、すなわち、国または公共団体の公務に従事することを職務とする者について、その終局的な任免権が国民にあることをのべている。具体的には、憲法が、国民（または地方公共団体の住民）自身による選定（四三条による両議院の議員の選挙、九三条二項による地方公共団体の長、議員等の選挙）と罷免（七九条二―四項による最高裁判所裁判官の国民審査）につき定めているほか、他の国家機関による選定・罷免につき定めている（内閣総理大臣につき六条一項、六七条、その他の国務大臣につき六八条一、二項、国会議員につき五五条、五八条二項、最高裁判所の長たる裁判官につき六条二項、それ以外の最高裁判所裁判官につき七九条一項、下級裁判所の裁判官につき八〇条一項、七八条）。

憲法所定の場合以外に、国民による選定・罷免を制度化することが憲法上可能あるいは必要かどうかが、ことの性質上、特に罷免について問題となる。

公務員の解職請求（リコール）制度のうち、特に国会議員については、憲法四三条一項（「代表」の禁止的規範意味）、五一条（発言・表決の免責）との関係が問題となる。とりわけ、一五条一項と四三条一項との緊張の間で均衡のとれた解決をめざすという見地からすると、およそ解職請求制度は憲法四三条に反し許されないという考え方も、解職請求制度は憲法一五条一項によって必要とされているという考え方も採ることができず、四三条に反しない限度でそれを制度化することは憲法上可能だとするのが妥当であろう（後出180）。地方自治の場面では、解職請求・解散請求の制度が設けられている（地自法一三条、七六条以下）。これらについては、国会議員の場合のような議員の独立性に関する規定（憲法四三条一項、五一条）がなく、そのうえ、地位を失うこととなる場合に関する規定（五五条、五八条二項）がないだけに、憲法上の説明はより容易である。

憲法が特に地位の独立をみとめている公務員については、一五条一項を援用しても、その選定・罷免を国民自身がおこなう制度を設けることはできない。裁判官（七六条三項）について七八条、七九条二―三項の場合以外にそれを罷免することは禁ぜられ、国公立大学の学長・教官（二三条）については、選定・罷免に関する自治が、憲法上の要請とされてきた（前出131）。

参政権は、公務員の選定・罷免権という場合でのほか、国民の直接投票という場面でも問題となる。憲法改正手続の中での国民投票（憲法九六条）、および、一の地方公共団体のみに適用される特別法の際に必要とされる住民投票（九五条）である。地方自治の場面では、法律によって、条例の制定改廃および事務監査の直接請求制度が設けられている（地自法一二条、七四条以下）。

一六八　投票と立候補をめぐる諸問題　憲法は、投票の秘密について規定を置いている（一五条四項）が、その際、特に、「公的にも私的にも責任を問はれない」として、私人間での秘密にも憲法上の保護を与えている。投票の秘密は、投票したかしないかにも及ぶ。公的なものとしては義務投票制、私的なものとしては投票狩り出しによる強要は、許されないと考えるべきである。最高裁判決（最判一九九七〔平9〕・三・二八）の補足意見で、選挙犯罪の捜査において投票の秘密を侵害するような捜査方法を採ることが許されるのはきわめて例外的な場合に限るとし、投票ずみ投票用紙を差押えた事例につき憲法一五条四項前段に違反するという判断をのべたものがある（稲田裁判官）。

立候補の自由を、憲法一五条の保障するものと解し、私人間に保障の効果を及ぼした最高裁判決（最大判一九六八〔昭43〕・一二・四〔三井美唄労組事件〕）がある。

在宅投票制度を廃止してそれを復活しない立法不作為を、選挙権を持つ国民の一部に投票の機会を確保しないものだから違憲と見た下級審判決（札幌高判一九七八〔昭53〕・五・二四）があるが、最高裁は、国会議員の立法行為が国家賠償法上違法の評価を受けるのは、「容易に想定し難いような例外的な場合」だけだという見解を示している（最判一九八五〔昭60〕・一一・二一）。その後、筋萎縮性側索硬化症（ＡＬＳ）患者が選挙権を行使できるような投票制度が公職選挙法上設けられていない状態を、憲法一五条一項及び三項に反するとしつつ、但し国家賠償法上の違法性はみとめられないとした下級審判決の例がある（東京地判二〇〇二〔平14〕・一一・二八）。

一九九六年の衆議院議員選挙で投票できなかった在外国民らから提起された訴訟で、最高裁は、国民の国政参加の基本的権利である選挙権の行使を制限するためには「やむを得ないと認められる事情」を要するが、在外有権者の投票権についての解決を計った一九八四年の内閣提出法律案が廃案になった後、一〇年以上にわたって国会が制度をなんら創設しなかった（一九九八年の公選法改正で、衆参両議院の比例代表選挙に限って在外選挙人の投票がみとめられるようになった）ことは憲法一五条一項、三項、四三条一項、四四条但書に違反する、とした上で、立法不作為についての国家賠償請求を認容（最大判二〇〇五〔平17〕・九・一四）した（その後の状況を含め、後出**183**）。

〔問題状況〕

参政権とりわけ選挙権の「権利」性については、議論に、それぞれの歴史的背景がある。請求権の体系として公権論を考えたドイツ的思考にあっては、国家を法人、有権者団をその機関として説明する図式と結びついて、それは、「国家機関として行為する許可を求める請求権」として構成された（前出**91**）。フランスでは、選挙＝権利説と選挙＝職務説が、それぞれ普通選挙と制限選挙の正当化根拠として援用された（辻村みよ子『「権利」としての選挙権』勁草書房、一九八九）。

一七八九年宣言が homme ＝人と対置させた citoyen を「市民」と訳すのは、日本語の語感として必ずしも適切ではないが、他の訳語（例えば「公民」）にもまたそれぞれ問題があるので、あえてそうした。明治初期に、中江兆民がcitoyenを「士民」「士」「国ノ人」（さらに、形容詞として「愛国ノ人」）と訳しているのが、かえって、ことがらをよくとらえている。もともと、ルソー自身が、citoyenという用語自体に注釈をつけて、都会の住民という意味でないと断わらなければならなかったのである。社会契約論の論理構成の中で、人が自然状態を去ってpolitical *or* civil societyをとり結んだとき、その構成員として意思形成の主体となる者たちがcitoyenなのである。politicalとcivilの語源に対応するpolis（ギリシャ語）とcivitas（ラテン語）、すなわち都市国家の構成員をモデルとし、近代国民国家の主権者たるpeupleの個々人に着目してとらえたとき、それがcitoyenなのである。

ルソーにとって、また、一七八九年宣言にとって、hommeとcitoyenは、「われわれはcitoyenとなることによってはじめてhommeとなる」という密接な連関があった。しかし、一九世紀以降、一方では、公的存在（homo politicus）としてのcitoyenは、私的存在（homo oeconomicus）としてのbourgeoisに転化し（citoyenにおけるpolitiqueとcivilの分裂）、他方で、「citoyenがhommeをのみこむ」形で、「私」の領域を否定する「公」の一元的支配が現われた。そのあと、今日ふたたび、新しい意味で「公共」を担うべきcitoyen像が模索されている（例えばJ・ハーバーマス）。日本での「公共」をめぐる伝統のありようについて、東島誠『公共圏の歴史的創造——江湖の思想へ』（東京大学出版会、二〇〇〇）。

第五節　義　　務

一六九　憲法上の三つの義務　憲法第三章は「国民の権利及び義務」という標題を持ち、第一二条が、自由・権利を「国民の不断の努力によつて……保持」すべきこと、国民が自由・権利を濫用せず公共の福祉のために利用する「責任」を負うこと、についての訓示的規定を置いているほか、教育（二六条）、勤労（二七条）、納税（三〇条）について、「義務」を定めている。

憲法二六条は、「その保護する子女に普通教育を受けさせる」国民の義務、という形で義務教育制を定める。義務違反に対しては、罰金の制裁がある（学校教育法九一条）。教育基本法は、「九年の普通教育」（四条一項）として年限を定めている。近代憲法史上、義務教育制は、教育に対する公権力の関心と、教育を家庭の私事とする親の教育（宗教）の自由の主張とが、それぞれ新・旧の政治勢力を背景として衝突するという図式の中で、推進されてきた。日本では、そのような事情がなかったところから、公権力による教育への関心が立憲主義にとって持つ積極的意味（「自由への強制」という意味）も、反対に、親の側からする教育の私事性の主張の持つ積極的意味も、必ずしも意識されていない。学校内での教育への部分的不参加の自由、就学義務の免除、義務教育無償の範囲、などについての議論を体系的におこなうには、教育をめぐる二つの基本的観点の選択が求められていることを、意識する必要がある。

憲法二七条一項が定める勤労の義務は、勤労の能力ある者がその機会があるのに勤労しないときには、生存権や労働の権利の保障を国に求めることはできない、という限りで法的意味を持つ（生活保護法四条一項、雇用保険法三二条一項、二項）。

憲法三〇条は、納税の義務を定める（納税の問題については、租税法律主義の説明〔207〕を見よ）。

一七〇　近代法と道徳的義務　憲法第三章が権利条項を数多く含むのに対し、義務の条項が数少ないことを、憲法の欠点のひとつとし、社会一般の倫理意識の低下の責任をそこに負わせようとする主張がある。しかし、言うまでもなく、近代憲法にとっては、権力を制約し国民の側の権利を保障することこそがその眼目だったのであり、道徳的義務の問題についていえば、そもそも近代法は、法と道徳の分離というところに、その基本性格があることからして、そのような議論はあたらない。

〔問題状況〕

帝国憲法を議していた枢密院の会議で、「臣民権利義務ヲ改メテ臣民ノ分際ト修正セン」と強く主張した森有礼に対し、議長の伊藤博文が、「〔森の〕説ハ憲法学及国法学ニ退去ヲ命ジタルノ説ト云フベシ、抑憲法ヲ創設スルノ精神ハ第一君権ヲ制限シ第二臣民ノ権利ヲ保護スルニアリ、故ニ若シ憲法ニ於テ臣民ノ権理ヲ列記セズ、只責任ノミヲ記載セバ憲法ヲ設クルノ必要ナシ」(一八八八・六・二二)と反撃したことは、よく知られている。帝国憲法がつくられようとする歴史的文脈の中で、伊藤の反撃が立憲主義の正道を説くものという意味を持ったことは、そのとおりである。しかしその際、森の再反論の中にあった論理を、見のがしてしまうべきではない。森は、「臣民ノ財産及言論ノ自由等ハ人民ノ天然所持スル所ノモノニシテ、法律ノ範囲内ニ於テ之ヲ保護シ又之ヲ制限スル所ノモノタリ、故ニ憲法ニ於テ是等ノ権利始テ生ジタルモノノ如ク唱フルコトハ不可ナルガ如シ、依テ権利義務ノ文字ノ代リニ分際ノ字ヲ用イント欲ス」と説明しているからである(この点に注意を喚起して、森の方を「権利という問題をいっそう深いところで捉えている」とした林竹二の指摘を伝えるものとして、日向康『林竹二・天の仕事』〔講談社、一九八六〕一五一―一五三頁)。この議論はまさに、アメリカの合衆国憲法の父たちが、「権利の章典を、憲法案の中に入れることは不必要であるのみならず、かえって危険ですらある……。〔政府が〕元来それをなす権限のない事項について、あらためて、それをしてはならないという必要がなぜあろうか」(『ザ・フェデラリスト』前出21)とのべていたことを想いおこさせる。森の主張はしかし、文脈ぬきで「進んだ」議論をすることの危険性をも、同時にわれわれに教えるのではないだろうか。

第三部　権力の分立

一七一　第三部の構成　権力分立は、権利保障とならんで立憲的意味の憲法にとって欠くことのできない要素とされてきた（一七八九年権利宣言一六条）。この観念にそのときどきに託される中身は多様であったが、いちばんゆるい意味で、権力集中＝専制を排除するという限りでは、たしかに、権力分立は、近代立憲主義にとって本質的であり続けてきた。しかしそれにしても、「権力分立」というシンボルがどれだけ強調されるかされないかは、時代によって違う。大づかみにいうと、今日、権力分立の意義は強調される傾向にあり、それも、国家機構の組織編成上の伝統的な意味でだけでなく、機能論の場面でも、また、国家すなわち政治権力だけでなく社会的権力の問題も視野に入れた「権力」分立論としても、さらに、国家の枠を越えた国際社会までをも見とおした多次元的な観点までを含めて、権力分立が問題とされる。第一章では、そのような状況についての整理と展望が試みられる。それをうけて、第二章と第三章では、それぞれ、政治部門（国会、内閣および地方自治）と裁判部門を主題とし、日本国憲法に即した検討をおこなう。

その際、憲法上のルールの外にある要素が、権力分立の現実のすがたを左右するということに、留意しなければならない。裁判部門について言えば、その社会の法文化のあり方が、憲法上のルールの実際の機能を左右する重要性を持つ。政治部門について言えば、憲法規定としては確定されていない選挙制度のいかんが、議会制のあり方を大きく左右する。政党が憲法の明文上に登場してこない国（日本国憲法はそうである）でも、政党（少なくともその主要なもの）の数、それらの内部構造の硬軟、政党間対立の質、などの違いが、議会制の運用にとって決定的な違いをもたらす。

反対に、憲法の定める統治機構の相互間の関係についてのルールが、一定の状況のもとでは、法的な問題として現われない、ということにも注意が必要である。「国会」と「内閣」の関係についての憲法上の規律が、安定した長期政権が存在するところでは、実質的役割を停止し、与党内の勢力関係に還元されてしまう。憲法が明示しているはずの「国会」と「議院」の違いについても、同様なことがあてはまる。

第一章　権力分立概説

第一節　憲法史の中の権力分立

Ⅰ　近代と前近代

一七二　国家への権力集中と権力分立　権利保障と権力分立は、中世立憲主義にあっては、身分制に由来するその多元的権力構造に対応する性格のものであった。それに対し、近代立憲主義の本質的要素としての権利保障と権力分立は、国家への権力集中（＝「主権」の成立）と中間集団からの個人の解放（＝「人権」の発見）を前提としたものとなる。あえて逆説的にいえば、そこでは、近代国民国家への権力集中を前提にした上で、権力分立が問題となる。そうであるだけに、権力分立論への批判的言説として、近代憲法でおよそ権力分立を実現しているものはない、という指摘もまた、くり返されることとなるが、近代の権力分立とは、もともとそういうものなのである。

一七三　ロック、モンテスキュウとルソー　権力分立の思想としてよく知られてきたのは、ロック（『統治二論（一六九〇）』前出14）とモンテスキュウ（『法の精神（一七四八）』野田良之・稲本洋之助ほか訳、岩波文庫）である。ロックは、「定まった恒常的な法」をつくる立法権と、そのような法を執行する執行権の二つを分けることを基本とし、それに加えて、「対外的な安全と公益事項の管理」を扱う「同盟権」（federative power）を構想した。立法権と執行権の分立は、そうしないと、「彼らは自分の作る法への服従から免れ、法をその作成においても執行においても、彼ら自身の私的利益に適合させ、以て社会および政府の目的に背反」することとなるからであった。また、同盟権を別に置いたのは、伝統的な君主の権力のうちで抽象的一般的な法によって拘束される度合の少ない大権として、外交、軍事に関する権能を考えたからであった。モンテスキュウは、「立法権力」、「万民法に属する事項の執行権力」とならべて、「市民法に属する事項の執行権力」つまり「犯罪を罰し、諸個人間の紛争を裁く権力」という、三権分立を説いた。

ここで留意してよいのは、ルソーである（『社会契約論（一七六二）』桑原武夫・前川貞次郎訳、岩波文庫、一九五四）。ルソーはたしかに、「日本の手品師」が子どものからだをバラバラに空中に放りあげてまた元どおりにするようにはゆかぬ、という有名なたとえ話で、権力分立論を批判している。しかし彼は他方で、人民だけが立法権を持つと主張すると同時に、人民が執行権までをも持ってはならぬと説くことによって、一般意思の表明＝立法と、その執行との間に截然とした区別をしている。「神々から成る人民があれば、その人民は民主政（gouvernement démocratique）をとるであろう。これほどに完全な政府は、人間には適しない」、「民主政という言葉の意味を厳密に解釈するならば、真の民主政はこれまで存在しなかったし、これからも決して存在しないだろう」（第三篇第四章）という「民主政」批判は、主権者＝立法権は一般的規範の定立までしかできないのであって、個別的適用にかかわってはならぬ、という意味で、むしろロックやモンテスキュウ以上に論理的な権力分立論の契機を含んでいる。だからこそルソーは、「主権の限界」（第二篇第四章の標題）について語ったのであった（後出322頁）。

一七四　「権力分立」シンボルの消長　近代憲法は、ロックやモンテスキュウの語ったような分類にそのまま従って権力分立を採用しているわけではない。しかし、彼ら――ルソーをも含めて――にとって肝腎だったことは、権力の集中＝専制を排除する統治構造を基礎づけることだったのであり、権力集中＝専制の排除という意味では、権力分立は、近代憲法にとって、本質的な要素であり続けてきた。

そのことを前提とした上で、しかし、「権力分立」というシンボルは、憲法史の経過の中で、消長をたどってきた。近代憲法確立期の議会中心主義にあっては、権力分立は必ずしも強調されなかった（英、仏）。それと対照的に、上昇する議会権力に対し君主の権力を防禦するという文脈で、権力分立が強調された（一九世紀ドイツ。帝国憲法下の穂積・上杉学説〔前出24〕も「議院専制」に対し「権力分立」を主張した）。現在では、「権力分立」シンボルが、それとは違った文脈で脚光を浴びる傾向にある（後出177）。

一七五　権力分立の諸類型　権力集中＝専制を否定するという、ゆるい意味で「権力分立」の中に入る諸制度を分類するとき、その度合は、権能および機関の区分（専門化の問題）と、一定の権能を割り当てられた機関の存立を基礎づける正統性の分立（独立性の問題）とにまたがって、多様である。

一方で、司法権ないし裁判権（「司法」と「裁判」の関係については後出232）については、近代憲法は、裁判の独立という要素を共有する。同時にそのことは、国民のコントロールから多かれ少なかれ独立しておこなわれる裁判の正統性いかんという、難問を提起することとなる。

他方で、政治部門について、伝統的な分類法は、行政権と立法権の厳格な分立（アメリカ型の大統領制。大臣の対議会責任制を伴なわない立憲君主制もこれに入る）、柔軟な分立（イギリス型の議院内閣制）、議会の強度の優越（議会統治制ないし会議政、スイス連邦の制度がこれにあたると説明されたことが多い）、の三つを区別してきた。

他のさまざまな分類の場合もそうであるが、この三分法は、それとして有用な役割を果たしてきたにせよ、それを絶対視することはできない。とりわけ、三分法の中間に置かれた議院内閣制については、一九世紀後半以降のこの制度の本質は、立法・行政両権の柔軟な分立＝相互抑制（チェック）と均衡（バランス）ではなく、選挙民の意思による立法・行政両権の支配を内閣の対議会責任によって確保する、というところにあるのではないか、という議論が生じ、そのような議会優位型の議院内閣制と議会統治制との境界は何なのか、が問題とされることとなる（後出221）。

さらに、正統性の分立という点に何より着目する論者からは、アメリカ型大統領制（大統領選挙人による間接公選）も、イギリス型議院内閣制（選挙民による事実上の首相公選が二大政党制の効果として生ずる）も、行政府首長を国民が実際上は直接に選出している（＝直接的デモクラシー）のであり、多党制型の議院内閣制下で首相が党派間の協調・談合で選出される場合（＝媒体デモクラシー）との間の区別こそが、統治機構の分類法として根本的だ、という提唱も生ずることとなる（M・デュヴェルジェ）。この点は、統治機構の静態的構造論と、選挙制度や政党の諸要素を組みこんだ動態的な機能論とを組み合わせて、類型論をたてることの必要を示唆する。

Ⅱ　権力分立の現代的諸相

一七六　権力分立の現代型変容　近代憲法確立期の権力分立は、上昇する議会の権力によって行政権をコントロールするところに眼目があり、議会中心型の現われ方をした（「権力分立」ということばが、むしろそのような議会中心主義に対抗的な意味で使われることもあったことについては、前出**174**）。今日の権力分立のありようは、一方では行政権の優位、他方では裁判所の権能の増大という二方向にむけて、変容を見せている。

二〇世紀後半の基本的な特徴として、国家のひきうける役割が大きくなり（「夜警国家」から「福祉国家」へ）、その傾向は、二一世紀に入っていっそう（福祉国家を批判する「新自由主義」〔前出**18**〕の逆説）、行政権の優位という第一の方向を導き出してきた。憲法上の制度のありようを見ると、議院内閣制の均衡型から議会優位型へ——二元主義型のものから一元主義型のものへ——の転換（後出221）が、近代憲法確立期のすがただったとすれば、今日では、大統領の公選制を伴なう新・二元主義型のものが登場し（フランス）、一元主義型の構造のもとでも、機能的には、多数派の指導部によって担われた行政権が、優位に立つ（イギリスやドイツ）。

第二の方向は、何より、違憲審査制の一般化と役割の増大、という現われ方をする。ヨーロッパ諸国で憲法裁判所による違憲審査制が導入され、それぞれ重要な役割を演じており、アメリカ合衆国で一九世紀以来ひきつがれてきた司法審査制は、ますます、重大な政治上、道徳上の争点を含む憲法問題について決定をするようになってきている。

議会中心型権力分立からこれら二方向への転換は、カール・シュミットの言いまわしを借りるなら、Gesetzgebungsstaat（立法中心国家）から Regierungsstaat（行政中心国家）と Jurisdiktionsstaat（裁判中心国家）への転換、と言うことができる。第一の方向は行政府首長が選挙民の意思と直接に結びつくことによって、最終的には主権者意思によって正統化され、第二の方向は、裁判所によって解釈された「憲法」によって正統化される。これら二つの方向は、主権者意思の至高性と憲法の至高性という、つきつめれば両立しがたいそれぞれの正統性根拠を背景としながら、議会中心主義からの離脱という限りで、共通の効果を生み出している。

一七七　新しい分立論の提唱　政治部門での行政権の優位は、立法・行政両権を同時ににぎる権力の統合によって権力分立が弱まることを、意味する。そういう状況への対応として、憲法上の制度の問題としては、連邦制や地方自治による地域的分権、および、違憲審査権を与えられた裁判部門の固有の役割が、権力分立の観点から重く見られることとなる。憲法運用の次元では、与党の統治機能と野党の反対機能との間の権力分立、政治権力に対する社会的権力の存在による権力分立効果、などが問題とされる。加えて、国際社会との関連の場面にも、問題は広がってゆく。ＥＵ裁判所やヨーロッパ人権裁判所による裁判的コントロールは、制度論の次元でも国際規模の権力分立という視点が成り立つことを示している。非制度的な次元では、国際世論――それも、国家単位に形成されたものだけでなく、非政府機関（ＮＧＯ）による人権関係活動をも含めて――による権力のコントロールが、実質的に見て重要な意味を持っている。

　これらさまざまな場面での新しい権力分立に期待をかけようという際に、ひとつの原理上の問題が生ずる。それは、権力を抑制するために援用される「権力」の責任性の問題である。選挙民に責任を負わない裁判部門がどこまで正統性を持てるか、ということは違憲審査制をめぐる、平凡だが窮極の難問である。社会的諸団体に積極的役割を託すことについては、選挙によってコントロールされない「権力」の典型である社会的権力には、政治責任という定式がそもそもあてはまらない、という問題があり、だからこそ、その局面で、人権の私人間効力の拡大が課題とされるであろう。国際社会という次元を包括した権力分立について言えば、そこには、国民国家という枠組での国民意思と、そのような枠組に拘束されない国際世論とをどのように調整させるか、という課題がある（とりわけ、人権のための国家内干渉の「権利」と「義務」の正統性）。

〔問題状況〕

「ルソーの権力分立論」についての本文の記述とは反対に、普通、ルソーは、権力分立の端的な否定論者として、また、遡って、反個人主義、集団主義的デモクラシーの祖型として、とらえられることの方が多い。それに対し、ルソーを本質的に個人主義という標識でとらえる見地からすれば、ルソーが危険だとしたら、それは、反個人主義・集団主義的だからではなくて、反対に、個人をラディカルに創出するために中間集団排除を徹底させることのために、国家に対して無防備な個人を放置することになるからこそ危険なのである（前出**20**）。

本書では、「行政権」を「政治部門」として問題にしているが、その背後にある官僚制——一般論として軍官僚制を含めて——をめぐる論点に、まったく言及しないわけにはいかないだろう。官僚制が政治部門としての行政権と結合する度合によって、権力分立効果はそれだけ弱められるし、それに対する相対的独立を示す度合によって、権力分立効果はそれだけ強められる。「政」に対する「官」の自立性は、対国民責任という実質的正統性を欠くだけでなく、憲法規範上も、裁判部門の独立に対応するほどには正統性を与えられていない（職業官僚制を「制度保障」の観念によって説明することができたワイマール憲法については、そのような正統性を語る余地があろう）。もっとも、日本国憲法のもとでも、公務員を「全体の奉仕者であつて一部の奉仕者ではない」（一五条二項）とする条項を、「政」あるいは「民」に対する「官」の自立性——その効果としての権力分立——を支える手がかりとする可能性は、十分議論に値する。

選挙によってコントロールされない社会的権力として、一九九〇年代に入り人びとに否応なしに強く意識されるようになった最大のものは、経済のグローバリゼーションのもとで国境を越えて力をふるう「市場」である。「市場」（「民」）は、いまや、国民国家単位の「権力」（「官」あるいは「政」）に対して、場合によっては最大の制約要因——その意味での権力分立の要素——となってきている。その意味で「権力」化する「市場」に対し、——必ずしも旧来の国民国家そのままではないにしても——公共社会単位の自己決定の可能性をどう確保するかが、問われている。

第二節　権力分立機構と「国民」

Ⅰ　選挙と代表——関連する憲法規定

一七八　選挙に関する憲法条項　国民主権を掲げる憲法のもとで、権力分立機構は、なんらかの意味で、「国民」という正統性根拠と結びついている。その結びつきの場面でいちばん重要なのが、選挙の制度と代表の観念である。

選挙に関連する日本国憲法の規定として、まず、一定事項について法律で定めることを規定した条項がある。国会の両議院の議員の定数（四三条二項）、両議院の議員と選挙人の資格（四四条）、選挙区、投票の方法その他両議院の議員の選挙に関する事項（四七条）が、それにあたる。国会がこれらの事項について法律で定める際には、言うまでもなく、憲法上の要請に反しないものでなければならない。

そのような要請を憲法自身が多少とも具体的に定めている規定として、普通選挙制（一五条三項）、秘密投票制（同四項）、選挙の場面での平等（四四条但書——その前提として一四条一項の平等の要請がある）、国会両議院が「全国民を代表する選挙された議員」で構成されるべきこと（四三条一項）、がある。そのほか、一般に国会の立法権を制約する憲法上の要請の中で、特に、選挙活動の場面での表現の自由（二一条）が、問題となる。

普通選挙制など多少とも具体的な憲法上の要請の背景には、遡って、より抽象度の高い憲法原則がある。公務員を選定罷免する国民の権利（一五条一項）、窮極的には国民主権（前文、一条）である。国民主権および国民の公務員選定罷免権について言えば、憲法解釈論にあたってそれをどこまで強調するかによって、権力分立機構の具体的なあり方が違ってくる（前出**167**）。例えば、命令的委任、少なくとも解職方式による議員への法的コントロールの制度が、国民主権および国民の公務員選定罷免権の原則のゆえに要求されているのか、あるいは許容されるにとどまるのか、それとも、それらの原則にもかかわらず禁止されていると見るのかによって、「代表」（四三条一項）の意味理解（後出**179**）は大きく変わる。国民主権を強調して立法についての直接投票制を肯定するか、国会を「唯一の立法機関」とする憲法四一条の文字どおりの意味を重視するのか、についても同様のことが言える（後出**194**）。

特に重要なものとして裁判過程でその意味が争われることが多い表現の自由と普通選挙制は、近代立憲主義の選挙制度を支える、文字どおり車の両輪としての意味を持っている。普通選挙制ぬきの「国民主権」は、寡頭的な支配を「国民」の名によっておおいかくすものでしかない。表現の自由の保障のもとでの政治批判と選択の自由ぬきに「民意」を援用する支配は、独裁の別名でしかない。

表現の自由にせよ普通選挙制にせよ、今日、それを正面から否定する議論は少ないとしても、その実質は、形を変えて争われ続けている。表現の自由については、選挙活動の自由の制限をめぐる問題があり（前出126）、普通選挙制については、投票価値の平等をめぐる問題がある（前出114――なお違憲審査制のあり方との関連で後出260、「代表」論との関連で後出180）。

Ⅱ 「代表」の観念

一七九 代表と半代表 AがBを「代表」するというとき、Aの意思がそのままBの意思とみなされるという法的効果を伴なう、とされる。それぞれの憲法がそれぞれのやり方で「代表」者を指定し、また、それぞれの憲法に即して何が「代表」者であるかが議論される。

憲法史・憲法思想史に即して言うと、近代議会の特徴として「代表」が語られるとき、それは、先行した前近代・身分制議会のあり方を否定するものとして、選出母体による議員への拘束（＝命令的委任）の禁止を、本質的な内容としていた。身分代表から国民代表への転換をとげた議会は「全体としての利害を同じくする一つの国民の合議体」となり、議員は「選挙区を代表する議員ではなく、王国の議会の議員」となったことを、強調されなければならなかった（一七七四年、E・バークの言葉）。三部会から一院制の国民議会へという、形態上も明確な転換を伴なったフランスでは、一七九一年憲法が、「県において選任された代表者は、個々の県の代表者でなく、全国民の代表者である。代表者に指令を与えることは許されない」（第三篇一章三節七条）と、明文の規定を置いた。ここでは、代表者の被代表者からの独立が強調され、代表関係の成立には、選挙による選任関係も必要とされなかった。この憲法では「国民主権」がうたわれたが、国王と立法府が並べて「代表」者として位置づけられ、立法府議員の再選制限条項も、そうしないと議員が選挙民の意を体して行動するようになり、その独立が保てなくなるからだ、と説明されていた。総じて、「代表」は、直接民主制とは原理的に対抗的な、それよりもすぐれた価値を持つものとされていたのである。

そのような「代表」観念のもとで、「国民意思」は代表者によって創設されるのであり、反映されるべき国民意思が代表者に先立って存在するとは考えられていなかった。それに対し、普通選挙（はじめは男性限り）成立前後になってくると、選挙民の意思を反映すべきだという意味が、「代表」の観念の中に託されるようになる。代表論の母国フランスでは、一九世紀の末になって、この段階の「代表」を「半代表」と呼び、かつての「純粋代表」と区別する語法が現われた（A・エスマン）。ここでは、「代表」は直接民主制の代替物と目されるようになり、人民投票制など直接民主制的な要素と議会制の結合の可能性が、説かれるようになる（R・カレ・ド・マルベール）。実はここではじめて、「議会制」と「民主主義」を結合する観念が成立したということができる。

一八〇　憲法四三条の禁止的規範意味　憲法四三条の「代表」という文言からは、「純粋代表」の観念以来ひきつがれた古典的意味に対応する禁止的な規範的要求と、「半代表」の観念の中核となっている積極的な規範的要求の、両方を読みとることができる。

禁止的な規範意味として、「全国民を代表する」議員とは、部分代表の否定を意味する。部分代表の否定は、何より、議員に対する選出母体による拘束、すなわち、命令的委任の禁止という形で明瞭に現われる。

憲法四三条の「代表」は、同時に、実在する国民の意思をできるだけ反映すべきだとする積極的規範意味をも含み、一五条の国民の公務員選定罷免権という理念と両立可能なものとして理解される。それゆえ、四三条の禁止的規範意味は、あらゆる形態の議員解職制度（リコール制）を禁止するまでの意味を含むものではない。リコール制は命令的委任を必ずしも前提としないし、命令的委任の禁止は、あらゆる形態でのリコール制の否定までを意味するわけではない。選挙区を設ける制度を前提とした場合、「全国民を代表」すべきはずの議員の選挙区への従属度を一定の限度をこえて強化するようになるリコール制は、その限度で違憲とされることとなる。

「純粋代表」の観念のもとでは、議員の独立した判断を制約する政党の存在そのものが「代表」の理念と相反するとされていた。今日の「半代表」観念のもとでは、むしろ、「民意の伝声管」（G・ライプホルツ）として、政党と「代表」は相互両立的に理解されるようになり、憲法の明文上で政党に言及する例も出てくる（後出**184**）。しかし、「代表」の禁止的規範意味との抵触は、日本国憲法のように政党条項を持たない憲法のもとでは、特に問題になりうる。とりわけ、名簿式比例代表制方式によって選出された議員について、党籍変更の際は当選を失う規定が設けられた（公選法九九条の二、第一項）。当選後の他党（実際には与党）へのくら替えが続出したことへの対応であるが、「代表」の禁止的規範意味を重く見る立場からすれば、憲法四三条一項との適合性が問われなければならない。広い意味で関連するものとして、新しい規定の導入前に、繰上補充の際の当選人決定が問題となった事例がある（後出**184**）。

最高裁は、参議院の地方区（旧）選出議員に関する定数配分規定についての違憲主張をしりぞける際に、人口以外の要素を斟酌することの重要性をいう文脈の中で、その「事実上都道府県代表的な意義ないし機能」に言及し、あわせて、全国区（旧）選出議員について、「ある程度職能代表的な色彩」の「反映」を「図」る、とのべている（最大判一九八三（昭58）・四・二七）。これは、原審がより直截に――「事実上」という修辞ぬきで――「地方区選出議員の地域代表的性格」（大阪高判一九七九（昭54）・二・二八）を援用したのに対し、上告理由が憲法四三条違反を主張したのを受けて、のべられたものであるが、そうのべるについて、説明を伴なっていない。

しかし、本来、「全国民の代表」という観念は、地域代表・選挙区代表を否定するところに本質があったはずである。職能「身分」制が「国民」の観念によって克服されるべきものであった以上、職能代表制は地域代表より以上に、「全国民の代表」と両立しがたいものだったはずである（職能身分に基づく社会編成原理は、諸個人の自由な結合による社会を想定する近代立憲主義そのものと、緊張関係に立つものであった。両大戦間期の議会制の危機に際し、「職能代表」による議会の再編成が唱えられたのは、偶然でない)。

「地域代表」、「職能代表」の意味を包括する、それより一般的な用語として、「利益代表」の観念が、問題となる。労働組合の統制権と地方議会議員への組合員の立候補の自由との関係を論ずるに際し――従って憲法四三条に直接かかわることがらではないが――、組合が「その利益代表を議会に送り込むための選挙活動」をすることができるとのべた最高裁判決がある(最大判一九六八〔昭43〕・一二・四)。また、「利益代表」という用語そのものを使ってはいないが、「自然人たる国民と同様」に会社が「政治的行為をなす自由」を持つとのべる判決(最大判一九七〇〔昭45〕・六・二四〔八幡製鉄政治献金事件〕)も、利益代表的に理解された代表観を含意していると見られる。国会を公務員の使用者としての国民の利益代表としてとらえる見地を含むのではないか、ということが問題とされるべき判決もある(最大判一九七七〔昭52〕・五・四〔全逓名古屋中郵事件〕)。

総じて、日本では、「代表」の禁止的規範意味が意識されることが少ないままで、「地域代表」、「職能代表」、「利益代表」という用語が使われることが少なくない。「全国民の代表」とこれら部分代表の観念の間には、本来的な緊張関係があることを、忘れてはならない。

一八一　憲法四三条の積極的規範意味　「代表」の積極的規範意味は、「全国民を代表する」議員が、全国民の意思を適切に反映する議員でなければならないことを、要請する。「議会が『代表』的性格を有するとは……国民全体のうちに現に存する各種の政治的意見ないし傾向のうち少なくとも支配的なものが、議会での議員の行動において、具体的に主張される最大限の公算が存すること」（宮沢俊義）を意味する、と考えられる。

そのような要請をみたすためには、まず、選挙の制度が必要となる。憲法四三条が「全国民を代表する選挙された議員」という表現をしているのは、「代表」と「選挙」の密接な関連を示している。選挙の制度が「代表」の積極的な要請を系統的に損なうようなものであるときは、違憲の事態が生ずる可能性がある。選挙区への議員定数配分と人口の不均衡や、選挙区割りの不合理による有権者意思の極端で恒常的な歪曲は、平等条項（一四条、四四条但書）違反の問題とともに、四三条違反の問題をも生ずることがありうる。在外選挙制度が欠けていたために投票権を行使できない状態を放置していた立法不作為を違憲とした最高裁判決（前出168）は、憲法一五条一項、三項とともに、四三条一項、四四条但書を援用している。

特定の選挙区制そのものが――それが適用される具体的状況と関係なしに――憲法四三条違反とされるような事態は、実際には起こりにくいであろう。しかし、「代表」の積極的規範意味をより実質的に生かす選挙制度を追求することは、重要なことがらである（後出183）。

一八二　二つの規範意味の補完性と相互緊張　憲法四三条一項の「代表」には、禁止的規範意味と積極的規範意味が、緊張をはらみながら共存している。たがいに緊張関係にあるこれら二つの規範意味があってこそ、今日の統治構造の根幹にある、代表者の政治責任という観念が成り立つ。一方で、四三条の積極的な規範意味を前提としてはじめて、被代表者（国民）は、代表者

（議員）と政治上の見解を異にしたことを理由として、その責任を問うことができる。他方で、禁止的規範意味があるからこそ、代表者が彼自身の意見を持つことが承認され、だからこそ彼は、責任の主体となりうるのである。

これら二つの規範意味は、相互に緊張関係にありながら、補完的関係に立つ。実際上も、政党が過度の統制力を議員に及ぼす状況、さまざまの集団利益が政治過程をおおう状況の中で、「代表」の禁止的規範意味を強調することによって、部分代表化の傾向に歯どめをかけることが可能となる。他方では、政党ほかさまざまの中間団体が役割を分担しつつ、多元的に分岐した国民の意思を国家的合意にまで合成することは、「代表」の積極的規範意味の実現に貢献することになるだろう。

こうした中で、二つの規範意味のうち、一方が他方を完全には否定してしまわないという限度内で、二つの方向がありうる。

ひとつは、「代表」の積極的規範意味を実現するために、中間団体を媒介とする代表のあり方をより正面から認知し、その方向での代表の実質化をめざすことである。「利益代表」を本気で、合理的な方法によって実現しようとするこの方向からすれば、公務員の労働基本権への制約を「財政民主主義に表れている議会制民主主義の原則」によって正当化する最高裁判決（最大判一九七七〔昭52〕・五・四〔全逓名古屋中郵事件〕）とは正反対に、「労使による勤労条件の共同決定」（同判決はそれを否定する）の成果を尊重しつつ国会がそれに承認を与える、という図式が考えられることとなろう。一般に、この方向は、多元的諸集団がそれぞれの利益を追求しつつ政治過程をうごかすというありようを正面からみとめた上で、より公正な仕方での多元的利害の統合を考えようとする方向である。

もうひとつは、あえて、「全国民の代表」の持つ禁止的規範意味を強調する方に力点を置き、部分利益の表出は抑制されるべきだという建前の効果を、重視する方向である。

これら二つの道は、ネオ・コーポラティズムへの方向への賛否という形で問われる、現代議会制が選ぶべき基本的態度決定への二つの答えを意味する。

Ⅲ　選挙制度と政党

一八三　選挙区制　選挙制度のうち選挙区制（選挙区の区画・大小の問題だけでなく、投票方式等と結びついた広義の選挙区制の問題）は、議会制の実質を左右するほど重要であり、「選挙制度こそが本当の憲法だ」（R・カピタン）といわれるのも誇張でないほどである。しかし、選挙区制の選択を、「国民全体のうちに現に存する各種の政治的意見ないし傾向のうち少なくとも支配的なもの」の反映という憲法上の要請に反するかどうか、という違憲論の土俵にのせることは、容易でない。それは、ひとつには、選挙区制は、状況いかんによってさまざまな機能を示す可能性があるからである（特定状況下での適用違憲の問題にはなりうるとしても）。もうひとつは、「現に存する意見」というとき、必ずしも、世論調査でわかるような支持分布（M・デュヴェルジェの言う意味での「意見の代表」）だけが問題となるのではなく、一定の状況のもとでの選挙による政治的選択（「意思の代表」）という観点からも、その反映が問題とされなければならないからである。

選挙区制は、選挙区の定数の多少（大選挙区か小選挙区か）、代表の性格（多数代表か比例代表か、多数代表については相対多数代表か絶対多数代表か）、投票方法（単記か連記か名簿に対する投票か）の組合わせによって、さまざまのものが考えられうる。しかも、例えば、同じ「大」選挙区といっても、そこに配分される定数の多さいかんによって、「比例」代表制の「比例」の効果が大きく違ってくる、というふうに、それぞれの要因が複雑に結びつく。

「代表」の観点から選挙区制の機能を問題にするとき、それぞれの制度につき、①得票と議席の対応性にもたらす影響が論ぜられることが多いが、それだけでなく、②制度いかんによって得票そのものが変動すること、③議院内閣制のもとでは、選出された議会での多数派形成にとって選挙制度が及ぼす効果、が考慮されなければならず、そのほか、④政党の数、内部構造および政党間の関係にとってもたらす作用も、勘定に入れる必要がある。

数量的に測定しやすいのは①であり、選挙区の規模を大きくした比例代表制（全国一区制）が、その次元での比例的対応性をいちばん確保できるのに対し、多数代表制は、少数の犠牲において多数を有利にする傾向がある。③の観点からすると、多数代表制は、議員の選挙を通じて、事実上の首相公選を機能させやすいのに対し、比例代表制は、多数派の構成を議会諸勢力の協調——

あるいは離合集散――にゆだねる効果を生む傾向がある。②の点は、選挙の時点で何が肝心の問題として選挙民に意識されるかによって、答えが違ってくるであろう。

④については、比例代表制が多党制に、単記小選挙区の相対多数代表制が二大政党制に、単記小選挙区の絶対多数代表制（一回目の投票で有効投票の過半数を得たものがないときは、所定の得票数を得た有資格者の間で決選投票をおこなう）が二大ブロック制に、それぞれ結びつきやすい。内部構造の点では、比例代表制が、名簿の編成権をにぎる政党指導部の統制力を格段に高めることが多く、それが党内民主主義と結びつくときには、政党を通じての国民意思の議会への伝達に役立ち、そうでないときは、党内寡頭制を促進するものとなる。政党間の関係にとって、多数代表制は、その素地があるところでは、中間に位置する浮動票をめがけての求心化傾向をもたらすし、比例代表制は、隣接政党との差異を強調する遠心化傾向につながりやすい。

公職選挙法は、衆議院議員の選挙につきつぎのように定める。――議席総数四六五のうち、小選挙区選出議席を二八九、比例区選出議席を一七六とし、選挙人は、それぞれにつき一票を行使する（いわゆる小選挙区比例代表並立制）。比例区は全国を十一のブロックにわけ、拘束名簿式投票をおこなう。比例代表選挙と小選挙区選挙の両方への重複立候補がみとめられ、比例代表選挙の名簿での順位が同一の者については、小選挙区でのいわゆる惜敗率（最多数を得た当選者の得票数に対する割合）の大きさの順で当選人を決定する。

参議院議員（任期六年で三年ごとに半数改選）の選挙は、総議席二四五が都道府県単位（例外的に島根・鳥取と高知・徳島でいわゆる合区）による「選挙区選出」議員（一四七人）と、全都道府県の区域を通じて選挙される非拘束名簿・移譲式比例代表制による「比例代表選出」議員（九八人）に分けられ、選挙人はそれぞれにつき一票を行使する。

一九九八年の公選法改正により衆参両議院の比例代表選挙に限り在外有権者の投票権行使が可能となっていたが、二〇〇五年の最高裁判決を経て（前出**168**）二〇〇六年に公選法が改正され、比例代表選挙・小選挙区選挙の両方につき投票することが可能となった。

一八四　政党の憲法上の地位　憲法が政党に言及するとき（ドイツやフランス）には、政党が憲法の統治機構の運用の上で事実上大きな役割を演じていることを法的に認知するという意味と、もともとは国法と無関係に自由な結社として成立した政党を、法の規律対象にとりこむという含意とがある。最高裁は、「憲法は政党について規定するところがなく、これに特別の地位を与えてはいないのであるが、憲法の定める議会制民主主義は政党を無視しては到底その円滑な運用を期待することはできないのであるから、憲法は政党の存在を当然に予定している」（最大判一九七〇〔昭45〕・六・二四〔八幡製鉄政治献金事件〕）とのべている。この判決は、会社の政治献金の合法性を言うために、「会社の政治的行為をなす自由」を憲法上の権利にまで高めている（前出**98**）点で、政治資金規制を一定限度以上強めることを違憲とする論理を用意するものになっているが、少なくとも、政党の存在を憲法上「当然に予定」されたものとする説明は、近代憲法＝議会制の展開史からして、自明のこととは言えない、という批判を免れない。

一九八二年（参議院議員選挙につき）および九四年（衆議院議員選挙につき）の公職選挙法改正によって導入された比例代表選出議員の選挙について、「政党その他の政治団体」が、名簿の作成・届出などについて特に重要な役割を法的に与えられた。参議院比例代表選出議員の選挙の繰上補充の際に、名簿登載者で当該政党からの除名届が選挙長に出されていたため当選人とされなかった者から提起された訴訟で、最高裁は、政党の「内部的自律権をできるだけ尊重すべきものとした立法の趣旨」を援用し、除名の存否ないし効力を審理対象とすることができない、とした（最判一九九五〔平7〕・五・二五〔日本新党事件〕）。この件で原審は除名手続を問題として、除名を公序良俗違反で無効としていた（東京高判一九九四〔平6〕・一一・二九）。この事例には、除名の適法性の問題のほかに、すでに当選人となった者が政党所属の変更により議席を失うことはないとされていた（その後の公選法改正につき前出**180**）こととの対比で、「代表」論とかかわる論点が背後に含まれていた。名簿には特定の候補者が順位をつけて登載されていたのであり、投票後の政党の決定によって当選人を事実上さしかえる効果をみとめることは、政党を、でなく「全国民を代表する……議員」という憲法四三条の要請との整合が問題とされてよいからである。

政党法という形で政党を法的存在にするについては、政党についての明示の言及のない日本国憲法のもとでは、結社しない自由を含む結社の自由を侵すものとならないように、特に注意が必要である。

一八五　政治資金の規制　公職選挙法は、選挙運動に関する支出金額の制限を定める（公選一九四条、同施行令一二七条)。実際に使われる金額と法定費用との間のはなはだしい違いについては、例えば「○当△落」などというジャーナリスティックな表現で、広く知られている。

選挙の公正を確保するためには、限られた選挙運動期間中だけでなく、より広く、政治資金の適正な規制が必要である。政治資金調達に伴なう政治腐敗の防止を目的に掲げて、一九九四年の「政治改革」立法の一環として、政党助成法が成立した。①衆議院議員または参議院議員を五人以上有するか、②直近の国政選挙で当該選挙での有効投票総数の一〇〇分の二以上の得票をした政治団体が、助成の対象とされる(同法二条)。毎年分の交付金の総額は、国勢調査人口一人あたり二五〇円を基準として予算で定める額である。交付金総額の二分の一ずつが、各政党の所属国会議員数の割合、および、直近国政選挙での得票数の割合に従って配分される(同七条)。国は、交付にあたって、条件を付しまたは使途の制限をしてはならない(同四条一項)。公費の配分にあたっては、各政党の実績をなんらかの意味で基準とせざるをえず、そのことが、既成勢力を保護し新しい世論の政治過程への登場を抑止する効果を持つことに、留意しなければならない。

「政治改革」立法をめぐって論点となっていた、企業・団体等の政治献金の禁止については、一九九四年の政治資金規正法改正によっても、その抜本的改革は、結局おこなわれなかった。この改正は、企業・団体等の寄付を「政党及び政治資金団体以外の者」にしてはならないとする(同二一条一項)とともに「政治団体がする寄附」についてその適用を除外する(二項)など、政党助成法の制定とあいまって、政治過程における政党の地位を高める方向を強く示している。

〔問題状況〕

近代議会制は、「教養と財産」を備えた啓蒙された市民層を担い手とした、と言われる。その場合でも、二つの「代表」観念のうち、どちらを念頭に置いて議会制のモデルを想定するかによって、二つの見地が大きく対立する。一方は、「純粋代表」を前提とし、制限選挙の障壁によって外界から区切られた議会での、討論による合意形成を想定する。他方には、「半代表」を前提とし、普通選挙と表現の自由の保障のもとでなおかつ、現実社会の深刻な利害対立がそのまま議会には持ちこまれないという状況を背景にして、言論の自由な競争による社会統合が可能となる、という理念像がえがかれていた。やがて現実社会の対立――ことに、古典的な意味での階級対立――が議会の中に反映してくるようになって、議会制の危機が問題となるとき、これら二つの見地に対応して、二つの対照的な態度決定がおこなわれる。

議会制の危機が典型的な現われ方をした両大戦間期のドイツで、「純粋代表」こそを議会制の本質として強調するC・シュミットは、一方で、絶対王政とローマ・カトリック教会を範として「代表」=「再現性」（前出45頁和仁）の観念をえがき出し、それを移しかえた近代議会制がもはや仮構にすぎないという死亡宣言を言い渡す。他方で彼は、「代表」と対抗する「同一性」原理に基礎を置く民主制を対置し、民主制は議会によってではなく、大衆のアクラマチオ（喝采）によってこそ実現されると説くことによって、民主制の名において独裁を基礎づけ、議会制を弾劾した（『現代議会主義の精神史的状況（一九二八）』〔樋口陽一訳、岩波文庫、二〇一五〕）。それに対し、H・ケルゼンは、「半代表」的に理解された議会制を擁護し、民主制の名において議会制を基礎づけなおそうとした。その際彼は、両立しがたい価値の対立を神々の争いとして貫ぬこうとする限りは、議会制民主主義が機能できないことをも、冷静に見とおしていた（『民主主義の本質と価値（一九二九）』長尾龍一・植田俊太郎訳、岩波文庫、二〇一五）。両大戦間期ドイツの現実は、ケルゼンの擁護論にもかかわらず、彼の悲観的見とおしのとおり、議会制民主主義は端的に否定され、ナチズムの独裁が支配することとなった。

第二次大戦後の西側世界では、議会制民主主義を共通の前提としながら、しかし、何が克服すべき対象とされるかに応じて、「代表」論のありようは、さまざまである。

戦後西ドイツでは、ワイマール議会制の破局をくり返すな、という問題意識のもとで、直接民主制を否定する文脈で、「代表」の復権が主潮となる。フランスでは、反対に、第三・第四共和制の議会の機能障害を克服するという問題意識から、直接投票制は民主制を危うくするという一九世紀以来のタブーにもかかわらず、直接民主制的要素（大統領公選制や人民投票制）の導入が主張された。この対照は、現行のドイツ基本法や第五共和制憲法に反映している。戦後日本では、まず「与野党激突」「乱闘国会」が続く中で「議会制の危機」が問題とされ、「院内主義」に対抗する「議会制民主主義」の擁護が叫ばれた（一九六〇年「安保国会」）。このとき、同年の日本公法学会大会で代表の積極的規範意味を強調し、「議会制の病理」に対して「生理」に立ちもどることの意味を論じたのが本文（前出**181**）で引用した宮沢報告であった（「議会制の生理と病理」〔『憲法と政治制度』岩波書店、所収〕）。

高度成長を経たあとの日本の議会制の「病理」は、何だろうか。国民各層の「政治的意見ないし傾向」が政治過程に十分に伝達されていないという「病理」に加え、政治過程で利益配分の占める役割が異常肥大し、「代表」の実体がもっぱら利益代表と化すという「病理」が、重大な問題を提示してきた。ところが配分すべき利益の磨耗がすすむ中で、それらの病理を「ぶっこわす」（小泉純一郎首相）ことを唱えて大衆を動員しようとするポピュリズム型の「病理」までが進行し、事態を複雑にしている。そうした中で特に参照、只野雅人『代表における等質性と多様性』（信山社、二〇一七）。

「純粋代表」と「半代表」を対置し、前者に対応して禁止的規範意味を、後者に対応して積極的規範意味を、それぞれ憲法四三条の中に読みとろうとする構図が、本文の記述である。それに対し、命令委任と代表委任（ここでいう純粋代表）は代表制の「法的側面」という「同一平面上」の対極に位置するが、代表委任とここでいう半代表とは、代表制の「法的側面」と「事実的側面」にそれぞれ対応し、「両者の問題平面が異なる」、というふうに視点を組みかえてみせるのが、高橋和之『現代憲法理論の源流』（有斐閣、一九八六）第二部の提唱である。

「衆議院議員選挙についての現行中選挙区制が多数党内部の派閥制を助長し、同士討ちのために『金のかかる選挙』を強いている」、というとらえ方から出発した一九九四年の「政治改革」立法は、期待された政治の改革をもたらすことにはならず、立法を推進した人びとの中からも、「小選挙区制の弊害」が指摘されていた。九四年「改革」時点での批判的指摘として、吉田善明『政治改革の憲法問題』（岩波書店、一九九四）。

第二章　政治部門

第一節　国　会

Ｉ　国会中心主義の基本構造

1　国権の最高機関としての国会

一八六　「最高機関」性の意味　憲法四一条は、国会を「国権の最高機関」と呼ぶが、その意味は、必ずしも一義的に明らかではない。国家法人説の枠組でいえば、法人としての国家の最高機関が意思を表明することによって国家意思が成立するとされ、旧憲法下では天皇がその意味での最高機関であった。その対比でいえば、日本国憲法のもとでは、有権者団に組織された国民が、その立場にある。

国会は、行政権を担当する内閣（憲法六五条）、司法権を担当する裁判所（七六条）を指揮命令することができず、国会の活動自体、内閣（召集の実質的決定）、裁判所（違憲審査）の作用によってこうむる制約のもとにある。そのような国会が「国権の最高機関」とされているのは、主権の担い手である国民を代表する機関（「代表」の意味については前出179）として国民にいちばん近い地位にある国会が、国政の中心的地位を占めることを、意味するにとどまる。こうして、「国権の最高機関」とは、憲法によって広汎な諸機能を与えられている国会の地位を、いわばそのままに反映する言葉として理解される。それゆえ、それを根拠として、憲法に規定のない権能をひき出すまでの効果をみとめることはできないが、憲法規定の解釈の指針としての限度でのはたらきをみとめることができる。

一八七　国会権能の優越性　憲法上すでに国会に与えられている諸権能は、実際、広汎にわたり、第二次大戦直後につくられた西側諸憲法とともに、議会の復権の志向を共有する。

国会は、「唯一の立法機関」として立法権をにぎり（四一条）、憲法改正のための国民投票の発議権を独占し（九六条）、内閣総理大臣を指名（六七条一項）することによって内閣を組織するための決定的な役割を与えられ、そのうえ議院内閣制のしくみによって内閣をコントロールし（六六条三項、六九条）、財政上の権能（第七章）、条約承認権（七三条三号）、弾劾裁判所の設置権（六四条）を持つほか、議院の国政調査権（六二条）を通じての影響力をも行使する。国会自身の活動について、それを構成する両議院の自律性および議員の主導性が強くみとめられていること（五八条、五三条など）も、旧憲法とくらべて、きわ立っている。これらの点についてはそれぞれの該当箇所で説明することとして、ここでは、両議院の国政調査権をとりあげておく。

一八八　議院の国政調査権　憲法六二条は、両議院が「各々国政に関する調査」をおこなう権能を持つと規定するとともに、「証人の出頭及び証言並びに記録の提出」について議院が強制権を行使できることの憲法上の根拠を提供している。それを受けて、「議院における証人の宣誓及び証言に関する法律」がある。

伝統的に、議会が国政の中で多かれ少なかれ中心的な役割を演ずるために、国政上のさまざまな事実を十分に知った上で判断を下すことができるように、国政に関する調査をする権能が、議院にとっての固有権として位置づけられてきた。とりわけ英米法では、コモンロー上の議院の権利として、議院の要求に対し正当な理由なしに証言・文書提出を拒否する者に、院みずからが侮辱処罰権を行使できるとされ、強制権の裏づけのもとで、調査権が強力な役割を果たしてきた。

憲法六二条は、調査権を、「両議院」に与えており（院の自律の問題それ自体については、後出199）、それぞれの院が「各々」調査権を独自に行使する。議院は、必ずしも本会議によってその権能を行使しなければならないわけではない。とりわけ、委員会での調査権の行使が、実際には、きわめて重要である。委員会による審査権行使につき定めた衆議院規則を違憲とする主張に対し、「証人喚問権の帰属およびその行使手続をどのようにするかは各議院の自律権の範囲内に属し、憲法五八条二項本文所定の議院規則制定権を以て律し得べき事項であること」、「議院」には「議院およびその内部に設置される委員会などを含む広義の用例」があること、「委員会中心主義を採用する国会の実際の運営に際しては、議院の活動の主導的役割は委員会によって果たされること」をのべた判決がある（東京地判一九八一〔昭56〕・一一・五〔ロッキード事件〕）。

一八九　国政調査権の性格　国政調査権の性格については、独立権能説と呼ばれるものと、補完的権能説と呼ばれる学説がある。

独立権能説は、憲法四一条にいう国会の「最高機関」性を強調し、国会を国権の統括機関として位置づける考え方を前提として、憲法上国会にみとめられている他の諸権能とは独立に、六二条が国政調査権を議院に与えている、とする。近年になって、国政調査権の行使による国民への情報提供機能を重視するという文脈で、同じ趣旨の主張が説かれている。しかし、国会を国権の統括に任ずるものとまでするのは、憲法四一条の理解として適切ではないし、国政調査権を国民の「知る権利」と関連させようとする視点は重要と言えるが、議院の権能が多数派の決定的な不利の方向で行使されることは普通期待できない、という事情を考慮するならば、独立権能説をとることによって生ずる反面のおそれ――濫用の危険――を忘れてよいほどに大きな期待をかけることは、適切ではない。

こうして、国政調査権は、議院がその権能を有効適切に行使できるための手段として理解する補完的権能説が妥当であり、調査の及ぶ範囲は、憲法によって議院または国会に与えられた諸権能の範囲に限られ、調査の目的と方法にも、おのずと限度があることとなる。

一九〇　国政調査権の限界　調査の目的と方法が、特に裁判の独立との関係で問題となる。

一九四九年に、生活苦の中で三児を殺して自首した母親に懲役三年、執行猶予三年の判決を下した浦和地方裁判所の判決を対象とし、「裁判官の刑事事件不当審理等に関する調査」をみとめた院議（のちに「検察及び裁判の運営に関する調査」と改められた）に基づいて、参議院法務委員会が調査をし、事実の認定と軽きにすぎる量刑が裁判官の「封建的思想に基」づくものだとする評価を含めて、参議院議長に報告をした（浦和充子事件）。

最高裁判所は、参議院議長に対し、国政調査権が「補完的権限にほかなら」ず、この件での調査が「司法権の独立を侵害し、まさに憲法上国会（ママ）に許された……調査権の範囲を逸脱したもの」であると、申入れをした。それに対し、参議院法務委員会は、国政調査権が「国政全般に亙って調査できる独立の権能」であり、確定判決後の「調査批判」は「国権の作用の均衡と抑制の理解からも必要」だと反論した。参議院法務委員会の見解の根本には、「民主主義的な主権在民国では司法権の独立ということは、その生れ出た当時の歴史的政治的目的を失い、その意味では無意義なものとなっている」という見方があり、そのような認識と独立権能説が結びついた場合の危険性を、実証するものとなっている。

司法権の活動についての調査は、確定判決以前でも必ずしも許されないと解すべきではない。係属中の裁判手続そのものを調査するのでなく、事件の基盤となっている事実を、裁判所の審理とは違った観点から議院が調査する、という意味での平行調査は、可能である（一九七六年明るみに出たロッキード事件に関して、そのような意味での平行調査がおこなわれた）。

国政調査の目的と方法は、行政権との関連では特に守秘義務について、国民との関連ではその権利を侵害してはならないという場面で、一定の限界に服する。

2　唯一の立法機関

一九一　実質的意味の立法　憲法四一条は、国会を「唯一の立法機関」としている。その際、「立法」とは実質的意味の法律の定立を指し、そのためには形式的意味での法律（憲法所定の方式に従って国会によって制定される規範）によらなければならないこととなる。

もともとは、「実質的意味の法律は形式的意味の法律として定立されなければならない」という命題は、「実質的意味の法律にあたらないことがらは、議会の決定によらなくともよい」ということを同時に含意し、ドイツ立憲君主制のもとで、君主と議会が権限配分を争うという歴史的文脈の中で大きな意義を持つものであった（二重法律概念の歴史的意義）。今日では上記の命題は、実質的意味の法律でない規範は国会によって制定できないと考える立場にとってこそ有意味なものとなる、ということに注意すべきである。

一九二　立法＝「法規」　実質的意味の法律の内容として、なんらかの意味で国民と国家の関係にかかわるという標識があげられることが多い（狭くは「新たに国民の権利を制限し義務を課す規範」、広くは「直接または間接に国民を拘束し、あるいは国民に負担を課す法規範」、というふうに説明する）。この意味での実質的意味の法律を指して、ドイツ立憲君主制下の国法学の中心概念のひとつだったRechtssatzの訳語として、「法規」という言葉が使われてきた。

国民の権利を制限し義務を課す規範の領域に行政権が侵入することを抑制し、同時に、それ以外の領域での行政権による決定を承認する、という点に「法規」概念の本質的役割があったとすれば、それを、「国権の最高機関」となった国会の権能を論ずる際に維持する必然性はなくなった、と見るべきであろう（ドイツで、「自由と財産」への侵害を立法事項とする侵害留保理論にかわって、「本質性理論」と呼ばれる考え方、すなわち、本質的な事項は議会みずからが決定しなければならない、という考え方が判例でとり入れられているのは、そのことを反映する）。実際にも、今日「法規」概念を採る論者は、一方で、「法規」を大幅に拡充的に解してその内容を稀薄化するとともに、他方では、「法規は形式的意味の法律でなければならない」が、「法規以外の規範も形式的意味の法律が占領できる」とし、しかも、憲法七三条六号の解釈としては、「法規」であろうとなかろうと、およそ法律を前提としない命令の存在をみとめないのが、通説である。

一九三　立法＝一般的規範　それに対し、「一般的規範」であることをもって実質的意味の法律の内容とする見地は、きわめて今日的意味を持ち続けている。一般的規範は形式的意味の法律としてのみ定立できること、また、議会といえども一般的規範しか定立できないことを説く考え方は、ヨーロッパ大陸型の法思考にとって本質的なもののひとつであった（それに対し、英米法では、特定の個人、団体、地域だけについての法律が private act という名で呼ばれてきた）。「法律」を「一般意思の表明」としてとらえるフランス的伝統は、実定法上の意味として、法律の渕源の一般性（一七八九年宣言六条にいう「すべての市民みずから、またはその代表者による」制定）と、対象の一般性（同条は、法律が「保護」「処罰」どちらについてもすべての市民に同一でなければならぬ、とする）を含意していた。

現代積極国家が国民生活に介入してくるにつれて、給付行政の領域で「措置的法律」（Maßnahmegesetz）と呼ばれる個別的法律が登場してくるが、法律の一般性を実質的意味の法律の内容とする論者にあっても、措置的法律も一般性の要件を充たすと説明するなどして、それにおおむね寛容である。しかし、法律＝一般的規範と考える見解は、もともと、「一般的規範は法律でなければならぬ」とすることによって恣意的支配に対する防壁をつくると同時に、「法律は一般的規範でなければならぬ」とすることによって「立法専制に対する防壁」（C・シュミット）を設けようとしたはずであった。今日、人権のねらい打ち的侵害に対して「法律の一般性」が果たすであろう役割を無視してよい状況ではないであろう。それだけでなく、積極国家化の傾向そのものに伴なう現象として、政治過程が「給付」＝利益配分による票田培養を中心にうごく中で、個別的法律への誘惑が深まっていることも、無視できない。そうした事態への対応として、実質的意味の法律＝一般的規範という考え方に、今日的な意味が託される。

実例としては、措置的法律の問題は、特殊な文脈で、素材を提供している。特定の私立大学で経営権をめぐる紛争が激化し、立法による解決がはかられたとき、二年間の限時立法である「学校法人紛争の調停等に関する法律」（一九六二）という一般的な形式を採用しつつ、当該の名城大学にだけ適用するのだという趣旨説明がおこなわれ、実際にもそのように扱われた。筑波大学を設置し、従来の国立大学の管理方式と違う方式を導入したときに、学校教育法の一部改正という一般的な規定の仕方を採用したことも、関連してあげておく。

一九四 「唯一」の立法機関

国会が「唯一の」立法機関であるということは、実質的意味の立法がすべて国会を通し国会を中心におこなわれ（国会中心立法の原則）、また、国会の議決だけで成立する（国会単独立法の原則）ことを意味する。

国会中心立法の原則について言えば、旧憲法は、その反対に、帝国議会の関与なしに、天皇が緊急勅令（旧八条）、独立命令（旧九条）を制定できるとしていた。日本国憲法は、緊急命令についての規定がないから、それを端的に否定したと見なければならない。独立命令についても、「この憲法……の規定を実施するため」の政令（七三条六号）を、法律の媒介ぬきで制定することはできない。そのことは、四一条の「立法」を一般的規範の定立と解する立場から導き出されるし、七三条六号自体の解釈としても、行政権が法律の根拠なしに行動することはできないという法治主義の原理から、同じ帰結をひき出すことができる（法律の存在を前提とした上での命令の制定権については、後出224）。

国会中心立法の原則に対して憲法自身が設けている例外としては、両議院の規則制定権（五八条二項）、最高裁判所の規則制定権（七七条一項）、地方公共団体の条例制定権（九四条）がある。

国会単独立法の原則についても、憲法は、法律案を「両議院で可決したとき法律となる」（五九条一項）としており、法律は、公布（七条一号）をまたずに完全に成立する。内閣の法律発案権（内閣五条）は、立法の不可欠の前提ではないから、国会単独立法の原則と抵触するものではない。内閣の法律発案権をかりに否定しても違憲にはならない、という有力な見解があるが、議院内閣制における内閣の対国会連帯責任（六六条三項）の理解として、「責任」を負うためには内閣が国会に対して相対的に自立した地位を持つことが必要であり、従って、自分自身の政策を追求できる手段が必要である、ということを考えるならば（六九条にいう内閣の「不信任の決議案」、とりわけ「信任の決議案」が意味を持つのは、そうした文脈で理解すべきである）、内閣の法律提案権は、憲法が当然に予定し、七二条にいう、「内閣を代表して」内閣総理大臣が「提出」する「議案」に含まれる、と解すべきである。

議員が法律案を提出するには、国会法により、衆議院では議員二〇人以上、参議院では議員一〇人以上（予算を伴なう法律案については、それぞれ五〇人以上、二〇人以上）の賛成を要することとされている（同法五六条一項）。国会への提出法律案総数に占める議員立法の割合――それ以上に成立件数に占める割合――は政府提出案に及ばないが、近年、市民運動を背景にして、話題を呼ぶ法律が議員立法として成立する例も少なくない。他方ではまた、法制審議会での時間をかけた審議をきらって、性急な政治的要求を議員立法で通そうとする方向も、目につく。

国会単独立法の原則に対する例外として憲法自身が定めているのは、憲法改正が国民投票を必要とし（九六条）、条約が国会の事前または事後の承認を経て内閣が締結する（七三条三項）ものとされ、「一の地方公共団体のみに適用される特別法」について、国会の議決のほかに住民投票が必要とされる（九五条）、という場合である。日本国憲法は、それ以外の場合に国民の直接投票による立法の制度をみとめていない。

II　国会の構成と活動原則

1　両院制の構造

一九五　両院制の意義　国会は、衆議院と参議院の二院から成る（四二条）。連合国側から提示された案の段階では一院制がとられていたが、日本側が強く両院制の必要を主張した結果、選挙によって選ばれる第二院を持つ両院制におちついた、といういきさつがある。

歴史的には、両院制は、身分代表議会で各身分に対応する複数の会議体が置かれていた（イギリスでは五院から二院へと収斂したし、フランスでは三部会）ことに由来し、それゆえにまた、近代国民議会の創設期に、「国民が一つなら院も一つしかありえない。上院が下院に対立するときは有害であり、同調するときは無用だ」という主張が、強く出されたのであった。それとは別に、連邦制国家では、国民代表＝下院に対し、連邦構成単位（State や Land）の代表＝上院を置く特有の必要に対応して、両院制がとられている。

今日では、連邦制をとらない国でも、両院制は、それ自体として権力分立の目的に仕える制度として、生命力を保っている。その際は、選挙方法、選挙区、任期などの違いを両院間につくることによって、国民の意思を多角的に反映することが、標榜される。

日本国憲法の両院制の基本的なねらいも、その点にあると考えられる。当初、参議院は、衆議院の「数の政治」に対する「理の政治」、「良識の府」としての役割を期待された。しかし、はじめは無党派の知識人などの選出を可能にする場として期待されていた全国区で、官庁や大企業や労働組合などの組織に依存する候補（「タレント候補」にしても多くの場合にはそういう組織と結びついたもの）でないと当選がむずかしくなってくる中で、参議院の「政党化」がすすみ「小型衆議院」化していった。ところが、「政党化」の中で、衆議院より先に参議院で与野党の勢力が接近してきたという事情を背景に、参議院の独自の役割が見直されるようになった（一九七一年、野党の支持を得て選任された河野謙三議長のもとに「参院問題懇談会」が設置され、「改革に関する意見」が提示された）。実際、公選制を採用している限り、参議院を全体として「非政党化」することによってその存在理由を回復しようとするよりも、衆議院と同一でない政党間の勢力分布をつくり出すことによって参議院の批判機能を期待することの方が、現実的であろう（一九八九年選挙の結果生じた「与野党逆転」）。もっとも、参議院で主として全国区から、わずかながら無党派の個性的な議員が、「金のかかる選挙」のあり方に抗しつつ選出されていたことの象徴的意味は、小さくなかった。しかし一九八二年の公職選挙法改正で全国単一の選挙区に比例代表制を導入することにより、参議院は衆議院以上にことさらに「政党化」されることとなった。

二〇〇七年参議院通常選挙の結果生じた与野党逆転の時期に、参議院で否決されたのち衆議院で出席議員の三分の二以上の多数による再可決（憲法五九条二項）で成立する法律の例がふえた（二〇〇七年八月―二〇〇九年七月の期間で一二例）。なお、それより先、参議院で与党議員を含めた抵抗にあって郵政民営化法案が否決され、それを受けて衆議院が解散されたことの当否をめぐった議論があった（219参照）。このときは、解散総選挙によって衆議院で議席の三分の二を越える与党勢力が成立したが、参議院での与党内反対派の大部分が法案に同調し、衆議院での再可決の必要自体がなくなった。

二〇〇七年参議院選挙から二〇〇九年八月衆議院総選挙までの間続いた、両院の多数派が同一でない事態は、一般に、「ねじれ国会」と呼ばれた。その「ねじれ」を正常でない――従って解消されるべき――事態とする見方は、ひとつの議会制観（ウエストミンスター・モデル（前出21））を絶対視するものだった。議会内での協調を通した合意形成を議会制のありうべきもうひとつのモデルとするならば、「ねじれ」と表現されている事態も、議会制にとって常態のひとつとされてよいはずであった。二〇〇九年総選挙の結果生じた政権交代（自由民主党・公明党連立政権から民主党・社会民主党・国民新党連立政権へ）で、「ねじれ」はいったん解消された。二〇一二年一二月衆議院総選挙の結果、自・公連立政権への政権再交代によりふたたび、参議院との間で「ねじれ」状態が生じたが、その状態は二〇一三年参議院選挙によって解消され、その後は両院を通じて与党が多数を占め続けている。

一九六　両院の組織　衆議院と参議院それぞれの基本性格について、憲法は、両方とも「全国民を代表する選挙された議員」で組織される（四三条一項）という共通点を規定するにとどめ、相違点には言及せず、ただ、任期について異なった定めをするとともに（四五条、四六条）、衆議院についてだけ解散の可能性（四五条但書）にふれ、半数改選制（四六条）の効果をも含めて、参議院の方に、人的構成についての継続性を保とうとしている。

両院の議員定数（四三条二項）、議員および選挙人の資格（四四条）、選挙区、投票方法等など（四七条）については、憲法上の原理による制約（一四条、一五条三項、四三条一項、四四条但書ほか）のもとで、法律によって定められる（前出178）。その際特に、参議院議員の選挙につき、どこまで衆議院と違ったやり方を法律で採用できるかが、問題となる。

両院とも「全国民を代表する選挙された議員」で組織しなければならない（四三条一項）という制約の枠内で、第二院の独自性を出そうとする場合、参議院議員の選挙について間接選挙制を採用するところまでは、違憲でないと考えられる。それに対し、複選制（準間接選挙制）は、他の本来の職務のためにあらかじめ選挙されている者（例えば、衆議院議員、地方公共団体の議会の議員など）が選挙人団を構成するのであるから、そのような制度によって選出される議員は、国民との関係が一段と稀薄になり、憲法四三条一項の要請（積極的規範意味）を満たさないものとなろう。参議院の地域代表的性格や職能代表的性格を強調することによって、第二院としての独自性を出そうという場合には、「全国民を代表する」こと（消極的規範意味）との抵触が問題となる（前出180）。

一九七　両院の権限関係　衆議院と参議院とは、それぞれ独立に議事をおこない、議決をする（独立活動の原則）。但し、両議院協議会（五九条）が開かれるときは、別である。両院は、「国会」として同時に召集され、開会・閉会も同時である（同時活動の原則）が、参議院の緊急集会の制度（五四条二項、三項）が、憲法上の例外となる。

国会としての意思が形成されるには、両議院の意思の一致を要することが原則である（五九条一項は、法律の成立につきそのことを明示的に定める）が、両院の意思の一致が見られないときは、衆議院の意思が多かれ少なかれ優越する。法律の制定については、衆議院で可決し、参議院でこれと異なった議決をした法律案は、衆議院で出席議員の三分の二以上の多数で再可決されたとき、法律となる（五九条二項）。それに先立って、衆議院から、両議院の協議会を開くことを求めることができる（同三項）。予算の議決（六〇条二項）、条約の承認（六一条）、内閣総理大臣の指名（六七条二項）については、それぞれ、参議院で衆議院と異なった議決をした場合に、両議院の協議会を開いても意見が一致しないとき（法律の議決の場合の協議会は任意的であるのに対し、これらの場合には、必要的協議会となる）、または、参議院が一定期間内に（予算の議決、条約の承認については三十日以内、内閣総理大臣の指名については十日以内で、いずれも国会休会中の期間を除く）議決をしないとき、衆議院の議決を国会の議決とすることとなる。

かように、議決の価値として、多かれ少なかれ衆議院の優越が定められているが、参議院の緊急集会の場合には、暫定的ながら参議院の意思だけで国会の意思が成立し（五四条二項、三項）、憲法改正については両院がまったく対等の権能を持つ（九六条）。

憲法上の権能の対象事項の範囲としては、両院は原則的に対等であるが、参議院が緊急集会で措置をとる権能を持つ一方、衆議院が、予算先議権（六〇条一項）を持つほか、内閣に対し、法的な効果を伴なう不信任の意思表示をすることができる（六九条）。

2 院の自律

一九八 院の自律の歴史的意義 議会制の歴史は、王権に対する議会の闘争の歴史であるとともに、上院に対する下院の闘争の歴史でもあった。その過程で、下院の自律が、王権と上院それぞれに対して、さらにその両者の連合に対して、重大な意味を発揮した。多元的デモクラシー観への評価の高まりとともに第二院の存在理由が再認識される今日的状況のもとで、こんどは、第二院の自律が、あらためて注目されることとなる。

日本国憲法は、院の運営（五八条二項による議院規則の制定）、院の組織と議員の身分（五八条一項による議長その他の役員の選任、五五条による議員の資格争訟の裁判、五〇条による議員逮捕の際の許諾）、院の秩序維持（五八条二項による議員懲罰）、の諸領域にわたり、議院の自律をみとめている。国政調査権（前出188）が院の権能とされていることも、重要である。

一九九 議院規則制定権 議院自律権の中で特に重要なものは、「各〻その会議その他の手続及び内部の規律に関する規則」を定める権能（五八条二項）である。議院の運営にかかる事項をその院みずから決定することができるか、憲法だけでなく法律の制約にも服するという制度なのかは、院の活動にとって大きな違いをきたす。法律の制定には行政府が多かれ少なかれ関与する

（議院内閣制のもとでは行政府が法律の提案権を持つし、行政府による裁可ないし審署を待って法律が成立するという制度もありうる）し、両院制のもとでは、法律は、他の院の意思に多かれ少なかれ依存するからである。

旧憲法は、「両議院ハ此ノ憲法及議院法ニ掲クルモノ、外内部ノ整理ニ必要ナル諸規則ヲ定ムルコトヲ得」（旧五一条）と定め、議院法という「法律」の存在を前提としていた。日本国憲法五八条二項は、旧憲法と違って、憲法と議院規則の間に法律が介在すべきことをのべていないが、実際には、国会法が、同条にいう「会議その他の手続及び内部の規律に関する」事項までをも規定し、議院規則はその細目の具体化であるかのような状況になっている。

一般には、憲法五八条二項にいう規則の所管事項についても法律が規定することは可能であり、形式的効力の点では法律が議院規則に優越する、と説明されている。それに対し、院の自律を重視する立場からは、議院規則だけがその所管事項につき定めるという見解（従って、議院規則で定められるべき事項についての国会法の規定は「両議院の紳士協定」にすぎない、とする見解）、少なくとも、所管事項は競合しうるが、形式的効力は規則と法律が同位であるとする見解が、妥当とされるはずである。

議院規則は、あくまで、院の自律の制度的表現と考えるべきであり、両院共通の事項に関し両議院の議決で成立する「規程」（「両院協議会規程」、「常任委員会合同審査会規程」など）とは区別される。後者は、本来は法律で定めるべき事項で、その具体化を政令にゆだねたのでは不適当なものについて制定されたもの、と理解されるべきである。

院の自律を徹底的に重視すると、議事の議院規則違反という可能性自体を論理的に否定し、議院規則は院の議決によって制定されるが、院の意思でいつでも停止できるのであり、それに違反した議事も、院の意思による効力停止の結果だ、と見る見解が出される。しかし、一つの院の議決だけで成立する点では同じであっても、単なる議決あるいは決議で、規則と異なる取扱いをすることはできない、と考えるべきである。

もっとも、議院規則違反の議事を無効とする制度上の方法はなく、その遵守自体、院の自律にゆだねられる（司法審査における院の自律の尊重につき、後出**255**）。

3　議員の地位と議事手続

二〇〇　議員の地位

議員の地位について、憲法は、三つの特権を定める。

歳費の保障（四九条）は、議会を、「財産と教養」を備えた階層の独占から解放し、労働階層の進出を可能にするために、普通選挙制の要求の一環をなすものとして主張された。

会期中不逮捕特権（五〇条）も、王権との抗争の中でその干渉から議員の活動をまもるために、重要な意味を持つものであった。不逮捕特権は、「法律の定める場合」（五〇条）には、解除される。法律は、「各議院の議員は、院外における現行犯罪の場合を除いては、会期中その院の許諾がなければ逮捕されない」（国会法三三条）と定めている。

議員活動の免責特権（五一条）も、議会制発達史の中で、重要な役割を演じてきた。「議院で行つた演説、討論又は表決」とは、議院の活動の中で議員が職務上おこなった行為である。裁判例は、国会乱闘事件に関連して、免責の対象を「必ずしも……演説、討論又は表決だけに限定すべきでな」く、「少なくとも議員がその職務上行った言論活動に附随して一体不可分的に行われた行為の範囲内のもの」として、言論に関する限り広く免責をみとめる立場を示しながら、職務遂行に随伴しておこなわれた行為でも、実力行為には免責が及ばない、とした（東京高判一九六九〔昭44〕・一二・一七）。「院外で責任を問はれない」のは、法的責任であり、一般の国民ならば負うべきものとされる刑事上（例えば名誉毀損罪）、民事上（例えば損害賠償）の責任が免除される。国会議員としてした活動が違法に他人に損害を与えたことにより、かりに国家賠償法一条一項にいう国家賠償が肯定された場合でも、同条二項による国からの求償の対象となることはない。なお、他人の名誉または信用を低下させる議員の国会での発言が、国賠法上違法となるのは、議員が職務とかかわりなく違法または不当な目的をもって、あるいは虚偽であることを知りながら事実を摘示するなど特別の事情があることを要する、とした判例がある（最判一九九七〔平9〕・九・九――なお、国会議員の立法行為と国家賠償の問題については、後出**256**）。院内での懲罰の対象となることは、別の問題である（五八条）。政治責任を院外で問われることも、別の問題である（「代表」の意味に関連して「政治責任」の観念につき、前出**182**）。

二〇一　会期制　議会は、普通、一定の限られた期間内（会期）に活動能力を持つとされる。

常会（五二条）、臨時会（五三条）、衆議院解散後の総選挙後に開かれる特別会（五四条一項）という三種のものを定め、それぞれ、「召集」を待って活動をすることとしている日本国憲法は、会期制をとっている。一九七三年に政府筋で検討されたと伝えられた「通年国会」制は、憲法がみとめていない。

もともと会期制は、常時議会に拘束されることをきらう行政府にとって都合のよいものだったのであり、だからこそ、議員の一定数による臨時会召集要求の制度が設けられ、憲法は、いずれかの議院の総議員の四分の一以上の要求があれば、内閣は、召集を決定しなければならない（五三条後段）、としている。二〇一七年六月二二日召集要求がなされたのに、安倍内閣は九月二八日までそれに応ぜず、同日国会を召集すると同時に、審議に入る前に衆議院を解散した（そのことにつき複数の訴訟が提起され、最初の判決は、五三条に基づく臨時国会の召集は内閣の憲法上の義務と言及した。那覇地判二〇二〇〔令2〕・六・一〇）。他方で会期制は、議会少数派による多数派への合法的抵抗を保障する意味を持つことも少なくなかった。国会法が会期不継続の原則を採用し、「会期中に議決に至らなかった案件は、後会に継続しない」（同六八条）としているから、いっそうそのような効果を生んでいた（会期不継続の原則への例外として、院の議決で特に付託された案件について国会閉会中も委員会が審査をすることができ（同四七条二項）、そこで審査された議案は後会に継続する（同六八条但書））。

二〇二　会議の公開　会議の原則として、何より会議公開制が重要である。「議会主義の絶対的に典型的な代表者」としてC・シュミットによって位置づけられた一九世紀フランスの政治家F・ギゾーは、議会主義の構成要素として、「討論」と「公開性」と「出版の自由」をあげていた。ギゾーの議会制は、実は、制限選挙制のもとで、「財産と教養」の担い手である議員たちの自由な討論の中から「真理」が見出される、という構図のものであった（前出**179**でのべた「純粋代表」の観念）が、普通選挙制下の今日の議会制（「半代表」的議会制）のもとでは、公開の意義は、よりいっそう重要さを増している。議会での自由な討論が公開され、表現の自由の保障のもとで、国民の側からの批判にさらされることによって、さまざまの意見と利害を反映した審議が可能となり、そのことによって、そのときどきの議会少数派（野党）も、その時点での表決では敗れても、議会審議の場での争点提起を通して、つぎの選挙の機会には多数派になりうるという、議会制民主主義の循環図式が成立するからである。

会議公開は、傍聴および報道の自由のほか、特に、会議録の公開（五七条二項、三項）を内容とする。

二〇三　定足数と表決数　会議の定足数と表決数については、「議事を開き議決」するためには総議員の三分の一以上の出席を要し（憲法五六条一項）、「議事……を決」するのは、出席議員の過半数により、可否同数のときは議長が決する（同二項）。「この憲法に特別の定のある場合」（同上）は、過半数主義の例外となる。議員の資格争訟の裁判により議員の議席を失わせる場合（五五条）、本会議の秘密会を開く場合（五七条一項）、懲罰により議員を除名する場合（五八条二項)、衆議院で可決し参議院でこれと異なった議決をした法律案を、衆議院で再議決する場合(五九条二項)について、出席議員の三分の二以上によるという特別多数主義を採っている。

「可否同数」のときとは、過半数を得られなかったときであるから、本来ならば、問題の議案は不成立となるはずであるが、議長の決裁権(五六条二項後段)により、そのどちらかに決することができる。議長の決裁権は、礼譲として消極的、現状維持的に行使されるべきだ、という主張もあるが、法的には、そう限らない。とりわけ、議長が議員としての表決権を行使しない慣例があるところでは、いっそう、決裁権は、積極・消極どちらの方向にも行使できるといってよい理由がある。第七五国会の参議院本会議(一九七五年七月)で、議長・河野謙三は、政治資金規正法案の表決の結果一一七票対一一七票の可否同数となったとき、「議長は可とします」と宣し、同法案を可決させた。

二〇四　委員会制度　「両議院」の議事・議決につき定められている憲法五六条、「両議院の会議」の公開につき定めている五七条は、どちらも、議院が議院としての意思を決定する本会議についてのものである。委員会については、国会法は、議事・議決の定足数は委員の半数以上(同四九条)とし、表決は出席議員の過半数(同五〇条)による、としている。会議公開については、委員会は「議員の外傍聴を許さない」のを原則とし、例外的に、「但し、報道の任務にあたる者その他の者で委員長の許可を得たものについては、この限りでない」(同五二条)とする定め方をしているが、実際には、委員会での審議の報道が、非常に重要な役割を果たしている。院の国政調査権の行使にあたっても、委員会が実際には主役となる。議院証言法の改正（一九八八）で導入された、証言中の撮影・録音を不許可とする規定は一九九八年に再改正され、証人の意見を聴いた上で許可することができることとなった（同法五条の七）。

総じて、日本国憲法下の国会は、憲法には直接の定めがない委員会制度を中心として運用されている。委員会については、国会法が、その第五章（四〇条—五四条）で「委員会及び委員」について、第六章「会議」（五五条—六八条）で院の議事と委員会の審査の関連について規定し、委員会の「審査」をすませた上で「議院の会議における審議」に付することが原則となっている、委員会中心主義の国会運営は、旧憲法下の議院法が、本会議中心の「三読会」方式をとっていたのと対照的である。

今日の議会制にあっては、専門化する諸領域の対象ごとに対応した適正規模の人数による審査を確保する場として、委員会制度の重要度は、どこの国でも共通に大きくなっている。その反面、行政各部門に対応する形で常任委員会が設定されている場合、行政各部の官僚制と常任委員会の主要メンバーとの相互依存が強まり、両者の癒着現象をもたらす傾向がある（「〇〇族議員」という表現）。

Ⅲ　財政に関する国会中心主義

1　財政立憲主義

二〇五　代表なければ課税なし　もともと、議会のおいたちそのものが、君主による課税と国費支出に対して、租税負担者の側からの同意が必要だ、という要求と密接に結びついていた（「代表なければ課税なし」）。今日の議会制にとっても、財政上の権能は、いちばん本質的なもののひとつである。憲法は第七章で「財政」の章を設け、その冒頭で、「国の財政を処理する権限」が「国会の議決に基いて」行使されなければならない、と定める（八三条）。ここでいう「国会の議決」は、法律による租税の決定（八四条）のように、一般的基準を設定するという仕方でもありうるし、国の債務負担行為についての議決（八五条）のように具体的な仕方でもありうるが、どちらにしても、財政への国会のコントロールが実質的でありうる程度にまで、特定的でなければならない。

二〇六　皇室財政の国会中心主義　旧憲法が財政についての強度の皇室自律主義をとっていたのに対し、日本国憲法は、皇室財政についても国会中心主義が及ぶべきことを定める（八八条、八八条——前出61）。

二〇七　租税法律主義　財政の国会中心主義は、国庫収入の場面で、租税法律主義となって現われる。憲法八四条は、「あらたに租税を課し、又は現行の租税を変更するには、法律又は法律の定める条件によることを必要」としている。他にも、憲法三〇条は納税の義務の観点から、四一条は国会の唯一立法機関性の観点から、同様な効果を導き出している。

租税については、一年税主義をとり毎年国会の議決を要するというやり方と、永久税主義をとりいったん定められたのちはそのまま毎年徴収できるというやり方があるが、租税法律主義をとったことは、永久税主義をみとめることを意味する。

地方税につき地方公共団体の条例が、また、関税につき条約が定める場合に、租税「法律」主義との関連が問題となる。憲法八四条にいう「法律の定める条件による」にあたるという説明ができる（どちらの場合も、地方税法や関税法という法律で、条例や条約で租税を定める旨を規定している）が、実質的に見て、条例についてはその地方公共団体の議会の意思の反映だという点で国の法律に準じているし、条約については国会の承認を経ている点で国会中心主義の実質を損なうものではない。

2　予算と決算

二〇八　予算　財政支出の側面については、憲法八五条が、国費支出と国の債務負担が「国会の議決に基く」べきことを定めている。「国費の支出」とは「国の各般の需要を充たすための……現金の支払」（財政法二条）であり、それについての国会の議決は、憲法八六条による予算の形式でおこなわれる。国の債務負担についての国会の議決は、法律の形式によるもの、歳出予算の形式の中に公示されるもののほか、特に、「国庫債務負担行為」という名目で、予算の形式でおこなわれる。

外国では、予算を法律の形式で定める例も少なくないが、日本国憲法は、法律とは別箇の形式として「予算」を考えている。憲法の文言は、予算を内閣が「作成」する（財政法は、「閣議の決定」による予算の「作成」と、国会の議決を経たその「成立」という用語を使っている）となっているが、内閣が作成するのは本来は予算「案」というべきであって、国会の議決ではじめて「予算」そのものが成立し、政府を拘束する法規範となる。財政法は特に、歳出予算および継続費の各項が定める目的外の使用禁止（三二条）、予算の移用・流用の制限（三三条一項）を定めているが、予算それ自体が、法規範としての性格を持つと考えるべきである。

予算の提案権は内閣だけにある。予算審議にあたっては、衆議院が先議権を持ち、議決について衆議院の優越がみとめられる（憲法六〇条）。

予算が法規範であり、しかし法律とは別箇の形式を持つとすると、両者にくい違いが生ずる場合がある。予算の裏づけを必要とする法律は、予算が成立しなければ執行できないし、法律の根拠を要する予算の内容は、法律（例えば租税をあらたに課す法律）が成立しなければ執行できない。内閣は「法律を誠実に執行」（憲法七三条一号）しなければならないから、そのために必要な予算案を作成しなければならない。それに対し、国会の予算審議権には憲法上の明示的な制約がないから、その結果として予算と法律の間にくい違いが生じてもやむをえないことになる。

内閣の作成した予算の同一性を失わせるような大修正は許されない、とする主張があり、一九七七年二月、野党の主張を部分的に受け入れた修正がおこなわれたとき、政府は、「内閣の予算提案権を侵害しない範囲」でだけ修正が可能だとして、「項」の新設、あるいは、「項」の内容をまったく変えることになるような修正は困難である旨、のべた。しかし、内閣の提案を国会が否決することもできる以上、「内閣の予算提案権」を理由として国会の審議権を制約することはできない、と考えるべきである。

会計年度がはじまっても予算が成立しない場合に、旧憲法七一条は、前年度の予算を施行することをみとめていた（施行予算）が、そのような制度が否定されることは、言うまでもない。財政法は、「一会計年度のうちの一定期間に係る暫定予算」（三〇条一項）を内閣が作成し国会に提出することにしている。本予算が成立したのちに実際の必要に応じるためには、補正予算の制度がある（同二九条）。

予算は、「毎会計年度」についてのものでなければならないが、財政法は、例外的に、「経費の総額及び年割額を定め、予め国会の議決を経て、その議決するところに従い、数年度にわたつて支出することができる」（同一四条の二第一項）、としている。

「予見し難い予算の不足に充てるため、国会の議決に基いて予備費を設け、内閣の責任でこれを支出することができ」（憲法八七条一項）、「予備費の支出については、内閣は、事後に国会の承諾を得なければならない」（同八七条二項）。承諾・不承諾は、内閣の支出行為の当否の事後的判断であり、支出行為の効力には影響しない。二〇二〇年、新型コロナ・ウイルス感染症対策予算として一〇兆円の予備費が計上された。政府の施策への適時の批判の可能性をいちじるしく制約するものとして、予備費制度の濫用というべきであろう。

二〇九　決算　「国の収入支出の決算は、すべて毎年会計検査院がこれを検査し、内閣は、次の年度に、その検査報告とともに、これを国会に提出しなければならない」（憲法九〇条一項）。決算は、一会計年度に現実におこなわれた歳入および歳出を示した総合的な計数書であり、予算と違って、法規範ではない。会計検査院の組織・権限は法律で定められ（憲法九〇条二項）、会計検査院法は、同院を、「内閣に対し独立の地位を有する」（同一条）行政機関としている。

会計検査院が法的見地から合法性と適法性につきおこなう検査を経た決算は、内閣によって国会に提出される。国会はその審査をすることによって、予算の執行責任者である内閣を批判するが、承認・不承認によって、すでになされた収入支出の効力に効果が生ずるわけではない。実例では、決算は両議院それぞれに提出され、両議院がそれぞれに意思を表示するやり方でおこなわれている。

内閣は、国会と国民に対し、「定期に、少くとも毎年一回、国の財政状況について報告しなければならない」（憲法九一条）。

3　公金支出の内容的制限

二一〇　財政上の政教分離原則　憲法八九条は、公の財産の支出または利用につき、内容上の制限を定めて国会中心財政の運用上、国会の決定自体を制約する基準を示している。

制限は、「宗教上の組織若しくは団体の使用、便益若しくは維持のため」（八九条前段）と、「公の支配に属しない慈善、教育若しくは博愛の事業に対」するもの（同後段）とについて、定められている。

八九条前段による制限は、政教分離の財政面での現われである。政教分離が裁判上の争点として問題となる事例では、憲法二〇条三項と同時に、八九条違反が問われることが多い。同条にいう「宗教上の組織若しくは団体」を、判例は、特定の宗教の信仰、礼拝または普及などの宗教活動をおこなうことを本来の目的とするもの、とせまく解している（最判一九九三〔平5〕・二・一六〔箕面忠魂碑訴訟〕）。宗教団体の使用のための公金支出については、愛媛玉ぐし料訴訟の最高裁判決（前出**120**）での園部裁判官の意見が、それを八九条違反の一点で違憲と判断すべきであり、二〇条三項違反かどうかを問う必要はなく、従って目的効果基準を適用する必要もない、としているのが注目される。

例えば、宗教上の組織、団体に有利な条件でそれらに国の施設を使わせるのは、公の財産を宗教団体の「便益」のため「その利用に供」することになり、低利の金を貸すことも、同様である。通常広く一般の利用に供されている公の財産（道路ほか）を別として、国の施設を宗教団体に使わせることは、それ自体、それらの「使用」のために「利用に供」することになる。補助金を与えることは、宗教団体の「維持」のために公金を「支出」することにあたる。

「社寺等に無償で貸し付けてある国有財産の処分に関する法律」が、国有地である寺院の境内地等を無償譲渡または時価の半額で売り払うことにした点が、憲法八九条違反ではないか争われたが、最高裁は、明治初年に寺院等から無償で取り上げて国有とした財産をその寺院に返還する処置なのだから違憲でない、とした（最大判一九五八〔昭33〕・一二・二四）。政教分離の前提をつくり出すための経過的措置としてはじめて許されるものとなる、と解される。

二一一　「公の支配に属しない」事業への財政支出　憲法八九条後段は、私的な慈善、教育、博愛事業について、公の財政的援助を制限する。これは、国民の租税に基づく財源・施設の使用・供用に公的コントロールをゆきとどかせようとする財政上の見地とともに、国や地方公共団体が私的事業に、「援助し、干渉する」のを防ぐために、「援助せず、干渉せず」という原則を採用したことを意味する。この観点からすると、公的援助が許されるのは、「公の支配」に属する事業、すなわち、人事・予算・事業の執行などについて自主性を失うまで、国または地方公共団体の強い指導下にある事業に限られる。

裁判所は、私立学校への公的助成（私立学校法五九条をうけて、私立学校振興助成法が、国および地方公共団体による助成につき定めている）について、そのような考え方をしりぞけ、助成がその目的・効果において私立学校の自主性・独立性を害し、あるいは私立学校の基礎となっている特定の信念、主義、思想などを助長することにより、思想、良心および学問に対する国の公正、中立性が損なわれない限り許される、としている（千葉地判一九八六〔昭61〕・五・二八）。憲法八九条が求める「公の支配」の程度は、国または地方公共団体にとって、教育事業が公の利益に沿わない場合にそれを是正しうる途が確保され、公の財産が濫費されることを防止できることをもって足りる、とした判断もある（東京高判一九九〇〔平2〕・一・二九）。一般にも、「援助し、干渉せず」（support, but not control）という、別の原則のほうが望ましいという基本的見地に立ち、憲法二六条（教育をうける権利）や二五条（生存権）の趣旨をもあわせ、八九条後段をゆるく解釈する傾向にある。

たしかに、欧米で宗教的性格の団体・組織を背景とする私立学校への公的援助が、政教分離をめぐる憲法論の中心論点となってきたのにくらべ、日本では、私立学校教育が「特定の信念、主義、思想」（前出の千葉地裁判決）と結びついている度合が小さい。その意味で、八九条前段の厳格解釈と後段のゆるやかな解釈を同時に説くことの矛盾は、相対的に小さい。しかし他方で、日本では、学校教育、社会教育（社会教育法一三条による、社会教育関係団体への補助金交付の制度）を含め、私的事業への助成制度が、関係諸団体の圧力団体化と政治過程の利益政治化とを助長している現状にてらしても、八九条後段の禁止を過度にゆるやかに解することは、問題が多い。

〔問題状況〕

国会を中心とする日本の政治過程を憲法運用の観点から見たとき、一九五五年の「保守合同」から九三年まで政権交代のなかったこと、より正確にいえば、政権交代の現実的可能性自体のなかったことが、問題とされてきた。たしかに、国会と内閣、国会と議院が、憲法上は別の権限主体となっているのに、現実には、ひとつの与党が長期にわたってその両方をにぎってきたこと、そのため、例えば、内閣の指名・任命権の行使の結果として成立する最高裁判所裁判官の構成が均質化して意見表示制の効果が不活性化し、一時期には中央と地方の間の権力分立を担った地方自治（いわゆる「革新自治体」）自身が、政権政党の集票活動への事実上の協力とひきかえに「地元利益」を求める圧力団体化していったこと、などが挙げられる。

にもかかわらず、「五五年体制」の状況をただ単純に「一党支配」として平板にとらえることは、かえって、その後進行してきた事態の深刻さを見あやまらせることになるだろう。表見的には一党支配であっても、労働運動や住民運動をも背景とした野党の抑止機能、国政野党勢力に担われた地方自治、政権党内の派閥制による相互抑制、さらには、官僚制の相対的独立性（「大蔵省によるシヴィリアン・コントロール」など）などの要素が、多かれ少なかれ作用を及ぼしていたからである。（これらの側面を重視した現状分析として、大嶽秀夫『現代日本の政治権力経済権力』三一書房、一九七九）。「一党支配」のファサードに隠された実体は、「派閥」という中・小政党（「三・角・大・福・

中」）による連立政権であり、高度経済成長下の利益集団多元主義という社会経済的要因と、中選挙区制下の派閥の競争的共存が、それを支えていた。これらの要因が一九八〇年代に入っていちじるしく弱まってきた（労働界の再編成、野党の「現実主義」化、与党の「総主流派化」、「政高官低」など）ことにこそ、より大きな問題性を見てとる必要がある。

二〇〇九年八月衆議院総選挙の結果、それまで野党だった民主党が過半数を大きく上まわる議席を獲得して社会民主党および国民新党と連立政権をつくり、政権交代を実現した。さらにその後二〇一二年一二月衆議院総選挙によって自由民主党と公明党が政権に復帰する政権再交代が生じ、それ以降、明治以来の憲政史上最長となる安倍晋三政権のもとで、「官邸支配」による「一強体制」が続くこととなった。

第二節　内　閣

Ⅰ　行政権

二一二　行政の概念　憲法六五条は、「行政権は、内閣に属する」と定める。立法権、司法権についての対応する規定（四一条、七六条）については、それぞれ、立法および司法の実質的意味を積極的に定義することが問題とされてきたのに対し、行政については、一般には、国家作用のうち立法と司法をのぞいた部分の総称として、消極的に定義されてきた（控除説）。この定義は、かつて全部が君主の手にあった国家作用のうち、司法権が独立の裁判所によって行使され、立法権が国民を代表する議会によって獲得されて、行政権だけが君主の手に残った、という歴史的経過を反映している。

かつて控除説によって理解された行政概念は、君主に権能の推定を与える効果と結びついていた。国民主権の原理のもとでは、権能の推定を与えるとしたら、有権者団としての国民だけが問題になりえようが、それとても、立憲主義の権力制約という本質を重視するならば、慎重でなければならない。

二一三　合議体としての内閣　行政権は、合議体としての内閣に属する（但し、合議体としては特殊な性格を持つことについて、後出215）。

憲法史の沿革を見ると、大臣は、行政権の主体である君主を、それぞれの担当事項について補佐するものであった（旧憲法も、五五条は「国務各大臣」が天皇を「補弼」するとしており、「内閣」も「内閣総理大臣」も、憲法の明文上には登場してこない）。君主の権能が名目化してゆくに従って、大臣の集合体としての内閣がそれとして存在するようになり、そして、それが行政権の事実上の主体となってきた。日本国憲法は、そのような傾向をさらに一歩すすめて、事実上だけでなく建前上も、天皇でなく内閣そのものが行政権の主体であること（六五条、七三条）、内閣総理大臣がその内閣を代表すること（七二条）を、明文上明らかにした。

そのことに関連して、日本国憲法のもとで「元首」はどの機関かが問題となる（前出67）。

二一四　行政委員会　行政権は内閣に属するが、国会を国の「唯一の」立法機関とし、「すべて」司法権を裁判所に帰属させた憲法四一条、七六条と違って、六五条は、そういう独占を示す規定になっていない。行政はその領域の広さから言っても、常時活動性から言っても（国会の活動は会期制による）、また、能動性から言っても（司法権は訴えを待ち、かつ、事件性を備える場合にだけ判断を示す）、内閣が直接にそれを全部自分自身でおこなうわけにはゆかない。六五条によって内閣が行政権を掌握するという建前をとり、多岐にわたる行政組織を統括する地位に立つことによって、その内閣に対する国会のコントロールを通じ、行政全般へのコントロールが及ぼされるのである。

行政機関の中で、内閣の指揮監督に服さない独立的な合議機関（独立行政委員会）の憲法適合性が問題とされる。会計検査院は憲法そのもの（九〇条）が設けている例外だから別として、人事院、国家公安委員会、公正取引委員会などの例がある。これら独立行政委員会も委員の任命などの点で内閣に従属しているから違憲でない、という説明も可能であろう。しかし、いったん任命された委員の身分には一定の保障があり、委員会の職務そのものは内閣から独立に行使されるのだから、むしろ職務内容に着目して、準司法的作用や人事行政における試験など、性質上政党政治から独立しておこなわれるべき作用については内閣の指揮監督を受けず、従って国会のコントロールを他の行政機関と同様には受けなくとも違憲でない、と考えることができよう。

Ⅱ　内閣の組織

二一五　内閣総理大臣の首長性　行政権は、合議体としての内閣に属するが、この合議体は、内閣総理大臣を「首長」（六六条一項）とし、かつ、内閣総理大臣の「首長」性がきわめて強い点で、一般の合議体のあり方とは違っている。この点でも、内閣制度の歴史的沿革からして、内閣が集合体として作用するようになってからあとも、はじめは内閣総理大臣は同輩中の首席（primus inter pares）にすぎず、行政権の長としての君主の権能が名目化することに対応しつつ、首長として名実ともに内閣を統率する存在となってきた、という経過が反映されている。

内閣総理大臣は、国会議員の中から国会の議決で指名される（六七条一項）。内閣総理大臣の天皇による任命（六条一項）は、純粋に儀礼的・形式的な行為であり、実質的な選任は、国会の議決により完結する。両議院それぞれの議決は、投票の過半数（五六条）によって決せられる。両院とも、議院規則で、記名投票をおこなう旨定めている。指名の議決は、最重要であるから、「他のすべての案件に先だつて」おこなわれる（憲法六七条一項）。

議院内閣制（六六条三項――後出**217**以下）をとりながらも、首相を君主または大統領が実質上も選任し、その上で成立する内閣が議会に責任を負う、という制度があるが、日本国憲法は、国会自身が、かつ、国会議員の中から内閣総理大臣を指名することにしている点で、議会優位がそれだけ強調されている。

二つの院での指名がくい違った場合、両議院の協議会を開いても意思が一致しないときは、衆議院の議決を国会の議決とする。衆議院の議決のあと、国会休会中の期間を除いて一〇日以内に参議院が指名の議決をしないときも、同様である（六七条二項）。法律案の議決の場合にくらべて衆議院優越の度合が強く、予算の議決や条約の承認の場合にくらべてもそうである。憲法は、内閣の退陣のとき（六九条）だけでなく誕生のときについても、国会の中での衆議院の優越を強く定めたことになる。

内閣総理大臣とともに内閣を構成する国務大臣は、内閣総理大臣によって任命される（六八条一項）。天皇は、国務大臣の任命の認証をおこなうにとどまる（七条五号）。首相が実質的に選任した者を君主または大統領が名目的に任命する方法にくらべ、ここでも、内閣総理大臣の首長性が強調されている。国務大臣の過半数は国会議員の中から選ばれなければならず（六八条一項但書）、この要件は、任命の時点だけでなく、内閣の存在の間を通して充たされなければならない。実際上は、国会議員でない大臣の任命は、ごく稀である。

内閣総理大臣が国務大臣を「任意に」「罷免」できる（六八条二項）ことは、内閣総理大臣の首長性を、特に強める。旧憲法下では、「閣内不統一」の場合は内閣が総辞職するほかなく、特に、軍部出身の大臣の去就によって内閣の死命が制されたが、罷免権は、そのような事態を避けるための切札となる。

片山内閣総理大臣による平野力三農林大臣（一九四七）、吉田内閣総理大臣による広川弘禪農林大臣（一九五三）、中曽根内閣総理大臣による藤尾正行文部大臣（一九八六）、および小泉内閣総理大臣による島村宜伸農林水産大臣（二〇〇五）の罷免などの実例がある。

首長としての内閣総理大臣の存在によって、その内閣は同一性を保つと考えられる。憲法七〇条が「内閣総理大臣が欠けたとき」内閣は総辞職しなければならないと定めているのは、それゆえである。内閣総理大臣が死亡したとき、解散以外の理由で国会議員の地位を失うなど内閣総理大臣であるための資格を失ったとき、みずから辞職したとき、などである。

首長としての内閣総理大臣は、「内閣を代表して議案を国会に提出し、一般国務及び外交関係について国会に報告し、並びに行政各部を指揮監督する」（七二条）。内閣総理大臣が内閣を「代表」するということは、合議体の中での首長的性格を反映するが、それと同時に、合議体の意思に基づいて行動しなければならないという意味で、内閣の合議体としての性格をも反映する。内閣総理大臣は内閣の明示の意思に反しない限り、行政各部に対し、随時、その所掌事務について一定の方向で処理するよう指導、助言等の指示を与える権限を有する、と認定した判例がある（最大判一九九五（平7）・二・二二（ロッキード事件））。

内閣総理大臣の首長性は、国務大臣がその在任中、内閣総理大臣の同意がなければ訴追されない、と定める憲法七五条にも現われている。

内閣総理大臣の首長性が憲法規定の上で明確にされているのと対照的に、運用の実態としては、その指導性が発揮される例は少なかった。一九五五年の保守合同以降、ほとんどの期間、自由民主党による単独政権が続いてきたが、それは、党内派閥相互間の連立政権といってよい実態のものであり、国務大臣の任命からしてすでに、「派閥均衡」「派閥枠」によって事実上の制約を受けてきた（前出374-375頁）。閣議の運営について内閣総理大臣の権限を明示する内閣法の整備や、全員一致制の慣行にかわる多数決制の採用の提唱などがあったが、問題の核心は制度以外にあったというべきであろう。

一九九九年の内閣法改正により、内閣が「国民主権の理念にのっとり……職権を行う」（一条一項）としてその正統性根拠が明示的に強調されたほか、閣議における内閣総理大臣の主導性を裏づける文言が導入される（四条二項）などの整備がなされた。とはいえ、「〇〇一強」とメディアで言われるほどに首相が主導性を発揮するためには、より具体的な場面での制度や慣行の変更（上級官僚人事の一元化、内閣法制局のほか中央銀行や公共放送など非政治部門人事への関与可能な制度の積極利用、など）と言説環境の変化（「官」より「政」、「民」の活力、など）が必要だった（二〇一二年一二月自由民主党が政権に復帰して以後の事態）。

二一六　文民　「内閣総理大臣その他の国務大臣は、文民でなければならない」（六六条二項）。「文民」という言葉は、日本国憲法審議の過程でつくられたものであり、軍に対する「シヴィリアン・コントロール」の考え方を反映している。憲法制定当初は、どんな意味でも「軍」がなかったから、「文民」については、かつて軍人（職業軍人のこと）でなかった者、あるいは、強い軍国主義思想の持ち主でない者、という解釈が議論された。その後も、鳩山内閣と石橋内閣のときに野村吉三郎元海軍大将が入閣の候補にあがった際、かつて軍人だったものは非文民であるという憲法解釈との関係が議論され、沙汰やみとなった例がある。

今日では、自衛隊の武官を排除することが、「文民」条項の現実上の意味と解される。

Ⅲ　内閣と国会の関係――議院内閣制

二一七　狭義の責任と広義の責任　「内閣は、行政権の行使について、国会に対し連帯して責任を負ふ」（六六条三項）。

内閣の対議会責任制は、議会制発展史の中で、決定的な標識となってきた。諮問的会議体から立法について決定的な権能を持つものに成長した議会が、つぎに、行政権を多かれ少なかれコントロールする地位に立つかどうかが、そのことによって左右されたからである。旧憲法五五条（「国務各大臣ハ天皇ヲ補弼シ其ノ責ニ任ス」）の解釈として、立憲学派は、「立憲政治は責任政治である」という大原則に立ち、君主無答責と表裏一体のものとして、国務大臣が「議会に対して責に任ずる」（美濃部達吉）ことを主張し、「我カ国体ニ於テハ……憲法法律ハ君主ヲ問責スルノ力ナキ固ヨリ言ヲ待タス……何人モ君主ニ代リテ責問ヲ受クルノ要ナシ」（穂積八束）とする神権学派と対立していた。その論点を、日本国憲法六六条三項は明快に解決した。

こうして、内閣は、その成立において国会に依存する（前出**215**）だけでなく、存立の全期間にわたって国会に依存することとなった。

もっとも、内閣が国会に「責任」を負うということの意味については、必ずしも明確にされていない。

旧憲法下の立憲学派は、国務大臣の対議会責任を強く説きながらも、大臣が議会の意思に従って進退しなければならないという「狭義の責任」ではなく、議会によって批判されるという「広義の責任」の意味で、それを主張していた（美濃部）。日本国憲法下でも、内閣の対国会責任について、「国会の意思によって内閣が進退すべきであるとの意味」でなく、「内閣が……国会……

によって批判その他のコントロールを受ける地位」にあるという意味に理解する見解がある（宮沢）。しかし、行政権の首長が統治権の総攬者（旧憲法四条）であったところから余儀なくされていた戦前の立憲学派の「責任」理解を、国民主権のもとで国会が「国権の最高機関」とされている現行憲法下で、そのまま引きつがなければならない必然性はない。実際、西欧の議会制発展史の中では、内閣の対議会責任とは、内閣の存立が議会の信任に依存する、という意味に理解されてきたのである。

二一八　「政治」責任　ここでいう「責任」は、いずれにしても、普通、「政治責任」のことだと説明されている。その際、「政治」責任とは、民刑事の責任に対してそういうのであって、憲「法」上の責任であることに注意すべきである。もともと、大臣責任制は、その母国イギリスで、個々の大臣が弾劾事由に該当したときに訴追される弾劾制度のもとで、訴追を避けるために大臣が地位を退くという形ではじまり、議院との政策上の不一致を理由に内閣を問責するという形に展開してきた。そのような文脈で言われるその「政治」責任性は、憲「法」上の責任でないことを含意するものではない。イギリスの場合、憲法法律と憲法習律を区別する語法からいえば、裁判所によって強制されないという意味で後者に属するが、裁判的強制ができないからといって、国家機関にとって遵守すべき法規範でなくなるわけではない。

「政治」責任は、内閣として「連帯して」（六六条三項）負う責任であるが、そのほかに、各大臣が個別的に国会に責任を負うことも、否定されない。一九五二年に、当時の池田勇人通産大臣が、自分の発言内容について衆議院により不信任の決議を受け、辞職した。

二一九　「国会」に対する責任　憲法六六条三項の「責任」が、前述した意味での狭義の責任だとすると、憲法六六条三項が、「国会に対し」責任を負うとしていることの意味が問題となる。憲法六九条により、衆議院は、特定の効果を持つ問責手続を発動できるのに対し（後出220）、参議院について、そのような権能を憲法は定めていない。しかし、例えば、内閣の存立をかけた重要法案が、衆議院で可決されても参議院で可決されず、しかも、衆議院の出席議員の三分の二の多数での再議決もされない（五九条二項）ような場合に、内閣は、全体としての「国会」に対する「責任」を果たすことができなくなっている、と見るべきであろう（行政府の対議会「責任」は、行政府に対する議会の優位を意味すると同時に、そのことを前提とした上での、議会に対する行政府の相対的独立を確保するという意味もあることについて、後出221）。

そのような場合に衆議院を解散することによって問題の解決をはかることも、可能と考えるべきである。但し、そのことを通じて憲法五九条二項の発動を可能にする結果が得られることを必要とする、という高いハードルが課される、と考えるべきである。解散権を行使する側にそれだけのリスクを負わせるのは、解散権の濫用によって両院制の意義を空洞化させる危険を、抑止するためである。二〇〇五年、郵政民営化に関する法案を参議院が否決したのを受けて、小泉内閣が衆議院を解散し、そのことの当否が議論されたが、解散権を行使した側も、右にのべた論理に従ってのことではなかった。総選挙の結果与党は衆議院の議席の三分の二以上を得たが、もしその結果が得られなければ（単純過半数にとどまるようなら）、内閣は全体としての国会の信任を失ったものと解さなければならない、という認識は与野党ともに持っていなかった。

二二〇　解散　内閣の対国会責任が明示的かつ具体的な効果を伴なって作動するのが、憲法六九条所定の場合であり、「内閣は、衆議院で不信任の決議案を可決し、又は信任の決議案を否決したときは、十日以内に衆議院が解散されない限り、総辞職をしなければならない」。

衆議院が解散されたときは、衆議院議員は、任期の満了以前に、議員の地位を失う（四五条但書）。解散の日から四〇日以内に衆議院議員の総選挙がおこなわれ、その選挙の日から三〇日以内に国会が召集されなければならない（五四条一項）。そのときには、内閣は総辞職し（七〇条）、新しい構成の国会によって、あらためて内閣総理大臣の指名の手続がとられることになる。

憲法六九条所定の場合以外にも、衆議院を解散することができるかどうか、という問題がある。現在、確立した実例は、積極説（六九条非限定説）によっている。今までのところ、一九四八年一二月、一九五三年三月、一九八〇年五月、一九九三年六月の四回を除き、すべて、六九条所定の場合以外におこなわれた解散である（なお、日本国憲法下での衆議院議員の総選挙は、一九七六年一二月のときを除き、すべて、任期満了を待たず、解散によっておこなわれている。このことは、解散が、内閣にとって、最も適切と思われる総選挙の時期の選択を許す大きな武器となっていることを物語る。前述の唯一の例外は、与党内の基盤が弱かった三木武夫首相が、解散のための主導権をにぎることができなかったことによる）。

しかし、憲法施行後まもなくの間は、六九条非限定説と限定説とが、はげしく対立していた。一九四八年一二月の解散は、日本国憲法下で最初の解散の事例であったが、与野党の合意の上、野党提出の内閣不信任案の可決をまって、内閣が衆議院の解散を決定した。第二回の解散（一九五二年八月）ではじめて、六九条所定の場合でないのに解散がおこなわれた（「抜き打ち解散」）。このとき、解散当時の衆議院議員が、六九条限定説の立場を前提とし、解散の違憲無効確認を求める訴え（最大判一九五三〔昭28〕・四・一五により、最高裁は憲法裁判所としての性格を持たないという理由で、不適法な訴えとして却下された）、ついで、歳費請求の具体的訴訟の形式で、違憲の判断を求めた（最大判一九六〇〔昭35〕・六・八〔苫米地事件〕が、いわゆる統治行為論を採用し、裁判所の審査権が及ばないとした——後出**254**）。

一九四八年解散の詔書は、「衆議院に於て内閣不信任案を可決した。因って日本国憲法第六十九条及び第七条により、衆議院を解散する」という文言であったが、一九五二年解散以後は、六九条所定の場合の解散を含めて、ただ、「日本国憲法第七条により、衆議院を解散する」という表現がとられている。現在、学説も六九条非限定説で固まっているが、その論拠としては、二つの有力な説が分かれる。

ひとつは七条説と言われるものであり、天皇の国事行為のひとつとして「衆議院を解散すること」（七条三号）が挙げられていることを論拠とし、天皇の国事行為に「助言と承認」をおこなう内閣がその実質決定をする権能を持つ、と説く。結果の点で常識的に見えるこの説は、しかし、論理的見地からすると、七条列挙の行為が、本来「国政に関する権能を有しない」天皇のまったく形式的・儀礼的な行為にすぎないはずであるのに、それに対する「助言と承認」の中に、解散の実質的決定権を読みこむ、という大きな問題点をかかえている（前出65）。

もうひとつは、制度説と言われるものであり、つまるところ、日本国憲法が議院内閣制をとっているからだ、という説明に帰着する。しかし、この説も、憲法が議院内閣制を定めているかどうか――あるいは、議院内閣制の中でもどんな類型に属するものを定めているか――ということ自体、六九条限定説をとるか非限定説をとるかによって左右されるはずではないか、という反論に答えるのはむずかしい（議院内閣制の概念については、後出221）。

六九条非限定説には、こうした論理的な難点があり、当初、六九条限定説がかなり強く主張されたことには、それだけの理由があった。実際、国会を「国権の最高機関」（四一条）とした憲法のもとで、解散の実質問題につき六九条にしか規定がないということは、同条の場合にしか解散を考えていないという趣旨に解する方が、むしろ自然であろう。第二次大戦直後の西側諸国の憲法（一九四六年フランス、一九四九年西ドイツ）が、議会優位の構造を定め、解散権を限定する共通の傾向を持っていたことに照らしても、同時代の世界的傾向を共有する日本国憲法の国会中心主義が解散権に対し好意的でなかった、と理解することには、無理がない。総司令部の憲法草案でも、六九条に対応する条項は五七条として第四章「国会」の中に定められ、同章中の四五条は、議員の任期を四年とするとともに、「本章に規定された解散の場合」を例外とする、という規定になっていた。

にもかかわらず、六九条非限定説が実例・通説として確立してきたのは、解散権に対する実質的評価が変化してきたことを反映していた。もともとは君主の意のままにならない議会に対する制裁の意味を持つものだった解散が、選挙民の意思による議会そのもののコントロール、とりわけ、選挙民意思による政治的争点についての裁定を可能にするものとしての役割を、期待されるようになってきたからである。言いかえれば、内閣の議会に対する責任の延長線上に、内閣と議会双方の選挙民に対する責任を確保するものとしての期待が、解散という制度に寄せられるようになった。日本国憲法下で、第一回解散の際に六九条限定説を主張していた野党側が、そのあと、特定の争点をとらえて衆議院の解散を強く要求するようになった（例えば、一九六〇年に日米安全保障条約の承認案件が提出されたときの、野党側からの「国会解散（ママ）」のスローガン）ことにも、それは現われている。結論として六九条非限定説が今日では妥当な解釈論といえるが、その根拠づけとしては、解散権への期待の変化という事情の変化をとりこんで、制度説を補強することが、比較的無難というべきであろう。

六九条所定の場合に限らず内閣が衆議院の解散を決定できる、ということは、内閣が、衆議院の野党に対し、また、与党ないし与党連合の反＝非主流派に対する関係で、きわめて効果的な政治的武器を手にしていることを意味する。そのことに関連して、政界、そこでの用語法を反映するマスメディアで、「解散権は首相の専権」という言い方が近時ますます、自明のことであるかのように流通しているが、解散権の主体は内閣である。前述のとおり、六九条所定の場合以外に内閣が解散を決定できるという実行が成立しているが、その際、天皇の儀礼的権能から内閣の実質権能をひき出すかのような解散詔書の文言が解釈論上難点を含んでいることはさておくとして、天皇に対する「助言と承認」をおこなうのは内閣であって、内閣総理大臣ではない。実例自体、解散権が首相の専権でないことを裏づけている。閣議の合意を得る見とおしを持つことができなかった内閣総理大臣（三木武夫）は、みずから望む解散総選挙をおこなうことを断念し、任期満了による衆議院総選挙（一九七六年一二月）を待たざるをえず、その結果退陣せざるをえなかった。それとは逆に、みずからの力に自信を持つことのできる首相も、閣内で解散決定に異論を唱える大臣に対し罷免権（憲法六八条二項）を行使して閣議による内閣の意思決定を得ることなしには、解散することができなかった（小泉純一郎内閣による「郵政解散」に反対する閣僚を罷免した例）。

いずれにしても、解散権の行使が持つ意味の重要性からして、解散権の限界という問題が議論されることとなる。

議会制史の中では、同じ政府が二度続けて解散することは、いったん下ったはずの選挙民の裁定を無視するものだから許されない、と説かれてきた。日本国憲法は、解散のあとの総選挙後の国会召集（五四条一項）と内閣総辞職（七〇条）を定め、総辞職後の内閣（七一条）が、新内閣総理大臣の任命まで引き続きおこなう職務は、もっぱら日常的事務の処理だけに限られるから、引き続いての二度の解散は、おこりうる余地がない。

より一般的に、解散権が政治的に濫用されないためには、濫用を許さない有権者の成熟した反応が選挙結果によって示される以外に、最終的なきめ手はない。元衆議院議長・保利茂が、「書簡」（一九七三〔昭48〕・七・一一）の形で、解散権の濫用を戒める意見を残し、「内閣が勝手に助言と承認をすることによって〝七条解散〟を行うことは……憲法の精神を歪曲する……。〝七条解散〟は憲法上容認されるべきであるが、……あくまで国会が混乱し、国政に重大な支障を与えるような場合に、立法府と行政府の関係を正常化するためのものでなければならない」、としていたのが、注目される。

二二一　議院内閣制の概念　六九条非限定説のうち制度説は、そのきめ手として「議院内閣制だから」というのであるが、実は、議院内閣制の概念自体が、一義的ではない。

伝統的に、議院内閣制は、「柔軟な権力分立」の制度として位置づけられることが多かった。君主＝行政権と民選議会＝立法権が、対抗的な正統性原理を背景として二元的に対峙し、その中間に内閣が介在して、君主と議会の双方の信任を在職の要件とすることによって、両者の間の「均衡と抑制」を確保する、という制度がそれである。歴史的には、この型は、一八世紀後半のイギリス、七月王政期のフランスで形成された（二元主義型、「オルレアン型」議院内閣制。その後あらためて、ワイマール憲法や一九五八年フランス憲法のように、公選大統領と議会が正統性を二元的に分割しあう、二元主義型議院内閣制の新種が現われる）。

それに対し、一九世紀半ば以降のイギリス、一八八〇年代以降のフランスでは、行政権の実質が国家元首（君主または大統領）の手から内閣にうつり、その内閣がもっぱら議会の信任だけに依存するという型の議院内閣制が成立する（一元主義型議院内閣制）。ここでは、議院内閣制の本質を「均衡」に求める説明は、権力の正統性の一元化によってその前提を失い、議院内閣制かどうかの標識は、内閣の対議会「責任」という一点に帰着する。すなわち、内閣の対議会責任性によって、「責任」の前提として内閣は議会に対する相対的自立性を持ち、議会は、内閣をとりかえることなしには内閣に議会の政策を強要できず、まさにその点で、議会統治制（または会議政）と区別されるのである（前出**175**参照）。

「均衡」を本質的と見る議院内閣制理解からすると、それを確保するひとつの手段としての解散権の有無を、議院内閣制かどうかを分けるきめ手とする考え方が導き出される（R・レズローブは、そのような見地から、議院内閣制の「真正」「不真正」を分けた）。それに対し、「責任」を本質的と見る議院内閣制理解にとっては、議院内閣制だからといって、解散権——まして、無制約の解散権——が直ちに肯定されることにはならない。

Ⅳ　内閣の職務

二二二　内閣の職務事項　憲法七三条は、内閣の職務として、「他の一般行政事務の外」、法律の執行と国務の総理（一号）、外交関係の処理（二号）、条約の締結（三号）、官吏に関する事務の掌理（四号）、予算の国会提出（五号）、政令の制定（六号）、恩赦の決定（七号）を挙げている。

二二三　条約の締結　条約を「締結」することは内閣の権能であるが、国会の承認が必要である。条約とは、国際法上の権利・義務関係の設定・変更に関する、文書による国家間の法的合意を指し、条約・協定・憲章・議定書などさまざまな名称のものを含む。既存の条約の実施細目を内容とするもの、既存の条約の委任に基づいて締結されるものは、行政協定と呼ばれ、国会の承認を要しないとされている。最高裁は、旧日米安全保障条約三条に基づく行政協定を、同条約の委任に基づくものであり、かつ委任の範囲をこえていないから違憲でない（最大判一九五九〔昭34〕・一二・一六〔砂川事件〕）としているが、白紙的委任だからあらためて国会の承認が必要なはずであった、という批判を免れない。

条約は、普通の場合、全権委員間での協議を経て署名され、ついで条約締結権者が批准し、批准書の交換または寄託によって成立する。それゆえ、国会の承認は、内閣による批准を基準点として、「事前に、時宜によつては事後に」（七三条三号）おこなわれるが、もともと君主の専権とされていた条約締結に議会が関与するようになったのは、外交に対する民主的コントロールが不可欠とされるからであるから、国会の承認は、原則として、締結の事前でなければならないであろう。

条約承認の手続については、衆議院の優越が定められている（六一条）。

国会の条約承認権が修正権を含むかどうかについては、議論が分かれる。国会の審議の内容を制約することはできないという意味で、国会の修正権がみとめられるとしても、それは、修正された内容に対応する条約を締結するように内閣に求めることにほかならず、そのような要求にこたえるかどうかは、内閣の判断の問題となる。

条約締結の事前に内閣が国会の承認を求め、それが得られなかったときは、条約の締結は不可能となる。事後の承認が得られなかったときはどうなるか。条約締結が君主の専権から国会の承認事項へとかわってくる大勢の中で、事後の承認を得られなかった条約に実効性を期待することはむずかしくなってくる。締結手続上国内法に違反する条約一般について、「条約法に関するウィーン条約」（一九八一年批准）は、違反が明白で基本的に重要な国内法規定にかかわるものであるときに限り、無効の根拠として援用できるとしている（同四六条一項）。

条約締結権だけでなく、「外交関係を処理すること」（七三条二号）一般が、内閣の権能である。全権委任状、大使・公使の信任条（七条五号）、批准書その他の外交文書（同八号）の「認証」は天皇の国事行為とされているが、これらの文書の発出それ自体は、内閣の権能である。対外代表権を「元首」の標識とする立場からすれば、憲法は、内閣という合議体、またはその首長である内閣総理大臣を元首としている、と説明されなければならない（この点につき、前出**67**）。

二二四　政令の制定　行政府の定立にかかる一般的規範すなわち命令のうち、「この憲法及び法律の規定を実施するため」に内閣が制定するものが、「政令」（七三条六号）である。憲法を直接に実施するには法律によらなければならず、政令は、一体としての「憲法及び法律」を実施するため、つまり、直接には法律を実施するためにしか制定できない（執行命令）、と考えられる（前出194）。

憲法七三条六号但書は、法律の委任がなければ政令で罰則を定めることができないと定めることによって、法律の委任による政令の制定（委任命令）の存在を、前提として承認している。内閣法は、「政令には、法律の委任がなければ、義務を課し、又は権利を制限する規定を設けることができない」（同一一条）として、実質的意味の立法＝「法規」にあたるものについても、委任命令を定めることができることを、明示している。委任命令への法律による授権については、国会の唯一立法機関性を実質的に否定するような、一般的・白紙的な委任はみとめられず、また、国会は法律によって委任をいつでも撤回、修正できなければならない、と考えるべきである。

政令への委任ではないが、国家公務員法一〇二条一項で公務員の政治的行為の禁止につき人事院規則に委任している点は、包括的にすぎる委任として違憲と解すべきである（最大判一九七四〔昭49〕・一一・六〔猿払事件〕は委任の限度を越えず合憲とし、同判決の四裁判官反対意見は、違憲と判断した）。

自衛隊法第八章「雑則」中の一〇〇条の五が、「国賓、内閣総理大臣その他政令で定める者の輸送」を「自衛隊の任務遂行に支障を生じない限度において」自衛隊機ですることができる旨定めているが、それをうけて、「湾岸戦争」による「難民」の輸送のための自衛隊機派遣を可能にするための政令が制定された（一九九一年）。法律規定の例示の意味を無意味にするような内容を政令で定めたものであり、委任の限界をこえたものと評さなければならない（その後、自衛隊法一〇〇条の七および一〇〇条の八が追加され、法律上の根拠が整備された）。

〔問題状況〕

議院内閣制の概念のキイを形づくる「責任」について、これまで、イギリスをモデルとした多数派デモクラシーを念頭に置いて、結束力のある安定多数派の存在を、責任内閣制を作動させるために不可欠の条件としてとらえるのが、一般的であった。このとらえ方は、「内閣の・議会に対する責任」という制度枠組を問題にしながら、しかし、実質的には、「議会多数派に支えられそれと一体となった内閣の・選挙民に対する責任」という場面で、問題をとらえていた、と言うことができる。それに対し、一九七〇年代以降のイギリスで、いわばあえて「内閣の・議会に対する責任」という場面に問題を移しもどそうとする意味を持つ提言がある（C・ターピン）。この見地からすると、議会多数派の結束がゆるみ、政府提出法案の否決例がふえていることを、議員が「政党人としてより議会人として行動」するゆえに責任の実効化が生まれている、として積極的に評価する議論が出てくることとなる。これまでの議論が「二大政党制がなくとも議院内閣制は機能できるか」という形でのものだった、とすれば、ここでは、「二大政党制からの逸脱によってこそ内閣の対議会責任が作用する」ということが説かれていることになる。イギリス二大政党モデルを絶対視しようとする議論の仕方に対して、ひとつの教訓を提供していたといえよう。

そのような傾向の中であらためて、国政の中心を担う内閣が「国民の多数派の支持を受けて形成」されるべきだとする立場からの分析と提言として、高橋和之『国民内閣制の理念と運用』（有斐閣、一九九四）。

第三節　地方自治

Ⅰ　地方自治の本旨

二二五　近代憲法と地方分権　公共社会の合議による自律という政治の仕方は、ヨーロッパで、近代国民国家の形成に先立って、都市自治という形で育くまれてきた（中世都市。遡れば古典古代のポリスの伝統がある）。近代国民国家は、国家＝国民の主権というシンボルを掲げることによって、そのような多元的構造を克服し、集権的国家と個人が向きあう二極構造を基本的に推進してきたのであり、その際、言語や文化の均質化をも強行してきた。その間も、国によって多かれ少なかれの違いはあっても、旧ヨーロッパ的伝統が地方自治の制度を支えるものとして残存したが、それは、近代国民国家＝近代立憲主義の論理のゆえにそうなるという関係ではなく、にもかかわらず中世立憲主義の伝統がそこに反映した、と見るべき性質のものであった。

国によっては、近代憲法にとって連邦制の問題が大きな重みを持つことになるが、連邦制は、本質的に言って、分権のための法技術であるというよりは、近代国家形成のための法技術であった。Confederation でなく United States（それを擁護する Federalists）、Staatenbund でなく Bundesstaatという定式化が何より明快に示すように、「諸国家の連合」を超えて「連邦国家」という形態での近代国家を創出することが、この段階での問題だったのである。

それに対し、近年、ヨーロッパ統合が進行する中で国民国家の自明性が外側から動揺するのに対応して、国民国家の内側で、地域主義の要求が、分権の制度化から独立の主張までさまざまな形態をとって噴き出してきている。これら地域的分権の方向の中からは、ルソー＝一般意思型とトクヴィル＝多元型の対比図式を越え、個人ゆえではなくサブ・カルチュア単位への帰属を前提としてえがかれるデモクラシーの像が、うかびあがってくる（多極共存型デモクラシーについて前出**21**）。

日本では、中世自治都市の伝統の重みという点でも、国民国家の外側で進行する統合の前提となる文化的・宗教的な「共通の家」志向の存否という点でも、ヨーロッパの状況とはいちじるしく違う。しかし、人間生活のあらゆる場面で巨大組織と高度技術による管理社会がすすむ中で、地域的分権への方向が地方自治という制度論の次元を越えた意義を示唆する点では、本質的には共通の状況にある。

旧憲法は、地方自治についての規定を持たず、実際にも、市町村制を中心とした自治の存在はあったものの、中央官治主義が支配的であった。旧憲法制定と時を同じくして地方制度が設けられた（一八八八年市町村制、一八八九年府県制、郡制）ときも、山県有朋がのべていたように、「地方自治制度設立ノ精神」と「政略上ノ目的」は、「財産ヲ有シ智識ヲ備フル所ノ有力ナル人物」

が地方議員となることによって、「今日ノ如ク漫ニ架空論ヲ唱ヘテ天下ノ大政ヲ議スルノ弊ヲ一掃」し、ひいては、「老成着実ノ人士カ帝国議会ヲ組織」することにより、「政府ト議会トノ軋轢ヲ見ル」ことを無くそう、とする脈絡でのことであった（一八八八〔明21〕・一一・二〇元老院会議演説）。日本国憲法が、地方自治に、それに関しての章を設けるほど重要な地位を与えたのは、画期的なことであった。

二二六　地方自治の本旨　憲法九二条は、地方公共団体の組織・運営に関する事項を、「地方自治の本旨に基いて」法律で定めるものとしている。

「地方自治の本旨」には、団体自治と住民自治の二つの要素が含まれる。前者は、地方の事務が、多かれ少なかれ国に対して自治的な地域団体によっておこなわれるべきだ、という理念であり、後者は、そのような団体が、それを構成する住民自身の意思に基づいて運営されるべきだ、という理念である。定住外国人に地方選挙の選挙権を付与することを憲法上禁じられていないとする最高裁の判断（前出**99**）は、住民自治の観点をふまえている。

憲法は、九三条と九五条で住民自治に基づく原則を、九四条で団体自治に基づく原則を、規定している。それゆえ、法令が「地方自治の本旨」に反しないかどうかが争われるときは、それらの憲法条項との適合性いかん、という形で問題となることが多い。九二条との適合性が直接に争われた事例では、最高裁は、地方自治法制定当時に納税者訴訟ないし住民訴訟制度（具体的な権利または利益を侵害された者だけでなく、広く一般住民が公金の使途や財政の運営に関する違法を是正するために訴訟を提起できる制度。現在は地方自治法二四二条の二で設けられている）がなかったこと、一九四九年の警察法改正で市町村警察を廃止しその事務を都道府県警察に移したことについて、地方自治の本旨に反しないという判断を示している（それぞれ、最大判一九五九〔昭34〕・七・二〇、最大判一九六二〔昭37〕・三・七）。

地方自治法は、「普通地方公共団体」として都道府県と市町村、「特別地方公共団体」として特別区、地方公共団体の組合、財産区、地方開発事業団をあげている（同法一条の三）。

Ⅱ　地方公共団体の組織

二二七　地方公共団体の機関の選挙　地方公共団体にはその議事機関として議会が設けられ（九三条一項）、議会の議員だけでなく、地方公共団体の長が、住民によって直接に選挙される（同二項）。

市町村が憲法九三条の言う「地方公共団体」であることは疑われていないが、その他については、多かれ少なかれ議論がある。都道府県については、住民が政治的、経済的、文化的に密接な共同体意識を持つという社会的基盤が現にあるところから、積極に解すべきである。特別区については、都道府県、市町村の場合とは生活実態が違うと考えてよいであろう。一九五二年の地方自治法改正によってそれまでの直接選挙制が廃止され、都知事の同意を得て議会が区長を選任する方式がとられたが、一九七四年の再改正によって直接選挙制が復活した。最高裁は、特別区は憲法九三条にいう地方公共団体ではないから区長の直接選挙制を廃止しても違憲ではない、という判断を示している（最大判一九六三〔昭38〕・三・二七）。もっとも、区長直接選挙制の復活を求める運動の中で、住民の選挙で選ばれた候補者を区議会が区長として選任するという、いわゆる準公選制が、いくつかの区で実施されたということは、それ自体、住民の意識の中でかなりの程度、特別区がひとつの自治的共同体と見られてきている、という傾向をも示している。

二二八　地方自治の場での直接民主主義的要素　憲法九三条二項は、「法律の定めるその他の吏員」についても、直接選挙がおこなわれることを定めている（一九五六年に廃止される以前に、教育委員会の委員が、住民の直接選挙によっていた）。地方公共団体の長が直接選挙によって選任されること自体を含め、国の統治構造にくらべ、直接選挙制がより制度的にとり入れられていることになる。

国民投票は憲法改正の場合以外には予定されていないのに対し、地方公共団体の次元では、「一の地方公共団体のみに適用される特別法」についての住民投票が憲法九五条で定められているほか、地方自治法でも、いくつかの直接投票制が設けられている。議員および長その他の吏員の解職請求・投票の制度、議会の解散請求・投票の制度（同一三条、七六条以下）、条例の制定改廃および事務監査の直接請求制度（同一二条、七四条以下）がそうであり、議会にかえて有権者による町村総会を置くことができるという規定（同九四条）もある。

本来、民主主義は民意による直接決定という理念を掲げているが、にもかかわらず、国政の規模での直接民主主義的制度の導入には、慎重な歯どめが必要である（前出340頁）。それにくらべて地方自治の次元では、住民参加や住民運動に見られるように「民意」がより目に見える形での実体を持っているし、「民意」を援用することにより首長の地位が強化されたとしても、それ自体が中央に対する地方分権の強化という効果を持つことになるから、直接民主主義的制度の反立憲主義的側面を過度におそれることなしに、その積極的意義を期待できるであろう。

Ⅲ　地方公共団体の権能

二二九　条例制定権　地方公共団体の権能（九四条）の中で、いちばん重要な意味を持つものは、「法律の範囲内で条例を制定することができる」とされていることである。

「法律の範囲内」とは、⑴条例制定の手続と⑵条例の所管事項が法律で定められ、⑶条例の形式的効力が法律の下位にあること、をさしあたり意味する。しかし、条例制定権は憲法自身によって設けられたものであるから、⑴⑵については、法律それ自体が「地方自治の本旨」に沿うように定められなければならない。⑶については、地方自治法で、条例が「法令に違反しない限りにおいて」（同一四条一項）という定めをしていることが、問題となる。憲法上、命令は法律を前提とした執行命令と委任命令しかありえず、その意味で命令は法律の具体化と見ることができるとしても、法律を実施するのに複数の選択肢がある際に、住民の公選による議会の条例が行政府の命令に反することができないことには、問題が残る。

法律によって条例の所管事項とされているもの（地方自治法一四条一項は、同法二条二項の事務に関し、普通地方公共団体が条例を制定することができる、としている）のうち、法律がなんら規定していない事項に関し条例が規定できることには、争いがない（最大判一九六三〔昭38〕・六・二六）。自然保護、公害規制などの領域で、条例による規律が、法律による措置に先行して重要な役割を果たしたことは、よく知られている。

すでに法律による規律がある事項について、条例がどこまでの定めをすることができるかは、特に、公害対策に関し「上のせ規制」（同じ対象について法律より強い規制をすること）や「横出し規制」（法律が定める規律対象以外のものへの規制）を条例でおこなうことができるか、という形で議論された。そうした中で、法律自身が、法律の定める基準より高い基準を条例で定めることができる旨の明文の規定を置いて、問題の解決をはかる例が出てきた（大気汚染防止法四条一項、騒音規制法四条二項、水質汚濁防止法三条三項）。「法律の範囲内」ということも「地方自治の本旨」に合致することを前提としてのことであり、その地域住民の健康や生活環境を破壊からまもるために必要不可欠な規制を条例でおこなうことを禁止する効果をもたらす法律は、その限りで、「地方自治の本旨」に反し違憲であると考えるべきであろう。

最高裁は、公安条例に関する事件の判決の中でであるが、法令と条例の関係の一般論として、

「両者の対象事項と規定文言」だけでなく、「それぞれの趣旨、目的、内容及び効果を比較」し、両者の間に矛盾抵触があるかどうかを決すべきだとのべ、法令と条例が同一目的の規定を置いている場合でも、「地方の実情に応じて、別段の規制を施すことを容認する趣旨」と見られるときは、条例の法令違反の問題はおこらない、としている（最大判一九七五〔昭50〕・九・一〇〔徳島市公安条例事件〕）。

229

憲法自身が文言上「法律」によって定めるべきことを規定している場合、すなわち、三一条（条例で罰則を規定できるか）、二九条二項（「財産権の内容」を条例が定めることができるか）、八四条（租税を条例で定めることができるか）の場合が問題となる。後二者については、公選による住民意思の反映機関の制定する条例であることを重視して、積極に解することができる（それぞれ、前出**136**・**207**）。特に問題となるのは、罪刑法定主義との関連で、条例による罰則の規定についてである。最高裁は、条例が公選議員で組織される議会の議決による自主立法であることのほか、特に、「地方自治法二条三項七号及び一号〔その後削除〕のように相当に具体的な内容の事項につき、一四条五項〔現三項〕のように限定された刑罰の範囲内」で条例に罰則の定めを授権しても憲法三一条に違反しない（最大判一九六二〔昭37〕・五・三〇）として、「行政府の制定する命令」への授権ならば許されないような授権でも、条例に対してならば違憲とならない、という見方を示している。

〔問題状況〕

団体自治と住民自治を要素とする地方自治の性格については、それを地方団体固有の権能とする固有権説と、国の実定法によって定められたものとする伝来説とが、しばしば対比される。ヨーロッパでの地方自治のなりたちに、前述のように、固有権説の見地から説明すべき背景があることは重要である（前出225）が、しかしまた、固有権としての地方権（pouvoir municipal）は、そのままでは、個人と集権的国家の対抗図式の上に成立する近代憲法の体系にとって適合的な性質のものではなく、いったん、「一にして不可分の国家主権」によって克服されなければならなかった、ということも重要である。近代憲法下の地方自治は、固有権説的に理解される伝統のあるところほど実質的な自治の実体を持つことができるが、実定法上の制度それ自体としては、あくまで、それぞれの実定憲法によって定められたもの、というほかない。

本文では、ヨーロッパ統合と対応しながら進行している西欧の地域的分権化志向について、その積極的意義に言及した。近代国民国家が合理的な〈個人〉によってとり結ばれる政治社会を意味したとすれば、ヨーロッパ統合は、それを否定するというよりは、それを「ヨーロッパ」次元までおしあげる（「ヨーロッパ市民権（citoyenneté européenne）」の概念）ことを意味する。それに対し、合理的な〈個人〉の成立を妨げるような仕方で、民族ないし部族の割拠主義が全面化するときには（旧ソ連・東欧圏での「帝国の崩壊」に伴なう動きは、そのような方向を危惧させる）、立憲主義にとっての脅威の復活を意味するものとなるだろう。

地方自治に一章をあててそれを重視する憲法のもとで、その実態については、さまざまな問題が指摘されてきた。地方自治体が処理する事務について、地方公共団体と国の対等性を前提とした自主的な処理に向けて、地方分権推進法（一九九四年）に基づく地方分権推進委員会が数次にわたる報告書を出し、それを受けて、関係諸法律の広範囲にわたる改正がなされた（一九九九年）。改正された地方自治法は、これまでの「機関委任事務」（地方公共団体の長その他の機関が、国または他の地方公共団体の委任を受けて管理執行する事務）を廃止し、地方公共団体が処理する事務はすべてその地方公共団体の事務とされることとなった。その上で改正後の同法は、「自治事務」（二条八項）と、国――および、市町村・特別区との関係では都道府県――が本来果たすべき役割にかかるものであって、国または都道府県においてその適正な処理を特に確保する必要があるものとして法律またはこれに基づく政令により特に定める「法定委託事務」（同九項）を区別し、それぞれに応じて、国等による関与の手続を定めている。同法はまた、国地方係争処理委員会および自治紛争処理委員会を新設し、司法解決のためのくわしい手続を規定している（同法二五〇条の七以下）。

具体的な事案について諮問的な住民投票をおこなうことができる旨を条例で定め、投票結果を正規の機関の決定に反映させようとする運用が、積極的に活用されることがある。原子力発電所の建設に関して新潟県巻町（一九九六年八月）、米軍基地の整理・縮小を主題として沖縄県（九六年九月）、その移転受入れについて同県名護市（九七年一二月）、産業廃棄物処分場建設をめぐって岐阜県御嵩町（九七年六月）と宮城県白石市（九八年六月）と続くなど、多くの例がある。

第三章　裁判部門

第一節　司法の観念と裁判所の組織

Ⅰ　「裁判」と「法」

二三〇　裁判と法の関係　「裁判」を指すヨーロッパ諸言語のもとにあるラテン語の juris dictio（法を語る）という言葉が示すとおり、「裁判」と「法」とは、もともと、切っても切れない関係にある。しかしまた、この両者の関係は、それを問題にしはじめると法と法学の究極の大問題につきあたってしまうような、厄介なものでもある。

近代法の世界では、常識的に、「語るべき法が先にあるから裁判がある」、という説明が一般的におこなわれる。しかし、それ以前に遡ると、「裁判が語るから法がある」とされていた時期があった。さらにまた、近代法のもとでも、裁判の法創造的性格が人びとに意識されるようになってくると、ふたたび、「裁判が語るから法がある」という見方が、さまざまな議論を誘発することになる。

加えて今日、違憲審査制が一般化し、憲法規範の裁判所による解釈運用の重要さが飛躍的に大きくなるとともに、それまでは国内法としては例外的に「裁判が法を語る」ことの少ない点できわ立っていた憲法の領域でも、「裁判」と「法」の結びつきが強くなってきた。

こうして、憲法が権力分立の機構の一分枝として規定している「裁判」の性格という一般的な意味でも、憲法それ自体が「法」として「裁判」とどうかかわるかという意味でも、「法」と「裁判」の関係というテーマは、二重の意味で重要性を持つ。

二三一　「法によって拘束された裁判」への疑問　もともと、三権分立という近代的機構が成立する以前の時期をとって見れば、裁判とは、生命と財産を左右する支配・被支配の関係そのものであった。その一方で、中世ヨーロッパでは、政治そのものが、法の創造と変更でなく、既存の法の「発見」として観念されていたため、「一切の『政治』権力が『裁判』権力として現われ」（世良晃志郎）、政治と裁判の境界が論理的に不分明だった、という事情も重要であった。

それに対し、近代法は、「裁判」を、実体上も手続上も、「法」によって拘束されたものとして示すこととなる。一方で、制定法であれ judge-made law であれ、適用されるべき実体法があるから裁判はそれに拘束されているのだ、という建前、他方で、政治権力から独立した裁判所の公開の裁判によって確保される手続的公正という建前が、成立するのである。

「法」によって拘束された「裁判」という図式は、しかし、一九世紀末から二〇世紀にかけて、さまざまの立場のそれぞれ違ったアプローチから、そのような建前の擬制性が暴露されることによって、疑問にさらされるようになる（自由法論、リアリズム法学、政治的憲法論、そして純粋法学）。そして、今日ではさらに、そのようにしていったん神話破壊がおこなわれたあと、あらためて、「法」によって拘束された「裁判」という当為を再構成する提唱が、こころみられている。とりわけ、裁判所が違憲審査権を行使する制度のもとで、この論点は、政治責任を直接には負わない裁判所の正統性をどう説明するかという問題と結びついて、憲法論上の最大の争点のひとつを形づくる。

違憲審査制の経験のつみ重ねの点で他国にぬきんでてきたアメリカ合衆国で、「解釈主義」（interpretivism）ないし「原意主義」（originalism）が、裁判官は憲法の明示の規定、あるいは明示的でなくとも文言の中に含まれていることが明らかな憲法規範だけを適用すべきだとするのに対し、「非解釈主義」（non-interpretivism）ないし「非原意主義」（non-originalism）は、いわば「原意」でなく「現意」を裁判官が見出し、それを適用すべきだ、とする。前者の立場は、「法によって拘束された裁判」という建前をあらためて主張することによって、裁判所のひきうける役割を縮減しようとするものであり、後者の立場は、そのような建前を維持しつつ、なお裁判官の大きな役割を——アメリカの場合、具体的には、それまで最高裁の主潮流を担ってきた「リベラル」な判例の役割を——正統化しようとする。「現存する法」（existing law）という前提をしりぞけた上でなお、裁判官にとって「正解」（right answer）が課せられていると考える「正解テーゼ」（R・ドゥオーキン）は、まさにそのような役割を果たす（これらの問題については、裁判官の独立に関連して後出**242**、違憲審査の積極主義と消極主義に関連して後出**264**、また、そもそも遡って「規範を認識する」ことが可能なのかどうか、という論点について前出**44**および24頁）。

Ⅱ 「裁判」と「司法」

二三二 裁判のペシミズムとオプティミズム 憲法七六条一項は、「すべて司法権は……裁判所に属する」としており、そこでいう「司法」の実質的意味が問題となる。

「司法」の観念についても、「立法」や「行政」と同様、論理的にきめられるその実質概念があるわけではなく、その内容は歴史的に可変的である。それぞれの時、所での実定法が何を「司法」形式のもとに所属させてきたかが、問題となる。

原型としては、フランスとアメリカがある。大革命以来、フランスでは、司法＝民刑事の裁判という定式化のもとで、その司法についても、役割を限定する考え方がひきつがれてきた。フランス型司法の原型を形づくった革命期の法制は、裁判官が立法権や執行権の行使に関与することを瀆職の罪にあたるとしただけでなく、裁判所が「解釈」をすること自体を禁止して立法権の解釈を求める制度をつくり、破毀院を「立法府のもとに」設け、裁判所が判決という形式を借りて一般的規範を定立することを禁じた（「法規的判決」の禁止）。刑事陪審制度も、事実認定権を裁判官から奪う意味を担わされ、そのうえ、裁判官公選制によって、旧体制との結びつきを切断する、という念の入れようであった。一九五八年憲法の司法に関する第八篇は De *l'autorité* judiciaire（国家機関について普通に使われる pouvoir でなく）と題され、伝統ある行政裁判所は「司法」の中に含まれておらず、長年の伝統をやぶって導入された違憲審査制にしても、それを担当する憲法院は、第七篇で別箇に規定されている。

このような制度の背景には、モンテスキュウの母国での伝統的な裁判ペシミズムがある。彼による三権分立の説明で、「裁判する権力」は「犯罪を処罰し、個人間の紛争を裁判する権力」として定式化されており、「裁判する権力はいわば、無」という有名な言葉も、もともとそうなのだというのではなく、その反対であった。『法の精神』（前出**173**）の著者にとって、裁判する権力は、一般意思の表明とその執行である立法・執行権と違って個人にむけられるものであるだけに、「人びとの間でかくも怖るべきもの」なのであり、だからそれを「常設の機関」に与えないことによって、「一定の身分にも職業にも属さず、いわば目に見えぬ、無となる」、というのであった。

それに対し、アメリカ合衆国では、憲法第三条の文言に即して、「事件および争訟」（cases and controversies）が、司法の観念のキイとされ、大陸法流にいえば行政裁判事件とされるものを含めて、司法権が管轄する。そのうえ、適用法令の憲法適合性審査が、「事件および争訟」の審理にあたって付随的に行使され、「司法の義務の本質そのもの」（一八〇三年の Murbery v. Madison）として説明されてきた。

その背景には、この国特有の裁判オプティミズムがある。建国の父たちの憲法思想を代表する

『ザ・フェデラリスト』（前出21）の中で、ハミルトンは、「個々人に対する圧迫が、時に裁判所によっておこなわれる」ことをみとめながらも、「人民全体の自由一般を裁判所が危くすることはありえぬ」ということの方に力点を置き、「自由は、司法権からだけならば、特に怖るべき何物もない」、というふうに、モンテスキュウとは対照的な見地を示していた。

このように、フランスとアメリカは、その「裁判」観の点で対照的である。今日の大陸型違憲審査制のうちでいちばん強力なモデルともいうべきドイツについて言えば、基本法第九章「裁判」の中で、「事件および争訟」にかかわりなく行使できる抽象的違憲審査権までを持つ連邦憲法裁判所をも、「裁判権」のひとつとして包括している。同じ大陸法の系列の中にあって、ドイツでは、「司法」のほかに行政裁判所や憲法裁判所をも包括する実定法上の上位概念としての「裁判」という観念を置いているのに対し、フランスではそういう定式化をしていない、ということ自体のうちに、それぞれの国の裁判観が現われているのである（実定法自身が援用している概念かどうかを別にして、「司法」を含むより広い「裁判」を定義すれば、①法の問題に関して、②実質的に存在する争いについて、③既判力を持つ決定をする国家作用、ということができるであろう）。

二三三　司法の観念を問題にすることの意味

日本国憲法七六条一項について「司法」の観念が問題となる文脈は、つぎの三つである。

第一に、憲法上の「司法」とは民刑事の裁判だけでなく、行政事件の裁判を含む「一切の法律上の争訟」（裁判所法三条）をいうのかどうか。第二に、憲法上の「司法」は、「法律上の争訟」

と無関係な抽象的違憲審査までを含むかどうか。第三に、「法律上の争訟」に付随しておこなわれる違憲審査の枠組のなかで、憲法上の「司法」権の及ぶ範囲の広狭はどうか。

一般に、第一点については、「日本国憲法はアメリカ型の司法観念を採った」として肯定され、第二点は同じ理由で否定され、しかし第三点については、「アメリカとは違う」として、限定的に解されている。

第一点は、旧憲法下で実定法上の制度であった「司法＝民刑事の裁判」から「司法＝法律上の争訟の裁判」まで、「司法」の意味が拡大されたことを意味する。最高裁判所事務総局総務局による『裁判所法逐条解説』は、裁判所法三条にいう「一切の法律上の争訟を裁判」する権限について、それを、憲法七六条一項により裁判所に与えられたものとした上で、「裁判」を、「権利主体のあいだで具体的な法律効果の存否に関する争いがある場合において、法規の定める法律要件を構成する法律事実に該当する具体的事実に、法規を適用し、その法規の定めている法律効果の具体的存否を判断、確定することにより、争を解決する作用」とし、「法律上の争訟」を、「当事者間の具体的な権利義務または法律関係の存否（刑罰権の存否を含む）に関する紛争であって、法律の適用により終局的に解決しうべきものをいう」として、それぞれ説明している。

日本国憲法には旧憲法六一条に対応する行政裁判所の設置に関する規定がなく、しかも、七六条二項によって行政機関による終審裁判が禁じられているところからしても、七六条一項の「司法」について、大陸型の司法裁判所＝行政裁判所二元主義をすててアメリカ型の司法裁判所一元主義を採った、とする理解は、正当である。もっとも、通説的立場の「司法」観は、必ずしも首尾一貫しているわけではない。行政処分の執行停止に対する内閣総理大臣の異議の制度（行政事件訴訟法二五条二項、二七条）を、「権力分立だから」として説明するのが一般であるが、憲法七六条一項についての「アメリカ型」理解からする「権力分立」によっては、この制度は説明できないはずのものだからである。

第二点は、「司法＝法律上の争訟の裁判」という定式化が、裁判所の権限をそこまでに限定する、ということを意味する。具体的事件にかかわりなく、警察予備隊の設置・維持にかかる行為の違憲確認を求めた訴訟で、最高裁は、憲法八一条の審査権は司法権の範囲内で行使されるのだからそのような抽象的審査をする権限を持たない、とした（最大判一九五二〔昭27〕・一〇・八〔警察予備隊違憲訴訟〕）。これは、日本国憲法の「司法」の理解として、ドイツ基本法流の広い「裁判」観念を採らない、ということを意味する。

もっとも、この点については、「司法＝法律上の争訟の裁判」という憲法上の「司法」理解をしながら、行政訴訟のうち「法律上の争訟」にあたらない客観訴訟にまで法律で裁判所の権能を拡大していることとの対比で、なぜ、抽象的違憲審査については同じことをみとめないのか、ということが問題となるはずである（後出250）。

第三点は、「司法＝法律上の争訟の裁判」という考え方を前提とした上で、司法権の作用を狭める方向で議論がある、ということを意味する。「司法権の限界」という形で議論される問題が、それである（「司法権の限界」としては、ほかに、憲法自身が五五条〔議員の資格争訟の裁判〕、六四条〔弾劾裁判所〕などの明文で設定したもの、一般国際法上〔治外法権〕および条約上〔例えば日米安全保障条約に基づく地位協定一七条による、駐留米軍の構成員等に対する刑事裁判権の特例〕のものがある）。第一点、第二点については「アメリカ型だから」とされながら、第三点では「アメリカと違うから」とされることによって、日本の違憲審査制は、大陸型ともアメリカ型とも違うものとして機能することとなっている。この点に関しては、違憲審査権を行使する裁判官の正統性の問題についても同じことが言える点を含めて、違憲審査制の項目であらためてとりあげる（後出265）。

ここでは、「司法＝法律上の争訟の裁判」という定式化から出発して、司法権の作用を広げる方向で問題となることがらについて、ふれておく。裁判所法三条が、「その他法律において特に定める権限」を裁判所に与えていることが、問題となる。行政事件の裁判のうち、個人の法的利益の侵害を前提とする主観訴訟は、憲法上の「司法」概念に入るが、そのほかに、客観訴訟、すなわち、公権力の行為について行政法規の適正な適用を確保するという一般利益のために、自分自身の権利利益を侵害された者に限らず法によって定められた範囲の者によって提起される訴訟（行訴四二条）が、法律によって特にみとめられる。

そのような客観訴訟として、行政事件訴訟法六条の機関訴訟（地方自治法二五一条の五、二五二条の地方公共団体への国又は都道府県の関与に関する訴え）、同法五条の民衆訴訟（公選法二〇四条の選挙無効訴訟、地方自治法二四二条の二の地方公共団体の機関の財務に関する住民訴訟）があり、この種の訴訟に付随した形式で、重要な事例についての違憲審査権が行使されている（議員定数配分規定に関する憲法判断や、地鎮祭訴訟、玉ぐし料訴訟での憲法判断）。

Ⅲ　裁判所の組織と裁判公開

二三四　特別裁判所等の禁止　裁判所の組織についての憲法上の要請として、消極的には、特別裁判所の禁止（七六条二項前段）と、行政機関による終審裁判の禁止（同後段）がある。

特別裁判所の禁止は、裁判官の任命方法、上訴制度などの面で通常の司法裁判所の組織原則に属さないような裁判所をみとめないということであり、特別の管轄を持つ裁判所（家庭裁判所）を排除する趣旨ではない。禁止に対する憲法上の例外としては、国会が設置する弾劾裁判所（六四条）がある。

行政機関による終審裁判の禁止であるから、前審としての審判はみとめられる。公正取引委員会の「審決」、特許庁、海難審判所の「審判」、各種行政機関による異議申立の「決定」や審査請求の「裁決」がそうである。立法機関による裁判は、終審としてはもとより、前審としても許されないと考えるべきである。憲法上の例外としては、議院による議員の資格争訟の裁判（五五条）がある。

陪審について、裁判所法三条三項は、刑事陪審制度の設置の可能性をみとめている。但し、

「司法権は……裁判所に属する」とする憲法七六条一項が陪審制をみとめているかどうかは、自明のことがらではない。

陪審制は、身分制社会では、「同輩による裁判」を保障するものとして重要であり、その伝統はアングロサクソン社会にひきつがれてきた。フランス革命期には、それは、国民主権原理によって基礎づけなおされ、それゆえに、上訴を許さない理由ともされた。日本国憲法下で、「国民主権」だけを説明根拠として司法への国民参加を正統化することは、危険である（裁判の独立と「国民」の関係について後出**244**・**245**）。

「裁判員の参加する刑事裁判に関する法律」が二〇〇四年に成立した。裁判員は、衆議院議員の選挙権を有する者の中から同法の定めるところに従って選任される。事実の認定、法令の適用および刑の量定について裁判官とともに合議体を構成（同法二条、六条）する裁判員は、「独立してその職権を行う」（同八条）。それゆえ裁判員は、憲法七六条一項の意味での「裁判所」を構成している限りにおいて、同条三項の意味で「独立」した「裁判官」にあたることになる。この法律は、「司法に対する国民の理解の増進とその信頼の向上」をはかることをうたっている（同一条）から、「国民主権」よりは「しろうと参加」を趣旨の基本に置いていると理解される。

二三五　審級制度　裁判所の組織に関する憲法上の要請の積極面は、司法権が、「最高裁判所及び法律の定めるところにより設置する下級裁判所に属する」（七六条一項）ということである。裁判所法は、下級裁判所として、高等裁判所、地方裁判所、家庭裁判所および簡易裁判所を置くとしている〔同法二条〕。

審級制の結果として、上級審の判断は、その事件について下級審の裁判所を拘束する〔同四条〕。先行する裁判所——特に最高裁判所——の判断が、類似の事件についてのちの裁判所にどういう意義を持つかは、判例の拘束力の問題である〔後出246・247・262〕。

二三六　裁判の公開　近代法における裁判の基本標識として、裁判主体の独立性と、裁判過程の批判可能性を確保するための公開性とがあり、これら二つの要素があいまって、裁判の公正を担保するものとして位置づけられる。

憲法八二条は、「裁判の対審及び判決は、公開法廷でこれを行ふ」〔一項〕と定め、裁判官の全員一致で、公序良俗を害するおそれがあると決した場合に、対審を非公開とすることができること、その場合でも、憲法第三章の保障する国民の権利が問題となっている事件の対審は常に公開しなければならないこと、をつけ加えている〔同二項〕。刑事事件の裁判については、憲法三七条一項からも、公開が要求される。

裁判公開制が憲法上の要請とされていることによって、憲法三二条が保障する「裁判を受ける権利」とは、公開性の要件を充たした裁判を受けることまでを意味する〔その趣旨をのべたものとして、最大決一九六〇〔昭35〕・七・六〕。

公開されなければならない「裁判」は、訴訟事件についてのものであり〔前出、最大決〕、非訟事件には、公開は必要でない。非訟事件は、私人間の権利義務に関する争いを終局的に確定することを目的とせず、私人間の生活関係について裁判所が一定の法律関係を形成するものであり、公開の対審構造をとらなくてよい、と考えられるのである。但し、今日、私人間関係への国家の後見的介入の要請が強まるのに応じて、これまで訴訟事件で処理されてきたような事件を非訟事件として扱おうとする傾向（「訴訟の非訟化」）自体を肯定的に容認するのかどうか、という問題が前提としてあることに注意しなければならない。

裁判の公開は、表現の自由（二一条）と不可分に結びつくものとして理解されなければならない。それに反し最高裁判所は、憲法八二条が公開を制度として保障したものだということを強調し、傍聴する権利、傍聴人が法廷でメモをとる権利までをみとめたものではない（最大判一九八九〔平1〕・三・八〔レペタ訴訟〕）、としている。

〔問題状況〕

法と裁判についての中世と近代の対照を鮮明にえがき出したものとして、著者の没後まとめられた論文選・世良晃志郎『西洋中世法の理念と現実』（創文社、一九九一）を参照。

「法によって拘束された裁判」という見地に立って裁判所の「法原理部門」性を説くのが、佐藤幸治『現代国家と司法権』（有斐閣、一九八八）である。ドゥオーキンの所説に共感を示しながらも、その「正解テーゼ」が憲法・法律の枠をつきやぶり、人権論を「根源的な政治道徳哲学の空間に漂わせる契機」をはらむことに疑問を呈するところに、「法原理部門」性を強調することの意義が託される。従って、これら両者の違いはそれとして重要であるが、裁判所が援用すべき規範をとらえるについて「正解」がある、と考えることでは共通している。

それに対し、「正解」の存在に懐疑的な立場からなおかつ「法によって拘束された裁判」を語ろうとするとき、本文ではのちにとりあげるが（後出242）、「ゲームのルールの共有」という点から説明する見地がありうる（そこでのべる、解釈は法解釈それ自体の論理的一貫性と、その社会の法体系全体に対する関係での無矛盾性とが説明され、う、る、ものでなければならない、という定式化は、広中俊雄『民法論集』〔東京大学出版会、一九七一〕三八二頁に従う）。

「正解テーゼ」が規範主義的（normativism）アプローチだとすれば、裁判官の主体性を正面からみとめつつ、どんな意味でなお彼が法に拘束されているのかという形で問題を立てる立場は、意思主義的（voluntarism）と言ってよいだろう。裁判官が憲法解釈をすることへの消極的評価のために長いこと違憲審査制を否定してきたフランスで、一九七〇年代このかた憲法院の活動が活性化してくる中で、ドゥオーキンの所説がとりあげられ、「憲法解釈は憲法制定だ」という命題を端的に説くM・トロペール（前出44、南野森編訳『リアリズムの法解釈理論』〔勁草書房、二〇一三〕）が、ドゥオーキンの著書《Taking Rights Seriously》になぞらえて、《Les juges pris au sérieux》という標題の論説を書いている。まことに、権利や規範を seriously に扱うべきだという要請と、現に裁判官がしている役割を sérieux（真剣）に見なければならないということは、両方とも、大切なことがらである。

第二節　裁判の独立

I　司法権の独立と裁判官の職権の独立

二三七　裁判官の職権の独立　司法、ないし裁判についてのペシミズムとオプティミズムという対照的な二つの立場があることは、前に見たとおりである（前出232）。その二つの立場に共通していたのは、裁判する権力が他権力と結びつくことの危険性についての認識であった。モンテスキュウにとって、裁判権が立法権と結びつくときに「恣意的」に、とりわけ執行権と結びつくときに「圧制」となるのだったし、ハミルトンにとっても、「司法部が他の政治部門のいずれかと結合するならば、あらゆることをおそれなければならな」かったのである。

こうして、およそ、近代憲法にとって、司法権の独立は、共通の大前提となる。それと同時に、公正な裁判を確保するためには、司法権の他権力に対する独立に加えて、実際に裁判にあたる裁判官の独立までが保障されなければならないということが肝要である。

憲法七六条三項は、「すべて裁判官は、その良心に従ひ独立してその職権を行ひ、この憲法及び法律にのみ拘束される」と定める。

「職権」の独立であるから、裁判に関する権能の行使、すなわち、実質的意味の司法権、およびそれ以外で法によって特に与えられた権能の行使について、他者の指揮、監督その他の干渉を受けないことを意味する。

他者からの独立というとき、司法権の他の諸権力からの独立を意味するとともに、個々の裁判官が司法権内部でも職権の独立を保障されなければならない。憲法七六条三項は、その文言どおり、（狭義の）司法権の独立だけでなく、裁判官の独立をも保障しているのである。

旧憲法施行後まもなく起こった、いわゆる大津事件（一八九一年）の時の大審院長・児島惟謙の行動は、ロシア皇太子に負傷をおわせた犯人に法をまげて死刑を言い渡すよう求めた政府に対し強く抵抗し、刑法の規定に従った裁判（無期徒刑）を可能にした点で、「護法の神」と言われるにふさわしいものであった。しかし他方で、そのような裁判をするよう彼自身が担当裁判所の裁判官に強力にはたらきかけた、という点では、問題を含むものでもあった。

日本国憲法下の実例で言えば、浦和事件（前出190）で、参議院法務委員会が国政調査権を行使する形で裁判所の特定の判決をとりあげて批判したのに対し、最高裁判所が「司法権の独立を侵害」するものとして、参議院に抗議し（一九四九年五月二〇日）、吹田黙禱事件では、公判中に多数の被告人、傍聴人が黙禱、拍手をしたのを制止しなかった裁判官の訴訟指揮を、国会の裁判官訴追委員会が問題としたことに対し、黙禱を禁止しなかったことは裁判官弾劾法にいう「職務上の義務に著るしく違反しまたは職務を甚だしく怠った」場合にあたらず、また、審理中の裁判に関する調査は裁判干渉となるおそれがある、という申入れをした（一九五三年八月七日）。一九六九年に、自由民主党が「偏向裁判」（都教組事件の最高裁判決などが標的となった）を問題にするために特別委員会を設置する構想を出したのに対しては、最高裁判所の裁判官会議をうけた事務総長談話として、「係属中の事件への批判となったり、裁判所に対する人事介入になるならば、裁判の独立を脅かす」という見解を公にしている（一九六九年四月二三日）。

　これらは、裁判の独立、とりわけ司法権の対外的独立への侵害に対し最高裁判所が対応を示した例であるが、その一方で、司法権内部での裁判官の職権の独立に対しては、直接間接にそれに影響を及ぼすような態度を示している。吹田黙禱事件では、「事件の裁判にいかなる影響を及ぼすものでない」としながらも、当該の裁判長の訴訟指揮を「遺憾」とする最高裁判所通達（「法廷の威信について」一九五三年九月二六日）を出し、一九六九―七一年に政府与党との緊張が続いた時期には、「政治的色彩を帯びる団体に加入することは、慎むべき」とする最高裁判所公式見解（一九七〇年四月八日）を出して、それまでの最高裁の事実上の見解（最高裁事務総局総務局による『裁判所法逐条解説』で、同法五二条につき、「政党員であること自体、一般国民としての立場において政府や政党の政策を批判することは、禁止に含まれない」としていた）を、変更した。

二三八　裁判官の身分保障　裁判官の職権の独立を確保するためには、裁判官の身分保障を必要とする。

　憲法は、裁判官の罷免が「裁判により、心身の故障のために職務を執ることができないと決定された場合」と「公の弾劾」による場合にだけ可能であること、懲戒処分は、行政機関によっておこなうことができないことを定め（七八条）、また、在任中その報酬を減額されることがないことを規定する（七九条六項、八〇条二項）。最高裁判所の裁判官については、国民審査で投票者の多数が罷免を可とするときには、罷免される（七九条二項、三項、後出244）。

心身の故障のための執務不能を決定する裁判については、裁判官分限法が、公の弾劾については、裁判官弾劾法が、それぞれ具体的な手続を定めている。

裁判官の身分保障については、憲法八〇条一項が下級裁判所の裁判官について定める十年任期制の意味が、実質的に見て大きな問題となる（後出244）。

二三九　最高裁判所規則の制定権　裁判の独立のうち司法権の他権力からの独立の側面にとって、司法権の自律は有効な制度である。

憲法七七条は、最高裁判所に「訴訟に関する手続、弁護士、裁判所の内部規律及び司法事務処理に関する事項」につき規則制定権を与えている。列記四事項のうちあとの二つは司法権の内部事項の自律の問題であるが、前の二つは、司法権の憲法上の位置づけにかかわる。

規則によって定めることのできる事項について、法律で定めることもでき、競合した場合には、法律の効力が優位する、と解される。但し、最高裁が、刑事訴訟法違憲論を小法廷判決で「亦おのずから明らか」（最判一九五五〔昭30〕・四・二二）と一蹴しているほどに自明ではない、というべきであろう。国会を「唯一の立法機関」とした憲法四一条があるとしても、七七条の明文で憲法自身が設定している規則制定権が問題なのであり、加えて、日本国憲法が「アメリカ型の司法」の観念を採用したというのであってみれば、である。裁判官の懲戒については、それを司法権自律の中心要素と見る立場から、規則の専管事項と解する説が主張された（最大決一九五〇〔昭25〕・六・二四での真野裁判官の反対意見は、そのような見地から、裁判官分限法を違憲としている）ことも、知っておく必要がある。規則と法律の所管事項が競合すると考えるとき、法律の効力が優位すると見るのも、「亦おのずから明らか」なわけではない。

日本国憲法の「司法」を「アメリカ型」といいながら、実際にそう考えるのに徹しきれていないことが、ここにも現われている。

二四〇　司法行政権の運用　司法権の自律は、他面で、司法権内部での裁判官の職権の独立にとって、いつも適合的にはたらくわけではない。この点で、司法行政権の運用が問題となる。旧憲法のもとで、司法行政権は、司法省の手にあったが、日本国憲法のもとでは、最高裁判所を頂点とする司法権自身によって運用される。

司法行政権にかかわる最高裁判所の権限として、憲法は、下級裁判所の裁判官として内閣によって任命されるべき者を指名した名簿を作成することを定め（八〇条一項）、裁判所法は、下級裁判所の裁判官の補職（同法四七条）、職員の監督権（同八〇条）などを定めている。監督権については、特に、「裁判官の裁判権に影響を及ぼし、又はこれを制限することはない」（同八一条）としている点が重要である。

裁判所法は、司法行政権の行使を、裁判官会議の議によるものとしている（最高裁につき一二条、下級裁判所につき二〇条、二九条）。合議体による司法行政権の行使という原則の重要性につき、かつて最高裁の事実上の見解として、「司法行政権を内閣にゆだねることが裁判所の内閣への従属の可能性をもつのと同じく、司法行政権を最高裁判所の長官に与えることは、程度の差こそあれ、他の裁判官の長官への従属の可能性をもつ。裁判官の独立は、制度としての裁判所のみならず、あくまでも現実に裁判権を行使する各裁判官の独立を意味する。この意味から、裁判官は、あくまでその権限と地位において対等であることが望ましい」（「裁判所法逐条解説」『裁判所時報』一九五七年一一月）、とのべられていた。それと対照的に、一九五九年以降、裁判官会議で、裁判所職員の人事に関する権限を長官、所長に移譲するという方式が、一般化してきている。

Ⅱ　裁判官の地位を基礎づける諸要素

二四一　問題の所在　近代法は、「法によって拘束された裁判」という建前に基づいていた。それゆえ、そこでは、国民主権という近代憲法の基本観念と、国民の側からの直接間接のコントロールを多かれ少なかれ遮蔽することを意味する裁判官の独立とが、矛盾しないものとしてとらえられていた。大陸法についていえば、「裁判官の独立は、裁判官の法律への従属と本質的に対応している」（C・シュミット）という言い方が、そこではあてはまっていた。それに対し、裁判作用の法創造的性格が人びとに意識されるようになり、そのうえ違憲審査制が一般化してくると、そのような権限を行使する裁判官の地位の独立と、国民主権原理との関係の緊張関係が、問題となってこざるをえなくなる。

こうして、今日、裁判官の権限行使を制約すると同時にその地位を基礎づけている三つの要因、すなわち、制定法と裁判官、主権者＝国民と裁判官、判例と裁判官のそれぞれの関係が、検討されなければならない。

これらは、原理的考察として重要であり、日本国憲法の解釈論とも深くかかわる。①制定法と裁判官の関係をどう理解するかは、裁判官の「良心」条項（七六条三項）の解釈と、②主権者＝国民と裁判官の関係のとらえ方は、下級裁判所裁判官の十年任期条項（八〇条一項）の解釈と、それぞれ直結しているし、③判例と裁判官の関係は、裁判官の職権の独立（七六条三項）の実質内容を左右する意味を持っているからである。

1　裁判官と制定法

二四二　法に基づく裁判――ゲームのルール　裁判官は制定法によって本当に拘束されているのか、というテーマは、今日、とりわけ違憲審査権を持つ裁判官と憲法との関係を意識しながら、諸国それぞれの文脈の中で、論争点となっている。いちばん懐疑的な見地からは、規範の適用者はつねに実はその規範を創造しているのであること、ある規範の有権解釈者である裁判官に先行して存在しているように見えるのは実はテキストにすぎず、それを素材として彼自身が創造するものが規範となるのだ、という見方が提示される（前出44）。「われわれは憲法のもとにある。だが憲法とは、裁判官がこれが憲法だというものにほかならない」という言いまわしは、そのことを印象的に表現したものにほかならない。そればかりではない。ルール懐疑の見地は、権限授与のルールにもあてはまるから、より正確にいえば、「憲法とは、その事項について私が裁判官だと言う者がこれが憲法だというものにほかならない」ということになろう（一八〇三年の合衆国最高裁判所、一九七一年のフランス憲法院は実際にそうした）。

困難は、実は「規範それ自体」が存在しないところからくるのではない。制定時点で制定者が制定法に内在させた法的価値判断を探求することによって、「規範それ自体」をとらえることは、原理上――実際上の困難は別として――可能なはずである。しかし、裁判官がそれに本当に拘束されることを人びとは期待していないというところから、論議は始まる。

そのような事態のもとでなお、裁判官が何かに拘束されているということ、少なくとも拘束されるべきだということを、言えるのか。ドゥオーキンの「正解テーゼ」（前出231）は、その問いに対する積極的回答の、ひとつの試みとして意味を持つ。それは、裁判官がなすべきとされていることがらを正統化するこころみであり、そのことを通じて、いまなされていることを正統化すると同時に、その結果として、実際にも一定の拘束効果をもたらすことが期待されている。それは、とりわけアメリカ合衆国の法文化風土の中で裁判官がなすべきとされてきたことについての理解を反映し、すでに存在する合衆国最高裁の判例を正統化するものとなってきた。それならば、そのような前提と条件の欠けたところでは、どうなのか。

法に基づく裁判、という最小限度の前提が共有されている限り、ある制定法規範についての裁判官の解釈は、それ自体の論理一貫性と、その社会の法体系全体に対する関係での無矛盾性とを説明できるものでなければならない、という要請に服するはずである。ワクと呼ばれるものは、そのような説明可能性というゲームのルールを共有し、また共有しようとする人びとの間で、機能しているのである（前出422頁）。そしてそのことは、およそ近代法の裁判が、政治や倫理の直接的表現である「カーディ裁判」（M・ウェーバー）と違って、理由を付した裁判でなければならないという構造とも、照応している。

二四三　裁判官の良心　憲法七六条三項にいう裁判官の「良心」について、最高裁のいう「有形無形の圧迫乃至誘惑に屈しないなど自己内心の良識と道徳感に従うの意味」（最大判一九四八〔昭23〕・一一・一七）という限りでは、異論のないところであろう。しかし、もう一歩ふみこんで、「裁判官としての良心」なのか「自ら道徳的に正しいと信ずるところ」を言うのかとなると、考え方が分かれる。
一九七一年の憲法記念日のための石田和外最高裁長官の談話は、「全人格」「世界観」と「裁判の場での〝良心〟」との「使いわけはむずかしい」という考え方を前提として、「裁判を受ける人にとってみれば、明らかにこういう思想を持っている裁判官に、それに関連する裁判をしてもらいたくない」という見方に、同感を表明した。この見地は、「裁判官は弁解せず」という、近代裁判の基本前提とは整合しない。あえて言えば「使いわけ」（石田）をして裁判官としての「ゲームのルール」に服することが、裁判官の「良心」と考えられてきたはずであり、だからこそ、例えば宗教的信念として離婚や妊娠中絶をみとめない人間であっても、法服をまとった限りでは実定法内在的な立場に立って裁判官の職務を遂行することができるはずである。

2　裁判官と主権者＝国民

二四四　制度的コントロール　浦和事件（前出190）の経緯の中で、参議院法務委員会は、「民主主義的な主権在民国では司法権の独立ということは、その生れ出た当時の歴史的政治的な目的を失い、その意味では無意義なものとなっている」（一九四九年五月二四日）、という見解を示した。——ここまで無媒介に国民主権によって裁判の独立を否定する議論は別として、裁判所に法創造作用、従って政策形成機能を多かれ少なかれみとめ、違憲審査権を多かれ少なかれ積極的に行使することをみとめる度合に応じて、多かれ少なかれ、そのような裁判所に主権者＝国民によるコントロールを及ぼさなくてよいのか、という問いが出されることとなる。その際、国民によるコントロールを肯定する立場は、裁判の独立そのものを否定する定式化によってではなく、「このような意味でのものならば国民によるコントロールは裁判の独立に反しない」という形式で、主張されるのが普通である。

国民による裁判へのコントロールには、制度的なものと非制度的なものが考えられる。
日本国憲法に即していえば、直接の制度的コントロールとして、最高裁判所裁判官に対する国民審査（七九条二、三、四項）がある。最高裁判所裁判官の任命は、その任命後はじめておこなわれる衆議院議員総選挙の際国民の審査に付され、その後十年を経過した後はじめておこなわれる衆議院議員総選挙の際さらに審査に付され、その後も十年ごとにくり返されることになっており、投票の多数が裁判官の罷免を可とするときは、その裁判官は罷免される。「任命」の審査という文言であるが、この制度は、いわゆる解職制度（リコール）と考えられている（最大判一九五二〔昭27〕・二・二〇）。

憲法八〇条一項が下級裁判所裁判官の「任期を十年とし、再任されることができる」としていることについては、その憲法条項の読みとり方が対立する。

ひとつの読み方は、この条項を文字どおりの任期制の定めと解し、内閣が最高裁判所の作成した名簿の中からではあるがみずからの政治責任において任命権を行使することを通して、国会を媒介とする国民からの制度的コントロールが間接的に作用する、と考える（法曹一元制のもとで裁判官の流動的人事がおこなわれる状況のもとでならば円滑に機能する可能性があろうという意味で、法曹一元モデルといえる）。もうひとつの読み方は、八〇条一項の但書で予定されている「法律の定める年齢に達した時に退官」するまでその地位にとどまる職業裁判官制度を前提とし、「再任されることができる」という文言ではあるがあくまで再任が原則だと考える（職業裁判官モデル）。

この考え方からすれば、名簿作成権を持つ最高裁判所が司法行政権の一環として実質的に任命を決定し、再任にあたっては、七八条所定の罷免事由にあたらないまでも裁判官としての適格を欠くことが明らかな者を除き、再任を希望する者を再任しなければならず、不再任の理由は本人に告知されなければならないであろう。

一九七一年に、再任を希望する裁判官が再任されず、その際、本人にも不再任の理由は知らされず、「再任は新任と全く同じで、裁判官としてふさわしいか、ふさわしくないかは最高裁の裁判官会議が自由な裁量で定めること」（一九七一年四月一三日、衆議院法務委員会での最高裁事務総長答弁）ができるという公的見解が示された（宮本裁判官不再任事件）。この実例は、憲法八〇条一項の法曹一元モデルに沿う説明をしつつ、そうしながらも、内閣の政治責任を遮蔽したことになる。

憲法八〇条一項の文言自体は、法曹一元モデルに沿った読み方に対応している。しかし、日本の司法制度全般は、職業裁判官モデルに沿って運営されてきており、そこに実例のような八〇条一項理解が適用されると、裁判官の地位は、任命・再任権者に対しきわめて弱いものとなる（アメリカの連邦裁判所の裁判官の身分保障がきわめて強固なものであることにつき、判例の拘束力の相対化との関連で後出247）。もともと、裁判官の地位としては、公選＝任期制の組合わせと、任命＝終身（または定年）制の組合わせのどちらかが一般的な例であり、それは、公選＝終身（または定年）制は裁判官の地位をあまりに強力にし、任命＝任期制はそれをあまりに弱くするからであった。八〇条一項を、任命＝任期制による国民からの間接的な制度的コントロールと解することは、七六条三項によって要請されている裁判官の職権の独立を、あまりに弱くするものと言わなければならない。

二四五　非制度的コントロール　国民による裁判への非制度的コントロールは、制度的コントロールにくらべて、弊害のおそれが少ない。そればかりか、理由を付した裁判が、裁判公開制と表現の自由のもとでいつも批判に対して開かれているべきことは、近代法の考える裁判にとって必須の条件であり、理性的な批判に耐えられるような裁判をおこなう心構えを持つべきことは、裁判官にとって不可欠な職業倫理である。その際、裁判官は、世論に対して閉ざされていてはいけないが、しかし、「社会通念」や「国民感情」をその職権行使の際に安易に受け入れることは、社会の少数者となった個人の権利・法的利益を擁護すべき立場と、矛盾することになるであろう。まして、人事を含む司法行政権を持つ最高裁判所が、一定の「世論」を背景にして、個々の裁判官に一定内容の「モラル」を要求することは、裁判官の独立にとって危険である。

ある法案についての意見表明をした下級裁判所判事補への分限処分（戒告）への即時抗告を棄却した最高裁決定（最大決一九九八〔平10〕・一二・一）があり、裁判官が「積極的に政治活動をすること」を禁じた裁判所法五二条一号について、裁判に対する「国民の信頼」の維持と「権力分立」という目的を強調した。この決定には五裁判官の反対意見が付されており、裁判所法五二条一項の禁止にあたらないという認定、同法四九条所定の懲戒事由と五二条一号の禁止行為の間に明確な対応関係がないという指摘がなされている。

3　裁判官と判例

二四六　「判例」とは　現実に「判例」が裁判官の職権行使に際して持つ意味は、きわめて大きい。「判例」であることの直接の実定法上の効果としては、刑事訴訟法四〇五条二号、三号が、「……判例と相反する判断をしたこと」をもって上告理由とし、民事訴訟法の三一八条一項は、その場合「申立てにより、決定で、上告審として事件を受理することができる」としている。こうして、判例と違った判断をした下級審判決は上告され、最高裁によって破棄される公算が大きいという意味で、「事実上の拘束力」という言葉が使われるのがつねである。しかし、「判例」が何を指すかについて、実定法上の約束がはっきりしているわけではない。

公式の判例集である『最高裁判所判例集』の「凡例」によれば、「本書には、最高裁判所判例委員会の選んだ最高裁判所の裁判を登載する」とされ、最高裁判所判例調査会発行になる『高等裁判所判例集』は、「各高等裁判所判例委員会の選んだ高等裁判所の裁判を登載」（凡例）している。他方、最高裁判所による『最高裁判所裁判集』は「最高裁判所における判決、決定のうち重要なものを集録」（凡例）し、最高裁判所事務総局による『行政事件裁判例集』は、「当局が各庁から送付を受けている行政事件の裁判例のうち、参考になると思われるものを掲載」（はしがき）している（『下級裁判所民事裁判例集』、『下級裁判所刑事裁判例集』、『刑事裁判月報』、『労働関係民事裁判例集』も、「裁判例」という用語を使っている）のであるから、「判例」と、「参考になる」にしても実定法上の効果を伴なわないそれ以外のものの区別は、判例委員会の選択によってひとまず公権的におこなわれているかのようである。

しかし、実は、最高裁判所自体が、『判例集』でなく『裁判集』にしか収録されていないものにも判例性を否定せず、それを「変更」する判断を示している（例えば、最大判一九六八〔昭43〕・一二・二五によって変更された最判一九六四〔昭39〕・三・二四、最大判一九七四〔昭49〕・五・二九によって変更された最判一九六七〔昭42〕・六・九）など。そのうえ、先例拘束性の法理を掲げる国では、判決の主文を導くのに必要だった法的論拠（ratio decidendi）が「判例」とされ、傍論部分（obiter dictum）はそれとは別に扱われるべきだとされているが、日本では、その区別は不分明である。

二四七　判例の拘束力　もともと、裁判ペシミズムの典型であるフランスでは、判例は、実際上は大きな役割を果たすにもかかわらず、建前として、その法的拘束力をみとめることは、「一般意思の表明としての法律」より裁判官の意思を優位に置くものとして、きびしく否定されてきた（ロベスピエールとともにいえば、「自由な人民は判例を持ってはならぬ」ということになる）。それに対し、裁判オプティミズムを代表するアメリカでは先例拘束法理が肯定されるが、その一方で、先例拘束から免かれるために、「重要な事実」を先例と異にすることを論ずる「区別」（distinguish）の技法が、発展した。しかも、そのアメリカで、先例拘束ということの効果として、最高裁は下級裁判所の裁判官を雇い入れる(hire)ことも追い出す(fire)こともできない(連邦裁判所の裁判官は上院の同意を得て大統領によって任命され、かつ、「罪過なき限り……」という憲法文言のもとで終身の身分保障を得ている)のだから、下級裁判所は、上訴によってその裁判が取り消されるという危険を負担するだけだ、という指摘がある。

日本は、これら二つの型のどちらとも違っている。「判例」とは何かという点についての前述のような不分明さを残しながら、憲法八〇条によって下級裁判所の裁判官をhireし、また、十年任期制を文字どおりの任期制と解釈することによってfireもすることのできる最高裁判所の判例が、司法行政権の運用(人事行政、「会同」や「協議会」)と結びついて、憲法・法律など政治部門の制定した規範それ自体にもまして大きな規制力を、裁判官に及ぼしている。違憲審査権の行使の場面で政治部門への礼譲に基づく司法の自制を説く人びとが、もともと個別事件についての判断にすぎない判例が強大な拘束力を発揮しているのを疑問にすることが少ないのは、首尾一貫しないというべきであろう。裁判官の地位を基礎づけると同時にそれを拘束する判例は、他の二つの要素——制定法と主権者＝国民——の両方に対して緊張関係に立つだけに、その問題性が自覚的に議論されることが必要である。そのような状況のもとでは、「判例の拘束力」と言われているものが事実上のものにすぎないはずだ、ということを強調することが、やはり重要な意味を持つであろう。

〔問題状況〕

裁判官の地位を基礎づけると同時にその権限行使を制約する三つの要素（前出241）のうち、制定法と裁判官の関係についての本文の叙述を補うものとして、前節の「問題状況」の欄（421-422頁）を参照。残りの二つの要素について言えば、主権者＝国民というシンボルが果たすかもしれない役割、および、判例が現に及ぼしている拘束力それぞれに対して、消極的な評価を基本に置くのが、この本の著者の立場であるが、それに対しては、それぞれ積極的な評価の見地からの見方が対置される。主権者＝国民と裁判官の関係に関して、小田中聰樹『続・現代司法の構造と思想』（日本評論社、一九八一）は、「政治的多数派……による『国民』の僭称」を排しながらであるが、「真の社会的多数者の利益」のために「民主的裁判官像」を掲げることの重要さを強調する。判例と裁判官の関係に関して、佐藤幸治『現代国家と司法権』（前出421頁）は、判例が「恣意に流れないよう抑止する」ことを課題として設定する点で、この本の著者と共通の見地に立ちながらも、「『事実上の拘束力』という分明ならざる観念の下に、かえって、判例の抽象的な理由づけがものをいってきたところがなかったか」を問題にし、「判例も『法源』をなすことを直視する」ことを、提唱する。

渡辺康行・木下智史・尾形健編『憲法学からみた最高裁判所裁判官――七〇年の軌跡』（日本評論社、二〇一七）は、日本国憲法下での裁判官二五人をとりあげ、それぞれの裁判官像をえがき出す。

第三節　違憲審査制

Ⅰ　基本構造

二四八　有権的憲法解釈権の最終帰属　硬性憲法（九六条）、従って最高法規としての憲法（九八条一項）のあるところでは、憲法の最高法規性を確保するための憲法保障の問題が生じ、日本国憲法は、違憲審査制（八一条）を設けている。

そのように、憲法の最高法規性がなければ違憲審査制はありえないが、憲法が最高法規とされているからといって、必ず違憲審査制が導き出されるわけではない。それは、憲法保障の役目をどの機関に託するか――憲法の最終的な有権的解釈権をどの機関に与えるか――という、それぞれの実定憲法の選択によってきまるのである。

近代立憲主義の確立期に議会中心主義が支配的であった時期には、議会が立法権の行使という形で示す憲法の有権的解釈が最終的であった（明治憲法下の立憲学派も、「憲法は立法機関によって維持せらるるのが当然」〔美濃部〕としていた）。それと正反対に、行政権の優越を主張する側からは、憲法保障の役目を大統領に託そうという議論（C・シュミットの「憲法の擁護者」論）が出される。

裁判所に憲法の最終的な有権的解釈権を与え、それを基準として立法以下の国家行為を審査する制度が、違憲審査制と呼ばれるものである。なお、違憲審査制という用語は、違憲判断が下されたときだけこの制度が機能しているかのような印象を社会一般に与える点で、注意が必要である。実は、憲法八一条の文言どおり「憲法に適合するかしないか」の決定なのであって、違憲判断によって政治部門に対する抑制機能を果たすと同時に、合憲判断によって政治部門の行為を正統化する機能をも果たすからである。

違憲審査制は、長い間、一八〇三年以来、連邦最高裁みずからの判例によって審査権を行使してきたアメリカ合衆国の場合が、例外的な事例であった。第二次大戦後、ヨーロッパ大陸で違憲審査制が次第に一般化し、一九七〇年代以降では、「違憲審査制革命」と呼ばれるような傾向が現われている。大陸型違憲審査制の中でいちはやく強力な運用を見せてきたドイツ基本法下の制度については、アメリカの制度との対比をすることが有益である（後出249）が、そのほか特に、大革命以来、「一般意思の表明としての法律の優位」を頑強に貫いてきたフランスで、一九五八年憲法で設けられた憲法院の作用が、七〇年代に入ってからきわめて活性化してきたことが、特に目をひく（この制度は、法律が議会で採択されてから大統領の審署を得て発効するまでの期間におこなわれる事前審査であったが、憲法改正によって事後審査を導入されている）。なお、ヨーロッパでは、国内裁判所の違憲審査制のほかに、ＥＵ裁判所（加盟二七カ国）およびヨーロッパ人権裁判所（二〇二〇年現在でヨーロッパ評議会加盟四七カ国）による、公権力への裁判的統制を可能とする制度が置かれている。

二四九　違憲審査制の二類型　一九世紀以来のアメリカ合衆国の制度と、第二次大戦後のドイツの制度を、あえて図式的に示せば、つぎのような対照的な構造となっている。

アメリカ型は、通常の司法裁判所が、「事件および争訟」の審理に付随して適用法令の憲法適合性審査をおこなう（付随的審査制）。審査権は特定の裁判所に集中せず（非集中型）、従って、憲法判断は判決理由の中で示され（前提問題型）、違憲判決の効果は、直接にはその事件についてだけ及ぶ（個別的効力）。ドイツ型は、憲法裁判所が権限の主体であり、具体的事件にかかわりなく法令の憲法適合性それ自体を審査できる（抽象的審査制）。具体的事件を扱う裁判所が適用法令を憲法違反と判断したときは、憲法裁判所にその審査を求めて移送する（集中型）。憲法判断は主文で示され（主要問題型）、違憲判決はその法令の廃止をもたらす（一般的効力）。

そのような構造上の対比から、アメリカ型の制度の直接のねらいは、訴訟当事者となった私人の権利の確保にあり（権利保障型）、ドイツ型の目的は、憲法秩序の保障そのことにある（憲法保障型）、というふうにひとまず図式化することができる。後者の特徴は、「自由な民主的基本秩序」を危うくするために基本権を濫用する者に対する基本権喪失の手続や、政党に対する違憲審査の制度に、如実に現われる。

ところが、二つの制度の機能面を見ると、一定の合一化傾向が見られることがますます重要となっている。審査主体の点で、アメリカ合衆国最高裁の判決のうち憲法問題を主な争点とするものの割合が質量ともに大きくなり、総じて、その事件の当事者の権利救済という直接の効果を越えて、違憲状態のもとにある不特定多数の国民の権利の回復、そして、憲法そのものの意味を争うものとして機能するようになってきた。他方、ドイツでは、移送の判断をする通常の裁判所の役割を無視することができないことに加えて、通常の訴訟手段を尽すことを要件とした上で憲法裁判所に提起することがみとめられる憲法異議の制度が、権利保障の強力な方法として、違憲審査制の役割の根幹をなすものとなっている。

二五〇　付随的審査制　日本国憲法の違憲審査制の基本構造については、警察予備隊違憲訴訟で最高裁が抽象的審査権を持たないことをのべて（最大判一九五二〔昭27〕・一〇・八）以来、基本的にアメリカ型に属する制度運用が確立している。この判決は、抽象的審査権を否定する際に「憲法上及び法令上」根拠がない、という言いまわしをしたところから、法令を整備すれば審査が可能なのかを問題にする議論もあった。しかし、これに先行する判決が、八一条を、「米国憲法の解釈として樹立せられた違憲審査権を明文をもって規定したもの」（最大判一九四八〔昭23〕・七・八）としていたことを考慮するならば、八一条は付随的審査制だけをみとめたものであり、逆に、八一条がなくとも七六条一項の「司法」の観念からこの制度を導き出せる、というのが最高裁の態度と見るべきであろう。

いずれにしても、今日では、八一条についてのこの点の運用は確立している。違憲審査制の二類型は、それぞれに長所と問題点を持つが、付随的審査制は、何より、最も直接の利害関係を持つ者が訴訟当事者となり、そこで問題が真剣に争われる中で、裁判所が、具体的生活関係に憲法判断がもたらす効果を考慮しながら妥当な結論に達する、ということが期待されるのである。何よりも、生活関係の審理に密着した下級審の中でおこなわれる憲法判断のつみ重ねの上に立って、最高裁判所の最終的判断が、それだけ説得性を増すであろうことも、期待されるはずである。

二五一　法律上の争訟　付随的審査制を前提とした上で、つぎに、憲法適合性審査の場をどれだけ広く——あるいは狭く——設定するかによって、審査制の構造の内実が左右される。

ひとつは、違憲審査が「付随」する本体ともいうべき訴訟の成立要件にかかわる。

機関訴訟や民衆訴訟のように、法律によって特にみとめられた訴訟類型については、それぞれの法律をどう理解するかによって答えが出る（これら客観訴訟の枠組のもとで、重要な憲法判断がおこなわれていることについて、前出**233**）が、憲法上「司法」の本来的対象である「法律上の争訟」については、どう考えるべきか。実際上は民事訴訟と行政訴訟について、問題となる。

「法律上の争訟」については、①具体的な権利義務ないし法律関係の存否に関する当事者間の紛争であって、②法令の適用によって終局的に解決できるもの、とされている（前出**233**、この表現にいちばん沿った判決の例として、最判一九八一〔昭56〕・四・七〔板まんだら事件〕）。

当事者間の法的紛争の存在という要素については、そもそも当事者として争うだけの特定性のある訴でなければならず、当事者として争うべき法律上の利益がいったん存在したとしても、その後消滅していてはならない、とされる。実際にこの論点が重要な争点となるのは、後者である（アメリカでいうmootnessの問題）。争われていた広場使用の期日の経過（最大判一九五三〔昭28〕・一二・二三〔皇居前広場使用不許可処分取消請求事件〕）、上告人の死亡（最大判一九六七〔昭42〕・五・二四〔朝日訴訟〕）、保安林の代替施設の整備（最判一九八二〔昭57〕・九・九〔長沼事件〕）、などがきめ手とされた著名事件があり、教科書検定について指導要領改訂によって訴の利益がなくなったかどうかの精査を求めて原審に差し戻した例もある（最判一九八二〔昭57〕・四・八〔第二次家永訴訟〕）。

解決可能性という要素について、最高裁は、信仰の対象の価値または宗教上の教義に関する判断が争われているときは、――それが前提問題であっても――、「法律上の争訟」にあたらない、としている（前出、板まんだら事件判決）。宗教問題についてのこのような定式化と、統治行為論（後出**254**）で、高度に政治的な争点を含む問題は「法律上の争訟となる場合でも」審査権の外にある、という定式化との違いは、注意に値する。

二五二　違憲の争点を提出するための適格　付随的違憲審査権が行使されるためには、かように、本体となるべき訴訟が成立していなければならないが、つぎに、そのようにして成立した訴訟で、当事者が攻撃または防禦の方法として違憲の争点を提出できるための適格性が、問題となる。

関税法違反の被告人の所有に属するか否かを問わず犯罪に関係ある船舶、貨物等の没収を附加刑として定めていた関税法一一八条一項の適用に関して、最高裁は、はじめ、「他人の権利に容喙干渉し、これが救済を求めるが如きは、本来許されない筋合」として違憲の抗弁を斥けていた（最大判一九六〇〔昭35〕・一〇・一九）が、のちに、被告人は第三者所有物没収に利害関係を持つからそれを違憲として上告できることをみとめ、その第三者に告知、弁解、防禦の機会を与えずに所有物を没収することを、憲法二九条、三一条に反する、とした（最大判一九六二〔昭37〕・一一・二八）。

もっとも、裁判所の側からいえば、訴訟の中で職権によって違憲判断をすることもできる（裁判所法一〇条二号を参照）。いずれにしても、最高裁判所は、訴訟当事者が憲法上の争点を提起する適格性については、寛容のようである。新潟県公安条例判決は、「許可の申請もしないで原判示の行動をした事案」だから、許可制違憲の争点を提起できることに疑問がある、とした補足意見（最大判一九五四〔昭29〕・一一・二四）に応答をしていないし、区長公選制廃止後の選挙制度によって利益をうけたはずの訴訟当事者（贈収賄容疑の被告人）が、公選制度廃止の違憲を主張できるかという論点をも、不問にしている（最大判一九六三〔昭38〕・三・二七）。

Ⅱ　違憲審査の諸技術

1　審査の対象

二五三　条　約　憲法八一条の列挙にかかわる規範形式の問題として議論になったのは、まず、条約が列挙されていないことの意味をどう理解するかということであった。
もとより、ここでは国内法としての条約の効力が問題なのであるが、憲法と条約の形式的効力関係について条約優位説をとるならば、条約の違憲審査の問題は論理的に生じないのに対し、憲法優位説をとった場合にも、なお、条約のもともとの規範形式としての特殊性を重視し、八一条の文言に沿って、条約の違憲審査を否定する考え方がある。この考え方は、憲法優位説を前提としながらも、条約の憲法適合性判断を、締結権者（内閣）と承認権者（国会）にゆだねる、ということを意味する。憲法の最高法規性を違憲審査制によって裏づけようとする立場からすれば、法律の制定手続よりも簡単な国会の承認手続により成立する条約によって、「裏からの憲法改正」が実現するのは不条理だと考えるべきである。八一条列挙事項の中に条約が入っていないことは、憲法の最高法規性（九八条）と「司法」権の観念（七六条）からだけでも付随的審査制をひき出せるという見方（前出**250**のように、判例もそうである）からすれば、障害にならない。

最高裁判所は、日米安全保障条約の憲法適合性審査にあたり、一見極めて明白に違憲ではないという判断を示しており、条約という規範形式が審査対象となるかどうかという論点については、積極説をとったことになる（最大判一九五九〔昭34〕・一二・一六〔砂川事件〕）。

二五四　統治行為　つぎに、規範形式としては違憲審査の対象となるが、それぞれの対象の実質的性格に応じて除外されるかどうか、問題になる一群のことがらがある。

前述の砂川事件判決で、最高裁は、「主権国としてのわが国の存立の基礎に極めて重大な関係をもつ高度の政治性を有するもの」は「一見極めて明白に違憲」でない限りは、「司法審査権の範囲外」にあるとし、日米安全保障条約が「違憲なりや否やの法的判断は、内閣や国会、終局的には、主権を有する国民の政治的判断」にゆだねられる、とした（最大判一九五九〔昭34〕・一二・一六）。

これは、学説が「統治行為」（acte de gouvernement）ないし「政治的問題」（political question）と呼ぶもの、すなわち、統治の根本にふれる高度に政治的な問題については、それが法的判断の対象となりうるものであっても、あえて裁判所の判断をさしひかえる、という考え方に沿いながら、しかし、「一見極めて明白に違憲」かどうかの判断だけはするという、重大な例外を設けている点に、特徴がある。

七カ月後に最高裁は別の事件で、この判決に言及しないまま、例外なしの統治行為論の論理構成を採用しており、これら二つの判決の先例性の射程が問題となる。砂川事件判決の変型的統治行為論は、「一見極めて明白に違憲」かどうかの判断をし、その前提として、憲法条項についての裁判所自身の解釈を示すという点で、例外なしの統治行為論がねらいとする政治からの隔離を、あえて貫ぬかないところに特徴があったからである。

例外ぬきの統治行為論の論理構成は、衆議院の解散が違憲無効だということを前提として議員としての歳費の支払を求めた事件の判決で示された（最大判一九六〇〔昭35〕・六・八〔苫米地事件〕）。この判決は、解散が「直接国家統治の基本に関する高度に政治性のある国家行為」ゆえに「裁判所の審査権の外にある」、とした。ここでは従って、憲法六九条、七条三号についての解釈を示すこと自体がさしひかえられており、そこまで徹底して憲法判断を自制するという点では、首尾一貫している。

ところで、苫米地事件判決は、「司法権の憲法上の本質に内在する制約」という言い方をしている。しかし、もし「司法権の本質」を、具体的訴訟の妥当な解決を通して訴訟当事者の権利を保護するところにある、と考えるとすると、統治行為論はそのような「本質」に反する結果をもたらす、ということに注意する必要がある。例えば刑事事件で、統治行為論によって憲法適合性審査の外に置かれた法令はそのまま適用され、もし統治行為論が適用されなければ法令の違憲無効ゆえに無罪となったかもしれない被告人が、有罪とされることになるからである。その点で、同じく司法権の自制を意識した技術として問題になるものでも、憲法判断回避のルールと呼ばれるもの（後出257）は、正反対の効果をもたらすであろう。

二五五　政治部門の自律　統治行為論の適用が問題になるのと同様な文脈で、法律の制定手続の違法が争われた事件で、最高裁は、「裁判所は、両院の自主性を尊重」すべきであるとの理由で、審査をさしひかえた（最大判一九六二〔昭37〕・三・七〔警察法改正事件〕）。議員立法の院内での受理手続の適法性が前提問題として争われた事件の高裁判決は、その争点に関する議員の自律的判断を尊重すべきだとした（東京高判一九九七〔平9〕・六・一八）。院の自律という、憲法上みとめられた価値を特定して援用している点で、その論点については支持されてよいであろう。

関連して、地方議会については、議員の除名に対し裁判所の審査を及ぼした事例（最大決一九五三〔昭28〕・一・一六〔米内山事件〕）、議員の出席停止処分に対し審査が及ばないとした事例（最大判一九六〇〔昭35〕・一〇・一九）がある。後者は、「自律的な法規範をもつ社会ないし団体」の「自治」という論拠を挙げており、それを「部分社会」論として一般化し、司法権の及ばない生活領域を拡げようとする議論がある（その問題性については、前出**102**）。

二五六　立法不作為の憲法適合性　審査の対象にかかわる特殊な問題として、立法の不作為の憲法適合性をどのようにして争えるか、ということがある。

不備あるいは不十分な法律がある場合には、それに基づく処分の取消を求めるという場面で、違憲の主張をすることがありうる。その際は、その処分が取消されることによって、憲法の観点からいって不十分な状態すらなくなる、という難点にどう対処するかという付随的な問題が生ずることになる。

法律がまったくない場合は、立法不作為の違憲確認訴訟という類型を創造すべきだ、という注目すべき提唱があり、実際に、立法の不作為を争う個々の事例の型に応じて、一定の救済可能性が示唆されている。

原審が、憲法三七条一項の「迅速な裁判」を確保するための立法がないから裁判所としては救済のしようがないとしたのに対し、それを破棄し、「憲法の趣旨を実現するための立法の不作為を理由として、当事者の救済を拒否してはならぬ場合がある」として免訴を言い渡した最高裁判決がある（最大判一九七二〔昭47〕・一二・二〇〔高田事件〕）。

国家賠償請求訴訟の形で立法の不作為の違憲が争われた事例で、在宅投票制が廃止されたまま国会が立法をしなかったことを違憲とし、しかし故意過失がなかったから損害賠償はみとめられない、とした高裁判決があった（札幌高判一九七八〔昭53〕・五・二四）。最高裁は、立法の内容が憲法の一義的な文言に違反しているにもかかわらず国会があえてその立法をするなど例外な場合を除き、国会議員の立法行為は国家賠償法の適用上、違憲の評価を受けることはないとして、高裁判決が開こうとした可能性をせまく限定した（最判一九八五〔昭60〕・一一・二一）。国民年金法（一九八五年改正によるもの）がいわゆる学生無年金障害者への救済措置を講じなかった点を憲法一四条違反とするとともに、是正措置を講じなかったことを国家賠償法上違法な立法不作為にあたるとして請求を一部認容した下級裁判決があった（東京地判二〇〇四〔平16〕・三・二四）が、控訴審は国会の裁量を広く解して請求をすべて棄却し（東京高判二〇〇五〔平17〕・三・二五）、最高裁もそれを支持した（最判二〇〇七〔平19〕・九・二八）。

在外国民の選挙権行使をみとめなかった立法不作為については、最高裁判決（最大判二〇〇五〔平17〕・九・一四）が、「著しい不作為」で「例外的に、国家賠償法一条一項の適用上、違法の評価を受ける」として賠償請求を認容した（前出168）。

2　審査の方法

二五七　憲法判断回避　「憲法判断回避のルール」の適用の是非が問題となったのは、自衛隊法違反で起訴された被告人らを無罪とした地裁判決が、「自衛隊法一二一条の構成要件に該当しないとの結論に達した以上、もはや……憲法問題に関し、なんらの判断をおこなう必要がないのみならず、これをおこなうべきでもない」、とのべた（札幌地判一九六七〔昭42〕・三・二九〔恵庭事件〕）のをきっかけとしてであった。

憲法判断回避のルールは、それと同様の効果をもたらすが論理的に区別されるべき合憲限定解釈のルールとともに、付随的審査制の母国アメリカで、ブランダイス・ルールの名のもとに、議論されてきた。

一九三六年の一判決の補足意見の形で示されたこの見解の、第四準則と第七準則が問題となる。第四準則は、事件が憲法問題を含む論点とそうでない論点のどちらを理由にしても解決できるなら、後者をきめ手として結論を導くべきだ、というルールである。第七準則は、法律の合憲性につき重大な疑いが提起されても、その憲法問題を避けることのできるような法律の解釈が可能かどうかを裁判所は確かめるべきだ、というルールである。第七準則の適用パターンとしては、(a)一定の法律解釈をすることによって、憲法論にまったく触れないですますことのできる場合と、(b)法律を憲法に適合するように限定的に解釈することによって、違憲判断をしないですますという場合とが分かれる。第四準則と第七準則(a)の場合が、憲法判断回避の問題、第七準則(b)の場合が、合憲限定解釈の問題である。

恵庭事件の札幌地裁判決は、このうち、第七準則(a)の典型的な該当事例であった。この事例では、被告人たちが切断した砲撃訓練指示用の通信線が「武器、弾薬、航空機その他防衛の用に供する物」（自衛隊法一二一条）という罰条列挙の事項にあたらない、という法律解釈をすることによって、憲法問題をまったく回避した。統治行為論を適用する場合とは反対に、この場合は、憲法判断回避の経路をとることによって、刑事事件の判決としては、被告人無罪の主文を導き出すことができ、訴訟当事者の権利の救済という司法の任務は果たされたことになる。

この判決については、刑罰規定の構成要件の厳格解釈は一般に妥当だとしても、通信線を「防衛の用に供する物」でないとした解釈が説得的かどうか、が問題となるが、憲法判断回避ルールの理解そのものとしては、「主文の判断に直接かつ絶対必要なばあいにだけ」（判決）憲法判断を限定する点が、論点となる。

同じく自衛隊法の憲法適合性が行政訴訟の形で争われた長沼事件は、ブランダイス・ルールの第四準則にあたる事例であったが、札幌地裁は、四つの独立した請求原因の中で、あえて憲法問題を含むものをとりあげた際、憲法判断回避のルールに「十分な理由がある」という「原則」を承認した上で、「憲法の基本原理」が侵され、「その結果、当該争訟事件の当時者をも含めた国民の権利が侵害され、また侵害される危険があると考えられる場合において」、「裁判所が憲法問題以外の当事者の主張について判断することによってその訴訟を終局させたのでは、当該事件の紛争を根本的に解決できないと認められる場合」には、憲法判断をする「義務」がある、とのべた（札幌地判一九七三〔昭48〕・九・七）。これは、回避のルールを適用するかどうかについての裁判所の裁量を肯定した上で、それへの枠づけの基準を提示したものといえる。

長沼事件では、第二審（札幌高判一九七六〔昭51〕・八・五）、上告審（最判一九八二〔昭57〕・九・九）ともに、訴えの利益の消滅という判断をきめ手とし、憲法問題を主文の判断に結びつけなかった。但し第二審判決は、にもかかわらず、自衛隊が一見極めて明白に違憲ではない、という限りでの憲法判断を傍論としておこなっていた。

一般的に言えば、最高裁は、憲法判断回避のアプローチをとっていない。判決を求める法律上の利益が失われたとして上告を棄却しながら、「なお、念のため」として、皇居前広場の使用不許可処分が憲法二一条に反しないという判断をした例（最大判一九五三〔昭28〕・一二・二三）、上告人の死亡により訴訟が終了したとしながら、「なお、念のため」として、厚生大臣の設定した生活保護基準が憲法二五条に反しないという判断をした事例（最大判一九六七〔昭42〕・五・二四〔朝日訴訟〕）などが、そうである。また、その事件の特性（政治目的の争議）に着目して先例に従えば一四対一の多数で同じ主文を導き出せたはずの事例で、公務員の争議行為論一般を展開し、一五人中八人の多数意見で、判例を変更する憲法論に立ち入った例もある（最大判一九七三〔昭48〕・四・二五（全農林警職法事件））。

二五八　合憲限定解釈　ブランダイス・ルール第七準則(b)にあたるのが、公務員の争議禁止法制について合憲限定解釈をおこなった、都教組事件の最高裁判決（最大判一九六九〔昭44〕・四・二）である。

この判決は、法律の規定は可能な限り、憲法の精神に即しこれと調和しうるよう合理的に解釈されるべきものである、という見地に立って、地方公務員法三七条、六一条四号を、それぞれ、違法性の強い争議行為のみを禁止したもの、違法性の強い争議行為について、争議行為に通常随伴するものを越えるあおり行為等のみを処罰する趣旨のもの、と解釈し、被告人らを無罪とした（国家公務員法についても、全司法仙台事件で同日に同旨の判決）。

しかし、最高裁は、四年後の全農林警職法事件で、それまでの先例を変更し、国家公務員法の争議禁止、処罰規定につき、限定解釈をするまでもなく合憲という判断をした。この判決はそれだけでなく、先例の手法を、「不明確な限定解釈」で、「犯罪構成要件の保障的機能を失わせることとなり、その明確を要請する憲法三一条に違反する疑いすら存する」とした（最大判一九七三〔昭48〕・四・二五）。

合憲限定解釈の手法に対するこのような批判の論点は、実は、法令全面合憲論の立場からよりも、全面違憲論の立場からこそ出されてよいはずのものである。限定解釈をしなければその法令を違憲と言わざるをえないときにこそ、限定解釈の必要性が出てくるのであり、限定解釈が法律の予測機能を阻害すること、違憲と判断される余地のある法令が言論への萎縮効果を及ぼすこと、が問題とされ、そのような法令はそのもの自身が違憲とされるべきだ、とされるはずである。

そのような問題点を伴なうが、しかし、合憲限定解釈は、裁判所が、民意を背景とする政治部門と正面から対抗的な関係に立つことを避けながら、具体的な事件の妥当な解決（この場合で言えば無罪判決）を導き出す方法として、後述する適用違憲の手法とともに、存在意義を主張できるものというべきである（全農林事件での田中二郎等五裁判官の意見）。

他方で、最高裁判決の中に、公安条例（最大判一九七五〔昭50〕・九・一〇）や青少年保護育成条例（最大判一九八五〔昭60〕・一〇・二三）の規定に限定解釈を施すことによって合憲とした例がある（前出**143**）。

二五九　適用違憲　立候補者の選挙ポスターを公営掲示板に貼ったことが公務員の政治的行為の禁止に反したとして起訴された事件で、第一審、第二審は、非管理職である現業公務員で、その職務内容が機械的労務の提供にとどまるものが、勤務時間外に、国の施設を利用することなく、かつ、職務を利用しもしくはその公正を害する意図なしでおこなった「政治的行為」にまで、刑事罰が適用される限度において、国家公務員法一一〇条一項一九号は違憲となる、とした（旭川地判一九六八〔昭43〕・三・二五、札幌高判一九六九〔昭44〕・六・二四〔猿払事件〕）。それに対し最高裁は、適用違憲の手法を、法令が適用を当然に予定している場合の一部につきその適用を違憲とするものであって、「ひっきょう法令の一部を違憲とするにひとし」い、と非難した（最大判一九七四〔昭49〕・一一・六〔猿払事件〕）。

猿払事件の先例との関連で、実質的な判例変更を意味するかどうか注目される判決がある（最判二〇一二〔平24〕・一二・七）。社会保険事務所の一職員が、休日に勤務先から離れた自分の居住地の周辺で政党の新聞を郵便受けに配布した行為ゆえに、公務員の政治的行為の禁止に反したとして起訴された事件であった。控訴審判決は、私人としての立場でおこなう表現行為と公務員としての行為を区別するという判断枠組を立て、被告人の行為が行政の政治的中立と国民の信頼という保護法益を侵害する危険性がない以上、本件に罰則を適用することは憲法二一条一項と三一条に反する、として無罪を言渡した（東京高判二〇一〇〔平22〕・三・二九）。最高裁は大法廷に本件を回付することなく高裁の無罪判決を支持して検察側上告を棄却したが、適用違憲のアプローチは斥けて、罰則規定の解釈上その構成要件に該当しないから同規定を適用しないのだとした。判決に付された千葉裁判官補足意見は、判決と猿払事件先例との間に矛盾・牴触がない旨をくわしくのべ、あわせて、合憲限定解釈の手法をとったのでないことにも言及している。判決があくまで事例ごとの判断であることを強調し、基準に縛られず柔軟に対応するのがよいというその説示は、違憲審査の基準について裁判実例を援用しながらさまざまの議論を立ててきた学説に向けての回答という意味を持っている。

第三者所有物の没収に関する違憲判決〔最大判一九六二〔昭37〕・一一・二八〕は、関税法一一八条一項の規定によって、同項所定の犯罪にかかる被告人以外の第三者の所有物を没収することを違憲としたものであり、適用違憲の例として見られることが多かった。それに対し、最高裁の猿払事件判決はこの判決になんら言及していないから、下級審の判断を、「ひっきょう法令の一部を違憲」としたもの、つまり端的な法令違憲判決と見たことになろう。その後、最高裁は、駐留軍用地特別措置法が法令として違憲でないと判断したのち、あらためて、同法を沖縄県に適用することが違憲でないとした〔最大判一九九六〔平8〕・八・二八〕から、適用違憲という判断枠組の存在可能性については、それをみとめたことになる。

合憲限定解釈が法令の意味を仕分けする手法だとすれば、適用違憲は、適用対象の方を仕分けすることによって、同様な効果をもたらすものだ、ということができる。それゆえ、合憲限定解釈についてのべた問題点と効用が、適用違憲の手法についてもあてはまる。すなわち、ここでも、予測機能の阻害、許される行為とそうでない行為が不分明なことによる萎縮効果が問題とされ、特に表現の自由を制約する法令については、適用上違憲とされる可能性があれば、ある事件については合憲的に適用できる余地があっても、その規定自体を違憲とすべきだ、という批判が出てくる。その反面、法令そのものの合憲性を救済しながら、具体的事案の妥当な解釈をはかるという効用は、大きいというべきである。

なお、「運用違憲」と呼ばれる判断の仕方がある。これは、法令そのものは合憲であり、適用対象のいかんによって違憲となるわけでもないのに、もっぱら、その解釈運用の仕方が憲法に反するものとなっているとして、その法令の運用を違憲とするものである。論理的にいえば、この場合は、法令の運用を誤った違法があるのだから、純粋にその事件の解決という観点からすれば、憲法問題に触れる必要はないはずであるが、いわば法令の上位に憲法を重ねることによって、その法令の本来の解釈運用のあるべきすがたを示す、という意味を持つ。公安条例に関する事件で、条例そのものは合憲とした上で、条例運用の任にあたる公安委員会の不許可処分を違憲とした事例が、そうである（例えば東京地判一九六七〔昭42〕・五・一〇）。教科書検定訴訟で、検定制度そのものは合憲としながら、審査が思想内容に及ぶときは検閲に該当するとした地裁判決も、一種の運用違憲判断と見ることができる（東京地判一九七〇〔昭45〕・七・一七〔第二次家永訴訟〕）。上訴審が、問題となった検定処分を裁量権濫用ゆえに違法としたのは、もっぱら違法判断にとどめ、論理的に必要な限度に終始したことを意味する（東京高判一九七五〔昭50〕・一二・二〇）。

二六〇　違憲判断の特殊な方法　違憲判断をするに際しての特殊な方法として、いくつかのものが問題となる。

ある法令のもとでつくり出される違憲状態の是正のために必要な合理的期間が経過したと判断されるときに、その法令の規定を違憲とし、その期間が経過していないとされるときには、当該の規定を違憲としない、という判断の方法がある（前出**114**）。最高裁は、衆議院の議員定数配分規定の憲法適合性審査にあたって、この方法をとっている（合理的期間がまだ経過していないという理由で、配分規定を違憲としなかった例として、最大判一九八三〔昭58〕・一一・七ほか）。

衆議院の議員定数配分を違憲としながら、しかし、それに基づいておこなわれた選挙を無効にすることによって憲法の所期しない結果が生ずるのを避けるため、選挙を違法と宣言するにとどめ、選挙の効力を維持する、というやり方がある。最高裁は、定数配分違憲判決の際に、この手法をとっている（最大判一九七六〔昭51〕・四・一四、および、最大判一九八五〔昭60〕・七・一七）。その際、最高裁は、取消訴訟についていわゆる事情判決制度を定めた行政事件訴訟法三一条一項に着目し、そこに、「行政処分の取消訴訟の場合に限られない一般的な法の基本原則に基づくものとして理解すべき要素」を読みとって、公選法二一九条が行訴法三一条を選挙の効力に関する訴訟に準用することを明示的に排除しているにもかかわらず、あえて「一般的な法の基本原則」に依拠したことにも注意しておきたい。

最高裁が事情判決の法理にのっとった判断をくり返し、にもかかわらず政治部門がそれにふさわしい対応をしないままという状態を、違憲審査のあるべき運用にとって何より憂慮すべきものとする見地からは、将来効判決の方法が提案される。最高裁判決の補足意見として、事情判決的な処理がされた定数配分規定について国会がなお是正をしないまま選挙がおこなわれたときには、その選挙を直ちに無効とするか、または、一定期間経過後に無効の効果を生ずるとの判決を（その期間内に国会が是正をすることを期待して）すべきである、という提唱がある（最大判一九八五〔昭60〕・七・一七の木戸口裁判官補足意見）。

3 違憲判決の効力

二六一 一般的効力説と個別的効力説 最高裁が法令違憲の判決を下したときの効力について、一般的効力説と個別的効力説が対立する。違憲判決の直接の法的効果として、法令そのものの規定が失効すると考えるものを一般的効力説、その事件への法令の適用が排除されるにとどまるとするものを個別的効力説、と理解する限り、付随的審査制にとっては、個別的効力説が適合的である。司法権の判断の法的効果はその事件の当事者にのみ及ぶものであり、もし一般的効力説に従うとそれは一種の消極的立法作用を正面からみとめることになり、国会を唯一の立法機関とした憲法四一条との関連が問題となるが、そこまでを違憲審査権の効果としてみとめることはむずかしいからである。

実際も、最高裁の違憲判決が出た場合の対応は、個別的効力説で説明されるようなものとなっている。刑法二〇〇条（尊属殺重罰規定）違憲判決についていえば、表記平易化のための刑法改正の際に削除されるまで条項は長いあいだ改正されず、検察側が刑法一九九条（普通殺人罪）によって起訴するという、実務上の解決がおこなわれていた。

最高裁による違憲判決の直接の法的効果は個別的効力説で説明されるとしても、判例の拘束力という要素を考慮に入れると、たしかに、最高裁判決で示された判断と反する下級審の裁判は、上告され、破棄される可能性が大きい。そのことの意味と問題点については、判例の拘束力についてのべたところである（前出**247**）。

そのような事実上の効果があるからといって、「実質的には一般的効力」という説明で、個別的効力説と一般的効力説の違いを過度に相対化するのは、適切でない。個別的効力説のもとでは、違憲とされた法令を政治部門が改廃していない場合、判例変更によってそれがいわば生きかえることがありうる。それに、法律が違憲とされたとき、政治部門にとっては、法律規定改廃のイニシャティヴをとることのほか、憲法改正の手続を開始するという選択肢もありうるのであって、そのことはまた、政治責任を十分には負わない裁判所が違憲判断をすることの、ひとつの説明となっているはずなのである。

4　憲法判例の変更

二六二　判例の拘束力の根拠と判例変更　判例の拘束力が問題となる一場面として、最上級審自身が判例の拘束性をどう取り扱うかという、憲法判例の変更の手法をめぐる論点がある。

アメリカの違憲審査制の運用を見ると、憲法判例の変更が可能とされているが、かつてイギリスで判例変更が不可能とされていたアングロサクソン法文化の系譜のもとにあることもあって、一般に、最高裁が自分自身の先例をたえず意識し、そうであるだけに、「重要な事実」を先例と異にする、としてそれとの関連を切りはなすための「区別」の技法が発達し、そのやり方がまた、下級審が上級審の判例の拘束を免れるための範型を提供する、という事情がある。それにくらべ、日本では、問題の意識のされ方が稀薄であり、明示的に「……この見解に反する当審従来の判例はこれを変更する」とする場合には、変更の理由がそれなりにのべられるが、他方で、重要な変更が非明示的に——また、「区別」に類する説明をも伴なわずに——おこなわれたのではないか、ということを問題にできるような事例は、少なくない。集団行進への許可制による規制がどの程度までなら合憲かという判断について新潟県公安条例判決〔最大判一九五四〔昭29〕・一一・二四〕と東京都公安条例判決〔最大判一九六〇〔昭35〕・七・二〇〕、「極めて政治性の高い国家統治の基本に関する行為」に司法審査が及ばないという原則に「一見極めて明白に違憲」のときの例外を伴なうかどうかについて、砂川事件判決〔最大判一九五九〔昭34〕・一二・一六〕と苫米地事件判決〔最大判一九六〇〔昭35〕・六・八〕、取材の自由が憲法二一条の表現の自由の問題となりうるかについて、石井記者事件判決〔最大判一九五二〔昭27〕・八・六〕と博多駅TVフィルム事件決定〔最大決一九六九〔昭44〕・一一・二六〕、教育ないし教授の自由一般も大学のそれに限らず憲法二三条の学問の自由の問題となるかについて、ポポロ事件判決〔最大判一九六三〔昭38〕・五・二二〕と旭川学テ事件判決〔最大判一九七六〔昭51〕・五・二一〕など、それぞれの関係が、最高裁自身によっては、説明されないままになっている。

憲法判例の変更の問題が正面からとりあげられたのは、全農林警職法事件判決〔最大判一九七三〔昭48〕・四・二五〕による先例変更をめぐってであった。この判決の田中二郎裁判官等五裁判官の意見が、最高裁の憲法解釈の変更に際しては「その必要性および相当性について特段の吟味、検討と配慮を施」すべきであり、特に、僅少差の多数による変更は運用上極力避けるべきだ、と主張したのに対し、多数意見の方では、「真意を理解せず、いたずらに誇大な表現を用いて、これを論難するもの」と、はげしく反撃した。

この二つの見地の対立は、おそらく、遡って判例の事実上の拘束力と言われるものの根拠をどう考えるかに、かかわっている。五裁判官の意見は、「最高裁判所の示す憲法解釈は、その性質上、その理由づけ自体がもつ説得力を通じて他の国家機関や国民一般の支持と承認を獲得することにより、はじめて権威ある判断としての拘束力と実効性をもちうる」という前提に立っている。これは、判例の拘束力が、その説得力のゆえに国家機関や受範者、広く世論の同意を得るという実質的根拠に基づく、と見る考え方である。このような実質的根拠を重視するならば、最高裁が、先行する自分自身の判例を変更するについても、裁量権の限界が問題とされることになる。

それに対し、判例の拘束力が、実質的根拠に基づくのではなく、最高裁が最終的な有権的解釈機関であること自体を根拠とするのだと考えるならば、そのときどきの最高裁の判例変更を限界づける基準はない、ということになろう。多数意見が事柄をそこまでつきつめて問題にしているのか、それとも、五裁判官の意見と同じ前提をみとめながら、多数意見の方がより「説得力」を持つと自負しているのかは、なお明らかでない。

その点はともあれ、最高裁は、もともと、判決主文を導き出すのに必要不可欠でなくとも憲法判断をすることができるという立場をとってきている（前出257）が、憲法判例の変更という特定場面についても、同じ立場に立っている。憲法判断をすること自体についての自己抑制と、すでにある憲法判例の変更についての自己抑制とをくらべて、どちらがより抑制的でなければならぬと考えるかについては、正反対の二つの見地が成立可能であるが、法的安定性と（潜在的なものを含めて）訴訟当事者の平等という要請を重視するならば、憲法判例の変更はよりいっそう慎重でなければならないこととなろう。実際、判例変更をするかどうかによって主文の結論が変わるような事案でこそ、変更の是非が当事者間でいちばん真剣に争われ、その意義と効果がいちばん目に見える形で意識されているのであり、そのような場合にこそ、司法本来の機能を果たすためにはどうしても先例変更が必要だということが事実に即して明らかになり、そのような判例変更であってこそ、新判例の安定性も期待されるからである。

判例を信頼して行為した者の保護という論点に関して、行為当時の最高裁判所の示す法解釈に従えば無罪となるはずの行為を処罰しても憲法三九条（遡及刑罰の禁止）に反しない、とした最高裁判決（最判一九九六〔平8〕・一一・一八）がある。もっとも、地方公務員の争議権についての判例変更が問題だったこの事例の場合、行為前に国家公務員の争議権についての同旨の判例変更があったという特別の事情があり（河合裁判官の補足意見はその点を指摘する）、判旨の射程を一般化しない読み方をすべきである。

5　憲法判断の基準

二六三　立法裁量の限界　裁判所が政治部門の行為について違憲審査権を行使する際、政治部門の裁量をどの限度まで承認するのか、という形で、憲法判断の基準が問題となる。特に、法律や条約など、立法府の判断についての裁判所の審査について、立法裁量の限界が問題とされる。

立法裁量を広くみとめることをとらえて「違憲審査権の放棄」という言い方があるが、それは実は正確でない。広汎な立法裁量を裁判所が承認することは、立法府の判断に裁判所がそれだけ強く憲法の名において正統化を授けるという、積極的なはたらきを意味するのだからである。

立法裁量を実際上ほとんど無限定にみとめるに近い立場として、立法府の制定した法律は「明白な——合理的な疑いの余地のないほど明白な——誤りをおかしたとき」だけ違憲とされる、という考え方がある（「明白性の原則」）。最高裁の判決では、団結権の制限は立法府の裁量に属し、「明らかに不合理」な程度に及ばぬ限り違憲とすべきでないとしたもの（最大判一九六五〔昭40〕・七・一四〔和歌山教組事件〕）があり、砂川事件判決にいう「一見極めて明白に違憲」でない限りという言いまわしも、おそらくは、明白性の原則に立った合憲論と統治行為論とを、多数意見の形で両立させるための定式化だったと見ることができよう（前出**254**）。

しかしその後、最高裁は、ひとまず二重の基準論をとり、経済的自由と「個人の精神的自由等に関する場合」とを区別して、憲法判断の基準を考えるという建前をとってきた。経済的自由の中でも「職業の自由」について、積極目的規制と消極目的規制を区別し、前者については、立法府の規制措置が著しく不合理であることが明白な場合に限って違憲とすることができる（最大判一九七二〔昭47〕・一一・二二〔小売市場事件〕）のに対し、後者については、より緩やかな規制によっては目的を達成できないときにだけ、規制が合憲とされる〔最大判一九七五〔昭50〕・四・三〇〔薬事法事件〕〕、という考え方が採用されていた〔前出139。但し財産権については136〕。後者の判断基準をあてはめる場面で、裁判所は、立法目的の合理性、および、その目的を達成するためにとられた手段としての薬局配置規制の選択が、「単なる観念上の想定」でなく「確実な根拠に基づく判断」であったかどうかを判定する、というアプローチを採った。立法を支える事実を問題にするこの手法は、「立法事実」論と呼ばれる。

「精神的自由等」について、実際には最高裁はどういう対処をしているか。社会権に関し、憲法二五条を具体化する立法につき、著しく合理性を欠き明らかに裁量の逸脱・濫用となる場合を除き違憲とならない、とされている〔最大判一九八二〔昭57〕・七・七〔堀木訴訟〕〕。精神的自由の中でも表現の自由、とりわけ公共的事項に関する表現の自由は、特に重要な憲法上の権利として尊重されなければならないとされる〔最大判一九八六〔昭61〕・六・一一〔北方ジャーナル事件〕〕が、実際には、表現内容に即した規制とそうでない規制とを区別することにより、後者の類型に入るとされたものについては、立法裁量を広くみとめることとなっている。例えば、表現の時、所、方法の規制にすぎぬとされ、また、正当な目的にとって合理的関連のある付随的規制にすぎぬとされる〔最大判一九七四〔昭49〕・一一・六〔猿払事件〕、最判一九八一〔昭56〕・六・一五〔戸別訪問禁止合憲判決〕など〕、というふうにである。

これらを含め、憲法判断の基準の類型論の意義と問題点については、憲法第三章の、それぞれの権利についての説明を参照されたい（特に、表現の自由について前出122・126）。

Ⅲ　違憲審査制と民主主義

二六四　憲法判断の積極・消極と違憲判断の積極・消極　普通、政治部門の憲法運用に対して裁判所の判断が非同調的か同調的かによって、司法積極主義と司法消極主義が対比される（大陸型の憲法裁判制度をも念頭に入れるなら、「裁判」の積極・消極主義というべきであろうが、日本の制度に即して、以下では、「司法」の積極・消極という言葉を使う）。そして、日本国憲法下の違憲審査制の運用、とりわけ最高裁の態度を司法消極主義としてとらえ、人によっては、それゆえに違憲審査制が「形骸化」している、ともいう。

しかし、そのような図式での整理では、現状とその問題点を必ずしも適切にとらえることができない面がある。最高裁は、たしかに違憲判断には消極的だが、憲法判断をすること自体については、全体としてむしろ積極的であり（「司法」権の本来の作用である法律上の争訟以外の客観訴訟に付随しての違憲審査、傍論での合憲論、例外つき統治行為論の形で合憲判断を推測させるような憲法解釈をすること、同じ主文を導くのに必要不可欠でない憲法判例変更、など）、その結果として、合憲判断を下すことに積極的（合憲限定解釈や適用違憲という方法に非好意的で、全面合憲の判断を示す）だからである。

政治部門への非同調・同調という基準による区分が、それとして重要であることは言うまでもない。しかし、日本の事態の分析にとっては、政治部門への同調性はすでにきわ立っており、その面を明らかにすることは、とりたてての意義にとぼしい。憲法適合性が疑われている政治部門の憲法運用に裁判所が積極的に正統化を与える傾向にある、という局面に光をあて、そのようなはたらきを通して違憲審査制が実は重要な役割をひきうけているという事実——あってもなくてもよいようなものとして「形骸化」しているのではない、という事実——をはっきりさせることの方に、意味があるはずである。

一般論としても、憲法判断の積極性が必ずしも違憲判断の積極性を意味しないこと、また、違憲審査制は違憲判断をすることによって政治部門への抑制機能を果たすとともに、合憲判断をすることによって、政治部門の実例を正統化する機能をも果たすこと、これらのことを強調することには、意味がある。こうして、憲法判断の積極・消極主義と、違憲判断の積極・消極主義という二つの次元を区別することが、状況を論理的に整理するためにも有用である。その区別はまた、違憲判断の積極性を求めて憲法判断積極主義をひき出し、実際には合憲判断積極主義という結果だけを得るというふうな、法解釈者の責任にかかわる不適当な処方箋を書かないためにも、必要であろう。そして、究極的には、この区別は、憲法判断、違憲判断それぞれの次元での積極・消極主義が、人権保障にとっての積極・消極主義とどのようにかかわり、また、かかわらないかの見とおしを得るためにも、役立つはずである。

二六五　違憲審査の正統性　違憲審査制と民主主義、一般化して裁判と民主主義の関係は、微妙な緊張の上に成り立っている（前出**244**・**245**）。その中で、日本国憲法下の違憲審査制の運用は、他の諸国とくらべても、その機能は十全とは言えない。最高裁で法律の規定を違憲とした判断が、他の諸国とくらべて極端に少ない、というだけではなく、最高裁の判断が、法律家の関心を越えて、社会のあり方に関する重要な論点を、思想や文化の世界に呼びおこすことが少ない、という点でもきわ立っている。

そのことについては、よく指摘されているように、日本国憲法の運用をとりまく政治状況の特性が要因となっている。一方で、違憲審査となることがらの質という問題があり、立法・行政両権の多数派としてほぼ一貫して憲法実例のつくり手となってきた政治勢力が、日本国憲法の正統性を正面からは受け入れておらず、その脈絡で主張されてきた憲法改正をその政綱に掲げ続けてきたところに端的に現われているように、憲法自身が、十分な程度のコンセンサスの対象となってこなかった。また、長期にわたって政治部門での政権交代がなく、その現実的可能性もなかったために、法的思考にとって本質的に重要なはずの、立場の互換性という前提が成立してこなかった。他方で、そのことは、審査の主体となる最高裁判所の構成にも反映し、憲法に関する多様な考え方が裁判に投影することの度合が適度になっているとは言えない。

しかし、むしろより本質的に重要なことが、ほかにもある。違憲審査制の制度自体のかかえる問題であり、さらに、その背後にある社会の法文化のあり方である。

日本国憲法下の違憲審査制は、アメリカ型の付随的審査制として理解されており、「憲法裁判所ではないから」としてその機能を限定的に解す一方で、しかし、大陸法的な「司法」観が実際にはひきつがれ、「アメリカとは違うから」という理由づけが援用され、いわば、アメリカ型の司法でも大陸型の憲法裁判所でもない、隙間に落ちこんだ状況となっている。

裁判官の任命にしても、アメリカの連邦最高裁と大陸型の憲法裁判所に共通した点として、一方では、「政治的機関によって政治的モチーフに従って」（L・ファヴォルー）任命されることによって、主権者＝国民意思につながる正統性を援用できる地位にあると同時に、他方では、その構成員が、アングロサクソン社会に伝統的な、ステーツマンとしての自立した法律家の権威（アメリカ）、あるいは、ローマ法以来の法学教授の権威（大陸型憲法裁判所の中で、法学教授の占める地位は、量的にも質的にもきわめて大きい）を持つことによって、「政治」的正統性に対して均衡をとる、もうひとつの正統性を備えている。

そのような諸要素の均衡の上に成り立つ違憲審査制は、それ自体、政治と法文化と国民の意識とを成熟させてゆく努力によって裏づけられてはじめて、作動できるものなのである。

〔問題状況〕

日本の違憲審査制が「アメリカ型」として位置づけられてきたという状況のもとで、伊藤正己『言論出版の自由』（岩波書店、一九五八）は基本権の問題を違憲審査との連関で考える磁場を切り開き、アメリカ合衆国の判例・学説の紹介と吟味を重要な内容とする憲法訴訟論が、発展してきた。そのような流れの指導的役割を果たしてきたのが、芦部信喜『憲法訴訟の理論』（有斐閣、一九七三）、『現代人権論』（同、一九七四）、『憲法訴訟の現代的展開』（同、一九八一）、続いて、佐藤幸治『憲法訴訟と司法権』（日本評論社、一九八四）、『現代国家と司法権』（前出421頁）であり、最近の代表的な研究として高橋和之『体系　憲法訴訟』（岩波書店、二〇一七）がある。他方、大陸型の憲法裁判所制度についての研究をふまえた違憲審査制論として、栗城寿夫『憲法と裁判』第二部（法律文化社、一九八八）。伊藤正己『裁判官と学者の間』（有斐閣、一九九三）は、最高裁裁判官の経験をふまえ、アメリカ型審査制の前提が日本に欠けているという認識から出発して、大陸型憲法裁判制度の可能性の方に期待を示す。その論点への批判的言及を含め、「司法消極主義の特殊日本的なありよう」の由来を、各論的問題の検討を通して明らかにしようとするものとして、奥平康弘『憲法裁判の可能性』（岩波書店、一九九五）。関連して、園部逸夫『最高裁判所十年――私の見たこと考えたこと』（有斐閣、二〇〇一）、藤田宙靖『最高裁回想録――学者判事の七年半』（有斐閣、二〇一二）がある。

それぞれの方向からの議論が、日本の違憲審査制論にとって不可欠で重要なものであることは言うまでもないが、本文でのべたように、日本の制度が、「大陸型の憲法裁判所でない」と同時に「アメリカ型の司法権とも違う」とされている裁判所によって担われている、という前提を十分に自覚する必要がある。それは、それだけ大きな困難さを日本の制度に課していると同時に、違憲審査制の実は第三の類型――すなわち、具体的な事件として法廷に現われた生活関係に憲法をどう解釈適用することが妥当な解決をもたらすかという場面で、職業裁判官によって憲法の意味が示されるという制度類型――を成功させることができるかどうかという名誉ある実験を、日本の裁判官たちに託していることをも、意味している。

読書案内

憲法学への関心をさらに深めたい読者のために、日本憲法学の系譜をつくってきた流れとして、概説書を中心に、つぎのものを挙げておく。

帝国憲法下の立憲学派の古典として、美濃部達吉『憲法撮要』（初版一九二三）、『憲法講話』（初版一九一二、高見勝利解説、岩波文庫）、佐々木惣一『日本憲法要論』（初版一九三二）、『立憲非立憲』（二〇一六、石川健治解説、講談社学術文庫）。天皇機関説事件（本書本文24・25参照）のあと、「従来の日本憲法学に於ては、『帝国憲法』の立憲主義的性格の解明に急であった」ことを批判する立場から、「最近の独逸の国家学・国法学」に依拠して書かれた黒田覚『日本憲法論・上』（弘文堂書房、一九三七）。そのドイツで当時の時代性を最もするどく映し出した論争的作品として、カール・シュミット『憲法理論（一九二八）』（尾吹善人訳、創文社）があり、それに対し立憲主義擁護の立場をあらためて鮮明にしたのが、ハンス・ケルゼン『民主主義の本質と価値（一九二九）』（長尾龍一＝植田俊太郎訳、岩波文庫）。

日本国憲法制定後の早い時期に、実定法諸分野の研究者たちの共同研究の成果として出された逐条注釈書が、法学協会『註解日本国憲法(上)(中)(下)』（有斐閣、一九四八—五〇、改訂版(上)(下)一九五三—五四）であり、日本国憲法の判例や政治実例のつみ重ねがまだとぼしい時期に、旧憲法との対照、および、諸外国の憲法との比較の手法によって書かれている。その共著者のひとりによる鵜飼信成『憲法』(岩波書店、一九五六)は、憲法をめぐる政治的対立の中で「そのうちの一つの政治的立場、国民の政治的権利をより強く認め、その政治的自由をより広く保障し、そのようにして国民のために平和を確立しようとする立場から」解釈を提示する、と自己定義しているところに特徴を持つ。

日本国憲法の解釈学説の主流を形成するものとして広く読まれたのが、有斐閣『法律学全集』の清宮四郎『憲法Ⅰ』(第三版一九七九)、宮沢俊義『憲法Ⅱ』(新版一九七六)であり、注釈書の形をとった宮沢『全訂日本国憲法』(補訂・芦部信喜、日本評論社、一九七八)である。その流れをひきついで解釈論の基本学説としての地位を占めてきた芦部信喜の学説は『憲法』(第七版、高橋和之補訂、岩波書店、二〇一九)のほか、『憲法学』Ⅰ・憲法総論(有斐閣、一九九二)、Ⅱ・人権総論(一九九四)、Ⅲ・人権各論(一九九八、増補版二〇〇〇)。小林直樹『新版・憲法講義』(東京大学出版会、上巻一九八〇、下巻一九八一)は、法哲学から実定法学の研究・講義にたずさわることとなった著者によるもので、日本国憲法の全領域にわたる詳細な記述と引用注は、施行後ほぼ三〇年間の憲法と憲法学の状況を反映している(初版は一九六七—六八)。伊藤正己『憲法・第三版』(弘文堂、一九九五)は、英米法学者と最高裁判所裁判官の経歴をあわせ持つこととなる著者(そのことについて、同じ著者による『裁判官と学者の間』(有斐閣、一九九三)の筆になるという特色を持つ。小嶋和司『憲法学講話』(有斐閣、一九八二)は、序文で控え目ながら示された自負のとおり、論点をとらえて独自の「憲法」観を示す。

後続する世代の間で、奥平康弘『憲法Ⅲ』（有斐閣、一九九三）は、「人権」と「憲法が保障する権利」の区別を重く見る問題視角に立って、「議論を仕掛けることを大事にしよう」という見地に立って書かれている。「社会的多数者の人権保障」という観点を基底において、憲法の基礎概念の検討と統治機構条項の解釈を示すのが杉原泰雄『憲法Ⅰ』（有斐閣、一九八七）、『憲法Ⅱ』（同、一九八九）である。佐藤幸治『日本国憲法論』（成文堂、第二版二〇二〇）は、裁判所と憲法訴訟の領域に独立の篇を割き、芦部学説が開拓した憲法訴訟論を、憲法解釈論の中心に位置づけた（『憲法』初版は青林書院、一九八〇）。高橋和之『立憲主義と日本国憲法』（有斐閣、第五版二〇二〇）は、その標題が示唆するように、「立憲主義」が「民主主義」にかわる形で鍵概念として復活し多用されるようになった二〇世紀八〇年代以降の状況を、反映する。

二〇世紀を通しての憲法学のありようの大きな見取り図を、以上のような一連の書物から読みとることができるとすれば、より新しい、長谷部恭男『憲法』（新世社、第七版二〇一八）は、「従来の学説・判例の意味や相互関係を読みなおす」という観点から、戦後第三世代の研究者によって書かれた新鮮な概説書である。長谷部を編者とし、川岸令和・駒村圭吾・阪口正二郎・宍戸常寿・土井真一を著者とする『注釈日本国憲法』全四巻（有斐閣）は第二巻（二〇一七）と第三巻（二〇二〇）が既刊。

憲法学のそれぞれの論点については、それらの間の連関を問うという観点を含めて、本書の

「問題状況」の中であげておいた文献を手がかりにして、さらに文献・資料を手繰っていってほしい。なお、判例を簡便に概観するには、『憲法判例百選（第七版）ⅠⅡ』（別冊『ジュリスト』二〇一九）、最新時点での主要諸国の憲法条文と解説を収めたものとして、高橋和之編『新版世界憲法集』（岩波文庫、第二版二〇一二）、初宿正典、辻村みよ子編『新・解説世界憲法集』（三省堂、第五版二〇二〇）。日本国憲法とその運用の理解にとって必要な西側立憲主義諸国の憲法について、樋口陽一『比較憲法・全訂第三版』（青林書院、一九九二）、『国法学――人権原論［補訂］』（有斐閣、二〇〇七）は、それぞれ発刊時点までの状況に即して本書の記述を補う。

教室での学習の参考書としては、担当の教師が、それぞれの授業の目的と受講者にとっての必要度を心得た立場から、適切な指摘や助言をしてくれるはずである。

事　項　索　引

[　]内の数字は項目番号，数字のみはページを示す

目次に掲出の事項は記載せず

ア　行

カ　行

サ　行

タ 行

ナ 行

ハ 行

マ　行

ヤ　行

ラ　行

ワ　行

裁判例索引

数字はページを示す

樋口　陽一（ひぐち・よういち）
1934年生まれ
東北大学，パリⅡ大学，東京大学，上智大学，早稲田大学で教授・客員教授を経て，現在，日本学士院会員
日本語の著書の中から——
『近代立憲主義と現代国家』（勁草書房，1973）
『議会制の構造と動態』（木鐸社，1973）
『司法の積極性と消極性』（勁草書房，1977）
『現代民主主義の憲法思想』（創文社，1977）
『憲法と裁判』（共著，法律文化社，1988）
『権力・個人・憲法学』（学陽書房，1989）
『憲法』（創文社，初版 1992）
『比較憲法』（青林書院，全訂第3版，1992）
『何を読みとるか——憲法と歴史』（東京大学出版会，1992）
『近代国民国家の憲法構造』（東京大学出版会，1994）
『近代憲法にとっての論理と価値』（日本評論社，1994）
『転換期の憲法？』（敬文堂，1996）
『憲法Ⅰ』（青林書院，1998）
『憲法　近代知の復権へ』（東京大学出版会，2002，のち平凡社ライブラリー）
『国法学——人権原論・補訂版』（有斐閣，2007）
『憲法という作為——「人」と「市民」の連関と緊張』（岩波書店，2009）
『六訂　憲法入門』（勁草書房，2017）
『抑止力としての憲法——再び立憲主義について』（岩波書店，2017）

憲法　第四版

1992年4月15日　初　版第1刷発行
2021年3月10日　第四版第1刷発行
2022年3月20日　第四版第2刷発行

著者　樋　口　陽　一
発行者　井　村　寿　人

発行所　株式会社　勁(けい)　草(そう)　書　房

112-0005 東京都文京区水道2-1-1　振替　00150-2-175253
（編集）電話 03-3815-5277／FAX 03-3814-6968
（営業）電話 03-3814-6861／FAX 03-3814-6854
平文社・松岳社

ISBN978-4-326-45125-8　　Printed in Japan

樋口陽一

近代立憲主義と現代国家［新装版］

A5 判／4,840 円
ISBN978-4-326-40319-6

樋口陽一

六訂　憲法入門

四六判／1,980 円
ISBN978-4-326-45109-8

蟻川恒正

憲法解釈権力

四六判／3,300 円
ISBN978-4-326-45121-0

遠藤比呂通

人権という幻

対話と尊厳の憲法学

四六判／2,970 円
ISBN978-4-326-45096-1

小泉良幸

個人として尊重

「われら国民」のゆくえ

四六判／2,750 円
ISBN978-4-326-45106-7

毛利　透

民主政の規範理論

憲法パトリオティズムは可能か

A5 判／3,850 円
ISBN978-4-326-40205-2

木庭　顕

新版　ローマ法案内

現代の法律家のために

A5 判／3,740 円
ISBN978-4-326-40342-4

深瀬忠一・杉原泰雄・樋口陽一・浦田賢治 編

恒久世界平和のために

日本国憲法からの提言

A5 判／18,700 円
ISBN978-4-326-40193-2

勁草書房刊

表示価格は税込み，2022 年 3 月現在。